끈으로 만드는 매듭의 모든 것

매듭 대백과

일본 부티크사 지음 | 황세정 옮김

한스미디어

Contents

끈매듭 일람표
04

장식매듭 일람표
06

Lesson 1 **끈 종류**
08

Lesson 2 **부재료 & 금속 장식**
10

Lesson 3 **기본 도구**
11

매듭의 기초 기법
12

끈매듭 & 장식매듭 공통 기법
12

끈매듭 기초
13

장식매듭 기초
20

Part 1 **끈매듭**
21

Part 2 **장식매듭**
83

Part 3 **응용편**
135

매듭의 복합 패턴
136

응용 작품
142

색인
168

Knot Selector

끈매듭 일람표

이 책에서 만들 수 있는 끈매듭을 모두 소개합니다.

47가지 끈매듭

한매듭 22쪽 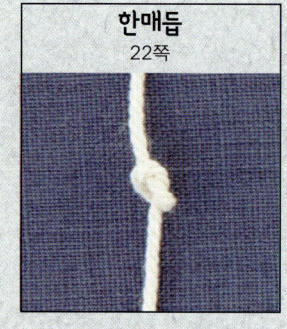	옴매듭 22쪽 

코일매듭 23쪽 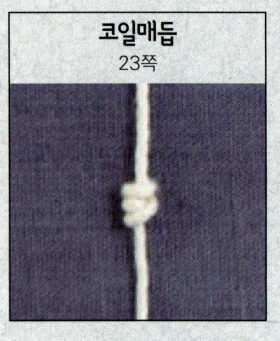	맞매듭 23쪽 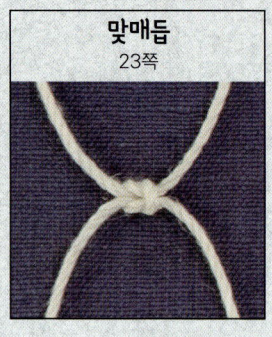	로프매듭 24쪽 	감은 옴매듭 25쪽 	같은 줄 로프매듭 A 26쪽 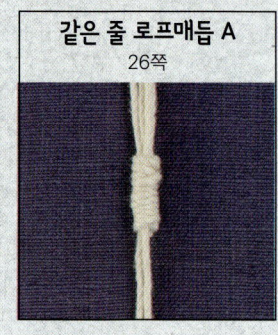
같은 줄 로프매듭 B 27쪽 	나비매듭 28쪽 	좌우엮기 29쪽 	사슬매듭 30쪽 	평매듭 32쪽 
4줄 평매듭 34쪽 	6줄 평매듭 36쪽 	8줄 평매듭 38쪽 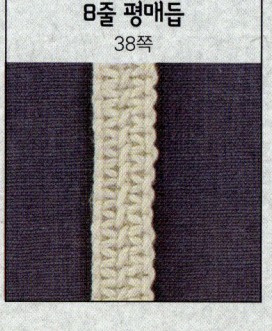	갯가재매듭 40쪽 	피코매듭 41쪽 
피시본매듭 A 42쪽 	피시본매듭 B 43쪽 	칠보매듭 44쪽 	체인매듭 46쪽 	왼쪽 비틀어매기 48쪽 

오른쪽 비틀어매기 49쪽	왼쪽 이중 비틀어매기 50쪽	오른쪽 이중 비틀어매기 51쪽	교차 비틀어매기 52쪽	3줄 땋기 54쪽
		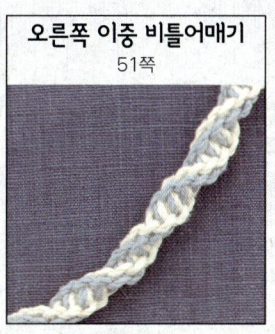	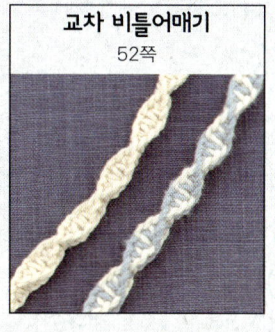	
4줄 땋기 55쪽	5줄 땋기 56쪽	5줄 납작땋기 57쪽	6줄 땋기 58쪽	레이스엮기 59쪽

연달아 이어엮기 60쪽	트위스트매듭 61쪽	4줄 꼬기 62쪽	6줄 꼬기 64쪽	둥근 4줄 접기 66쪽

각진 4줄 접기 68쪽	6줄 헤링본매듭 70쪽	8줄 헤링본매듭 71쪽	고정 구슬매듭 72쪽	가로엮기 74쪽

세로엮기 75쪽	사선엮기 76쪽	뒷면 이어엮기 78쪽	카반돌리 워크 80쪽	조개매듭 82쪽
	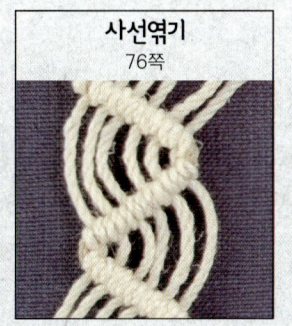			

Knot Selector

장식매듭 일람표

이 책에서 만들 수 있는 장식매듭을 모두 소개합니다.

35가지 장식매듭

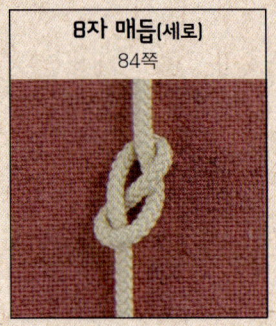
8자 매듭(세로)
84쪽

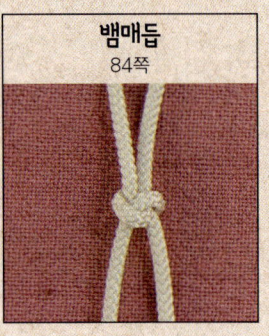
뱀매듭
84쪽

도래매듭(세로)
85쪽

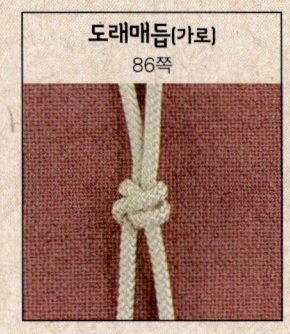
도래매듭(가로)
86쪽

1줄 구슬매듭
88쪽

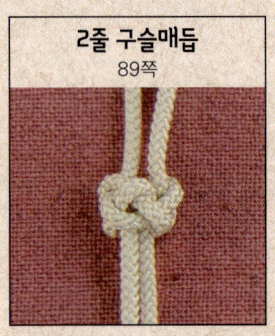
2줄 구슬매듭
89쪽

석가매듭·석가구슬
90쪽

아와지매듭·아와지구슬
92쪽

모과꽃매듭
94쪽

가노매듭
95쪽

이중 가노매듭
96쪽

8자 매듭(가로)
98쪽

벼이삭매듭
99쪽

머리장식매듭
100쪽

화만매듭
101쪽

거북매듭
102쪽

10각 가고메매듭 104쪽 	**15각 가고메매듭** 106쪽 	**파인애플매듭** 107쪽 	**가사매듭** 108쪽 
매트매듭 110쪽 	**기초매듭** 112쪽 	**동심결매듭** 114쪽 	**간단한 매화매듭** 116쪽 
매화매듭 118쪽 	**양하매듭** 119쪽 	**원숭이주먹매듭** 120쪽 	**안경매듭** 122쪽 
잠자리매듭[사람 인(人) 모양] 124쪽 	**잠자리매듭[들 입(入) 모양]** 125쪽 	**야사카몬매듭** 126쪽 	**야에기쿠매듭** 128쪽 
나비매듭 130쪽 	**별매듭** 132쪽 	**국화매듭** 134쪽 	

끈 종류

여기서는 매듭을 묶는데 사용하는 주요 끈의 종류를 소개합니다.
같은 끈이라고 해도 재질이나 섬유의 형태에 따라 감촉이나 유연성 등에서 크게 차이가 납니다.
만드는 소품에 적합한 재질, 굵기, 탄력, 색상을 선택합니다.

제공/메르헨 아트(Marchen Art) 주식회사
※끈의 명칭은 모두 메르헨 아트 주식회사의 상품명입니다.(http://www.marchen-art.co.jp)

마끈

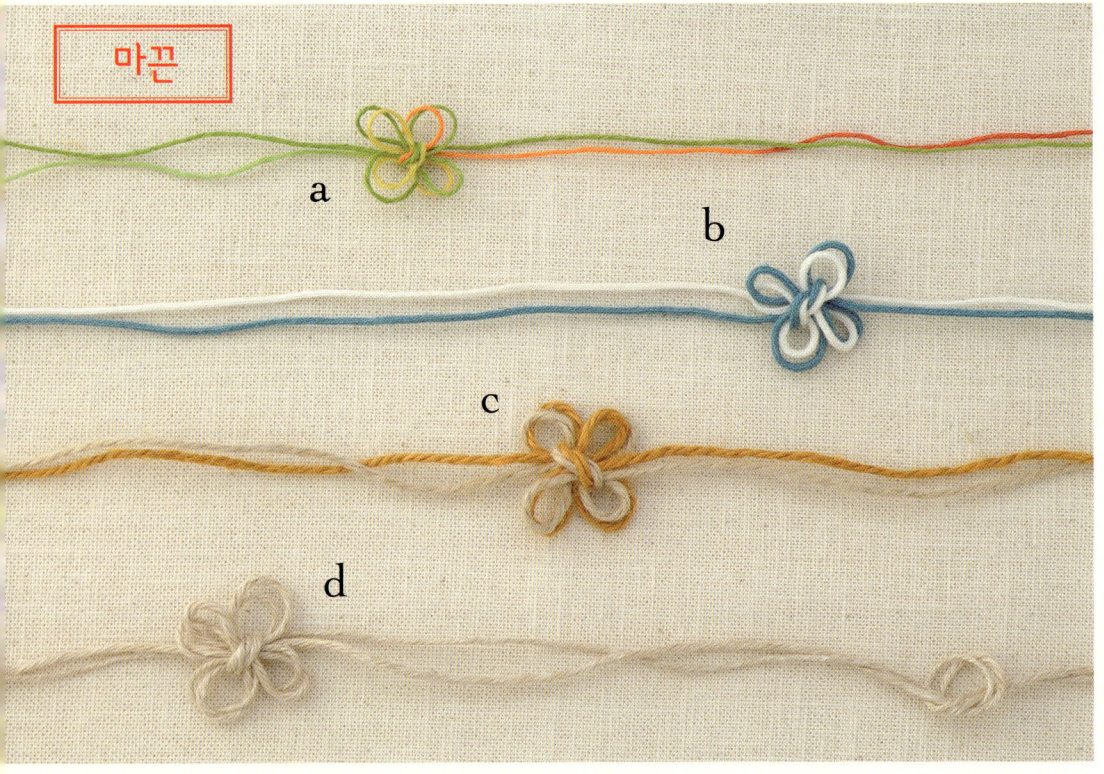

a 헴프 트와인
대마 100%로 만든 고급 마끈입니다. 액세서리를 만들 때 자주 사용하며 색상도 다양합니다.

b 헴프 로프
헴프 트와인보다 두꺼운 로프 타입의 끈입니다. 마에서 풍기는 특유의 향이 적습니다.

c 주트 라미
포장용 끈을 만드는 데 쓰이는 황마(주트)에 의료용 섬유인 모시(라미)를 섞은 것입니다. 부드럽고 다루기 쉬우며, 황마의 까끌까끌한 감촉이 어느 정도 남아 있는 것이 특징입니다.

d 주트 픽스
황마에 레이온을 섞어 보풀이나 먼지, 냄새를 최소화하고, 매듭을 묶기 쉽도록 가공한 끈입니다.

가죽끈

기죽 재질은 물이나 땀에 젖은 채로 방치하면 변색되거나 곰팡이가 생길 수 있습니다. 완성된 작품은 통풍이 잘되는 곳에 보관합니다.

e 벨루어 레더 코드
가죽을 기모 처리한 끈입니다. 처음 사용할 때는 보풀이 일어나기도 하지만, 시간이 지나면 점차 부드러워집니다.

f 버프 레더 코드
부드럽고 튼튼한 물소 가죽으로 만든 끈입니다. 가죽끈 중에서 묶거나 꼬기에 가장 적합하며, 색상도 다양합니다. 단, 물빠짐이 있을 수 있습니다.

g 틴 레더 코드
얇다는 뜻의 '틴(thin)'을 이름으로 딴 납작한 가죽끈으로 엮거나 꼬기에 가장 적합합니다.

h 보태니컬 레더 코드
타닌으로 무두질하고 염색한 활피(민짜 가죽)로 만든 끈입니다. 부드럽고 윤기가 흐르는, 고급스러운 분위기의 납작한 가죽끈입니다.

i 빈티지 레더 코드
가죽끈에 얼룩을 만들고 보풀을 일으켜 만든 빈티지 느낌의 끈입니다.

j 아미 레더 코드
최대한 가늘게 만든 가죽끈으로 표면은 벨루어 레더와 비슷하며, 색상도 다양합니다.

  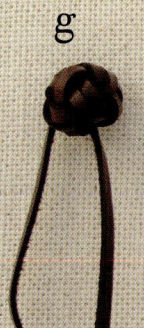   

코드 종류

k 아시안 코드
장식매듭에 가장 적합한 끈입니다. 끈 중에서 가장 탄력이 뛰어나 매듭을 묶기 쉬우며, 강도도 셉니다.

l 마이크로 마크라메 코드
폴리에스테르 실을 수지 가공(천연 섬유의 단점을 보완하기 위해 합성수지를 배어들게 하는 가공법-역주)해서 만든 가는 끈입니다. 한 번 묶으면 잘 풀리지 않아서 매듭이 깔끔하게 만들어집니다. 섬세한 작품을 만들기에 좋습니다.

m 로맨스 코드
면으로 된 끈을 수지 가공하여 광택을 낸 끈으로 액세서리를 만들기에 적합합니다.

n 왁스 코드
폴리에스테르 실에 밀랍을 발라서 가공한 끈입니다. 매듭을 묶으면 점차 끈이 부드러워집니다.

o 스테인리스 코드
금속처럼 보이는 끈입니다. 작은 비즈를 통과할 만큼 매우 가늡니다.

기타 다양한 소재

p 리사이클 실크 얀
실크천이나 실마리를 다시 꼬아서 실로 만든 리사이클 얀입니다. 폭신폭신한 재질과 다양한 색상이 특징입니다.

q 타이 실크 코드
광택과 품질이 뛰어나기로 유명한 타이 실크로 만든 끈입니다. 안쪽에 면이 첨가되어 탄력이 있습니다.

r 라 메르헨 테이프
염화 비닐로 만든 납작한 형태의 테이프로 광택이 납니다. 원래의 형태로 되돌아오는 성질이 강하여 간혹 매듭이 풀리는 경우도 있습니다.

s 미산가 실
미산가 실팔찌를 만들기에 적합한 실입니다. 부드러워서 매듭을 묶기 쉬우며, 잘 끊어지지 않도록 꼬임 가공을 했습니다.

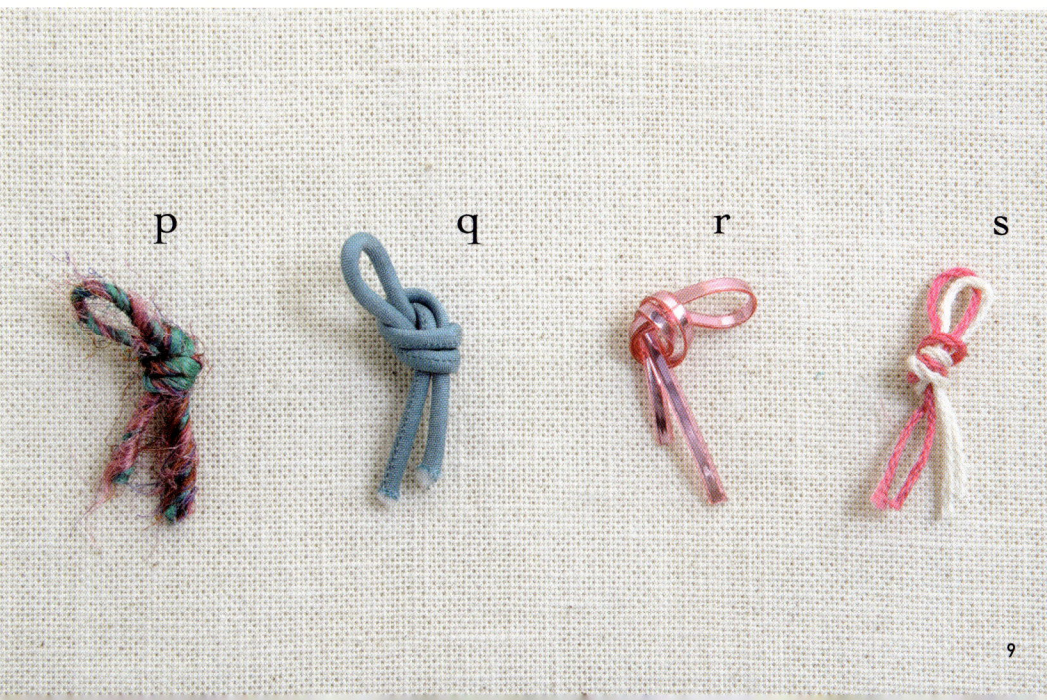

부재료 & 금속 장식

이번에는 매듭 공예에 자주 사용되는 부재료와 금속 장식을 소개합니다.
종류가 매우 다양하므로 사용할 끈에 잘 어울리는 색상과 스타일을 선택합니다.

제공/메르헨 아트 주식회사

비즈 종류
나무, 금속, 조개, 유리 등 소재가 다양합니다. 작품에 포인트를 주기 쉬운 부재료로 끈이 통과하기 쉽도록 구멍의 크기를 고려하여 선택합니다.

마감 장식
액세서리를 마감할 때 사용합니다.

액세서리 금속 장식
액세서리를 연결할 때 필요한 금속 장식입니다. 작품을 한층 멋지게 만들어 줍니다.

참 종류
펜던트 장식으로 사용하거나 작품의 디자인 포인트로 사용합니다.

파워스톤 종류
비즈나 카보숑(보석의 위쪽을 볼록하고 매끄럽게 다듬는 연마법–역주), 탕부르 형태 등이 있습니다. 스톤의 종류도 매우 다양합니다.

깃털, 콘초 버튼
작품의 포인트로 사용합니다. 콘초 버튼은 마감 장식으로도 사용합니다.

핸드폰 줄용 금속 장식
주로 핸드폰 액세서리를 만들 때 사용합니다.

Lesson 3 — 기본 도구

매듭 공예는 특별한 도구 없이도 할 수 있다는 점이 매력입니다. 하지만 전문 도구를 사용하면 좀 더 빠르고 편리하게 깔끔한 매듭을 묶을 수 있습니다. 매듭 공예에 편리한 기본 도구를 소개합니다.

★ = 제공/메르헨 아트 주식회사

코르크보드 ★
끈을 핀으로 고정시킬 수 있어 편리합니다. 눈금이 표시된 제품을 사용하면 치수를 정확하게 잴 수 있어서 더욱 편리합니다. 끈을 이리저리 꼬거나 교차해야 하는 복잡한 매듭은 코르크보드를 사용하면 작업이 한결 수월해집니다.

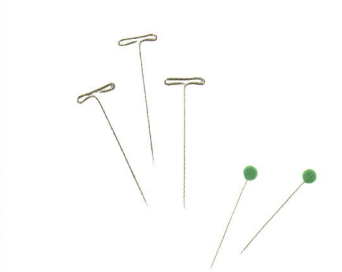

핀 ★
끈을 코르크보드에 고정시킬 때 사용합니다. 시침핀이나 압정 등을 대신 사용해도 좋습니다.

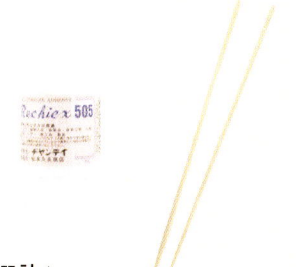

접착제, 꼬치 ★
끈 끝 부분을 마무리할 때 사용합니다. 금속 장식을 붙일 수 있으며, 마르면 투명해집니다. 꼬치 등을 이용해서 깨끗하게 바릅니다.

가위 ★
끈을 자를 때 사용합니다.

자, 줄자 ★
끈의 길이나 작품 길이를 잴 때 사용합니다.

셀로판테이프
코르크보드를 사용하지 않을 경우, 셀로판테이프로 끈 끝 부분을 책상에 붙여서 고정합니다. 또 꼬임이 잘 풀리는 끈에 비즈를 끼울 때는 끝 부분을 셀로판테이프로 감아서 끼웁니다.

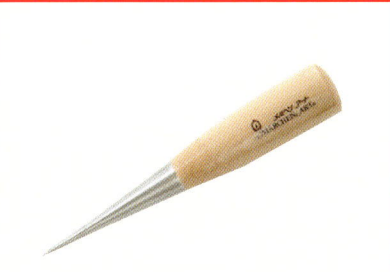

송곳 ★
매듭을 풀거나 느슨해진 매듭을 다시 조일 때처럼 섬세한 작업을 할 때 사용합니다.

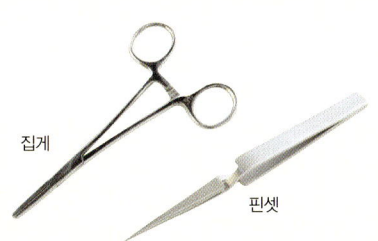

집게, 핀셋 ★
촘촘한 매듭에서 끈 끝 부분을 찾을 때 사용합니다. 장식매듭의 복잡한 매듭을 묶을 때 집게나 핀셋을 사용하면 작업이 한결 수월해집니다.

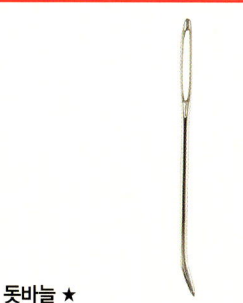

돗바늘 ★
끈 끝 부분을 마무리할 때 사용합니다. 끈이 통과할 정도로 바늘귀가 큰 것이 특징입니다.

펜치 ★
금속 고리를 벌리거나 닫을 때처럼 금속 장식이나 부재료를 다룰 때 사용합니다.

불독클립
핀이 들어가지 않는 가죽끈 등을 고정할 때 사용합니다. 사진에 나온 것처럼 클립에 가죽끈을 끼우고, 핀으로 클립을 보드에 고정합니다.

Basic Techniques 매듭의 기초 기법

매듭의 기본이 되는 기법을 소개합니다.

- 끈매듭 & 장식매듭 공통 기법 → 12쪽
- 끈매듭 기초 → 13~19쪽
- 장식매듭 기초 → 20쪽

끈매듭 & 장식매듭 공통 기법

1. 매듭을 깔끔하게 완성하는 포인트

• 힘을 항상 일정하게 준다

매듭을 묶을 때는 일정한 힘으로 끈을 잡아당겨서 조입니다. 힘 조절을 잘 못 하면 매듭코가 삐뚤빼뚤해집니다. 또한, 끈매듭의 경우 중심끈이 늘어지지 않도록 팽팽하게 당겨진 상태에서 묶습니다.

• 끈을 넉넉하게 자른다

필요한 끈의 길이는 매듭을 묶는 방법이나 끈의 종류에 따라 다릅니다. 이 책에서는 각 매듭을 소개할 때 필요한 끈의 길이를 기재해두었는데, 실제로 만들 때는 좀 더 넉넉한 길이로 잘라서 사용합니다. 만일 매듭을 묶는 중에 끈이 부족하면, 끈을 이어붙일 수도 있지만(19쪽 참고) 끝마무리를 해야 하는 번거로움이 있습니다. 그러므로 처음부터 끈을 넉넉한 길이로 준비하는 게 가장 좋습니다.

2. 끈 준비

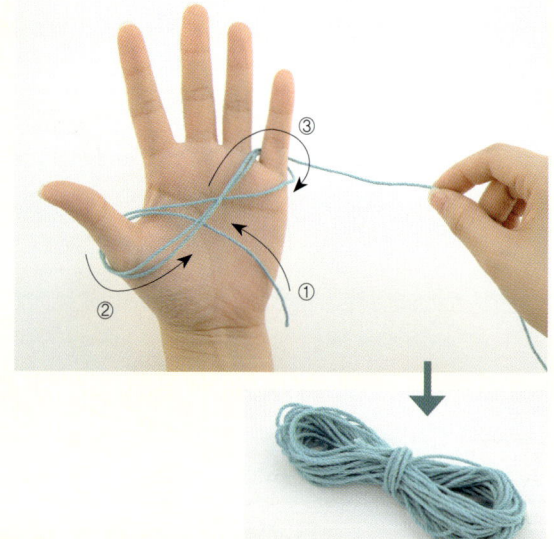

판매되는 끈 중에 실타래가 간혹 술술 풀리지 않는 것이 있습니다. 그럴 때는 사진에 나온 것처럼 8자 형태로 실타래를 감아두면 사용하는 도중에 엉키는 일이 없습니다. 보관할 때도 편리합니다.

3. 코르크보드와 핀 사용 방법

매듭을 묶을 때는 끈을 코르크보드에 핀으로 고정합니다.
코르크보드가 없을 때는 셀로판테이프로 끈의 한쪽 끝을 책상 등에 붙여서 사용합니다.

핀

셀로판테이프

핀을 꽂는 요령

끈이 당겨지는 방향의 반대쪽으로 핀을 기울여서 꽂습니다. 힘이 가해지는 방향으로 핀이 기울어져 있으면 뽑히기 쉽습니다. 또 끈의 한쪽 끝에 핀을 꽂을 때는 매듭코나 고리를 만들어 핀이 걸리기 쉽게 해두면 좋습니다.

코르크보드
책상

매듭 공예의 기본 자세

코르크보드를 사용할 때 보드를 책상에 비스듬하게 기대면 훨씬 편하고 수월하게 작업할 수 있습니다.

4. 효율적으로 매듭을 묶는 방법

끈의 길이가 2~3m 정도로 길면, 매듭을 묶을 때마다 긴 끈을 끌어당겨야 하는 어려움이 있습니다. 끈을 위의 사진처럼 8자 형태로 정리해서 고무 밴드로 묶어두거나 두꺼운 종이 등에 감아서 깔끔하게 정리하면 편하게 작업할 수 있습니다. 실타래는 매듭 안으로 쉽게 빼낼 수 있도록 가능한 한 작게 만드는 것이 좋습니다.

끈매듭 기초

22~82쪽에 소개하는 끈매듭의 기초입니다.
끈매듭은 팔찌, 미산가 실팔찌, 벨트 등에 자주 쓰이는 매듭입니다.
중심끈과 매듭끈의 정의, 매듭의 시작 방법과 마무리 방법 등을 설명합니다.

1 중심끈과 매듭끈

a. 중심끈과 매듭끈이란?

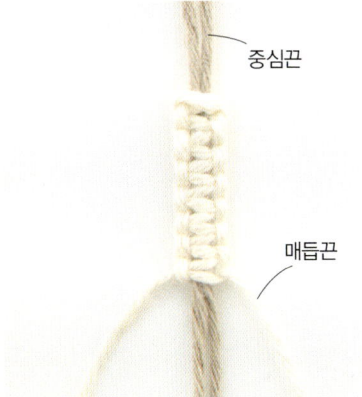

끈매듭은 매듭끈과 중심끈으로 나뉩니다. 실제로 매듭을 묶는 끈(매듭코를 만드는 끈)을 매듭끈, 매듭을 묶을 때 중심축이 되는 끈을 중심끈이라고 합니다.

※3줄 땋기 매듭처럼 매듭끈과 중심끈이 따로 나뉘지 않는 매듭법도 있습니다.

c. 중심끈과 매듭끈 교체하기

중심끈과 매듭끈을 중간에 교체할 수도 있습니다. 아래 사진은 두 가지 색을 사용한 것입니다.

②에서는 베이지색 끈 네 줄을 중심끈으로, 남색 끈 두 줄을 매듭끈으로 사용했습니다. ③에서는 ②의 중심끈이었던 베이지색 끈 네 줄 중에 두 줄이 매듭끈으로 바뀌었습니다. 그리고 ④에서는 남색 끈 두 줄과 베이지색 끈 세 줄을 중심끈으로 사용하고 베이지색 끈 한 줄을 매듭끈으로 사용하여 매듭의 겉면이 모두 베이지색으로 바뀌었습니다.

이처럼 매듭 방법에 따라 필요한 매듭끈의 수와 나머지 중심끈의 수도 달라집니다. 또한 어느 색이 겉면에 나오느냐에 따라 중심끈과 매듭끈을 교체할 수도 있습니다.

〈예〉

①베이지색 끈 2줄, 남색 끈 1줄로 3줄 땋기를 한 다음 반으로 접기

②평매듭
중심끈/베이지색 끈 4줄
매듭끈/남색 끈 2줄

③병렬 평매듭
중심끈/베이지색 끈 2줄
매듭끈/남색 끈 2줄, 베이지색 끈 2줄

④레이스엮기
중심끈/베이지색 끈 3줄, 남색 끈 2줄
매듭끈/베이지색 끈 1줄

⑤구슬매듭(연속)
중심끈/베이지색 끈 2줄
매듭끈/베이지색 끈 2줄, 남색 끈 2줄

b. 중심끈은 몇 줄이든 OK!

중심끈 2줄 / 중심끈 6줄 / 매듭끈

중심끈의 수는 자유롭게 바꿀 수 있습니다. 중심끈의 수가 늘어나면 그만큼 매듭코가 두꺼워집니다. 만들고 싶은 작품에 따라 중심끈의 수를 조절합니다.

d. 매듭끈 묶는 방법

매듭을 묶는 도중에 끈의 수를 늘릴 수도 있습니다. 다음과 같은 방법으로 새로운 끈을 연결합니다.

뒤로 묶기

새로 추가한 끈 / 〈뒷면〉 / 새로 추가한 끈

그림과 같이 끈을 중심끈의 뒤에서 묶습니다.

평매듭으로 묶기

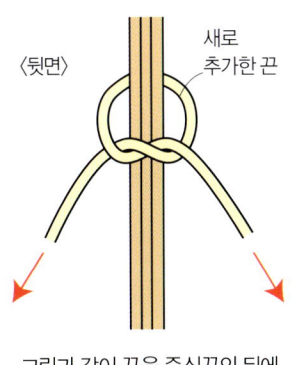

새로 추가한 끈 / 평매듭

그림과 같이 끈을 놓고 평매듭(32쪽 참고)을 한 번 묶습니다.

2 끈매듭 종류

끈매듭은 매듭을 묶는 순서에 따라 크게 세 종류로 나뉩니다.
①한쪽 끝에서 반대쪽 끝까지 매듭을 묶는 방법, ②끈을 반으로 접어서 매듭을 묶는 방법, ③가운데에서 좌우 대칭으로 매듭을 묶는 방법이 있습니다. 만들고 싶은 소품의 디자인이나 길이에 따라 알맞은 방법을 선택합니다.
또, 각각의 종류에 따라 매듭의 시작 방법과 마무리 방법도 달라집니다. 매듭의 시작 방법은 16쪽, 마무리 방법은 18쪽을 참고합니다.
매듭의 본체 부분은 22~82쪽에 소개하는 끈매듭 가운데 마음에 드는 것을 선택합니다.

① 한쪽 끝에서 반대쪽 끝까지 매듭을 묶는 방법

끈을 가지런히 모으고 한쪽 끝에서 반대쪽 끝까지 매듭을 묶습니다. 팔찌나 미산가 실팔찌 등 액세서리를 만들 때 자주 사용하는 방법입니다.

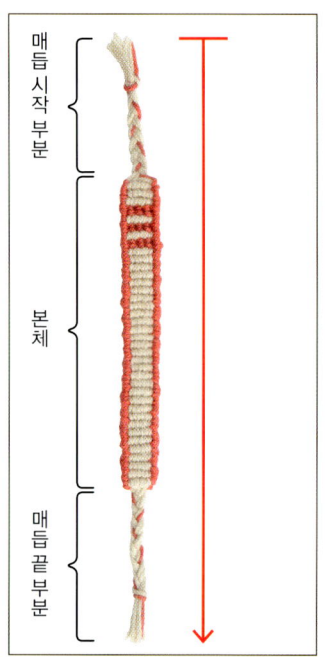

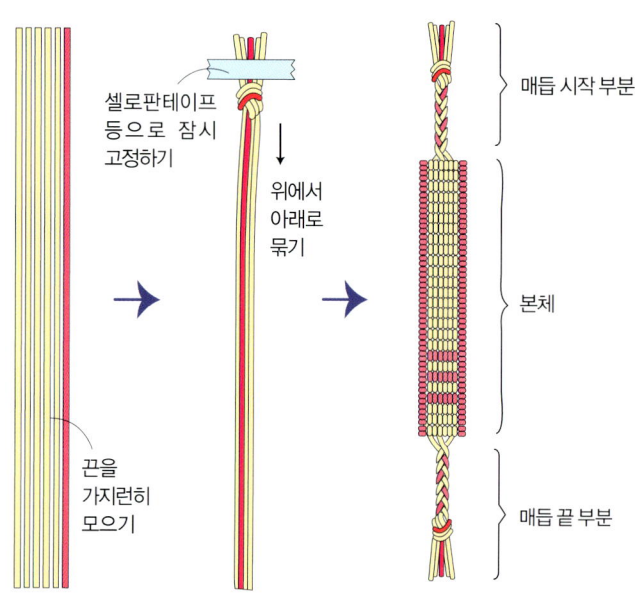

② 끈을 반으로 접어서 매듭을 묶는 방법

끈을 반으로 접어서 매듭을 묶습니다. 팔찌 등 마감 장식을 걸기 위한 고리를 만들 때 자주 사용하는 방법입니다.

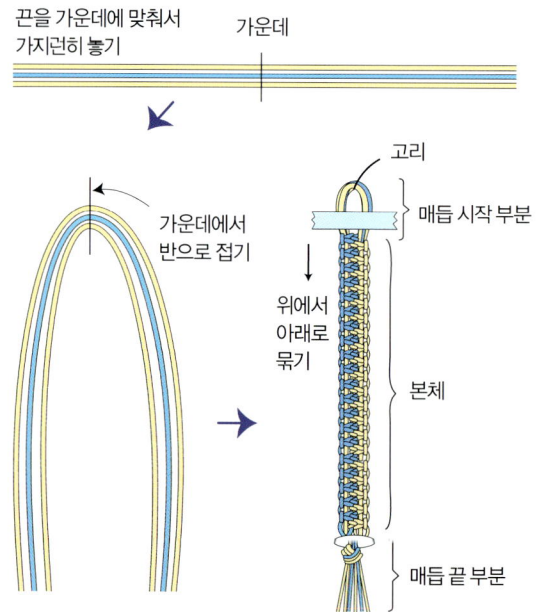

③ 가운데에서 좌우 대칭으로 매듭을 묶는 방법

가운데에서 시작해 좌우 양끝까지 매듭을 묶는 방법입니다. 좌우 대칭인 디자인이나 가운데에 펜던트 장식을 끼우는 디자인 등에 쓰입니다. 또 이 방법을 사용하면 매듭을 묶을 때 끌어당기는 끈의 길이가 절반으로 줄어들므로, 벨트처럼 긴 끈으로 매듭을 묶을 때도 좀 더 수월하게 작업할 수 있습니다.

우선 끈의 가운데를 임시로 한 번 묶고, 부재료를 통과시켜 본체 왼쪽 부분의 매듭을 만듭니다. 그런 다음 임시로 묶은 가운데의 매듭을 풀고, 나머지 오른쪽 부분의 매듭을 묶습니다. 마지막으로 매듭 끝 부분을 마무리합니다.

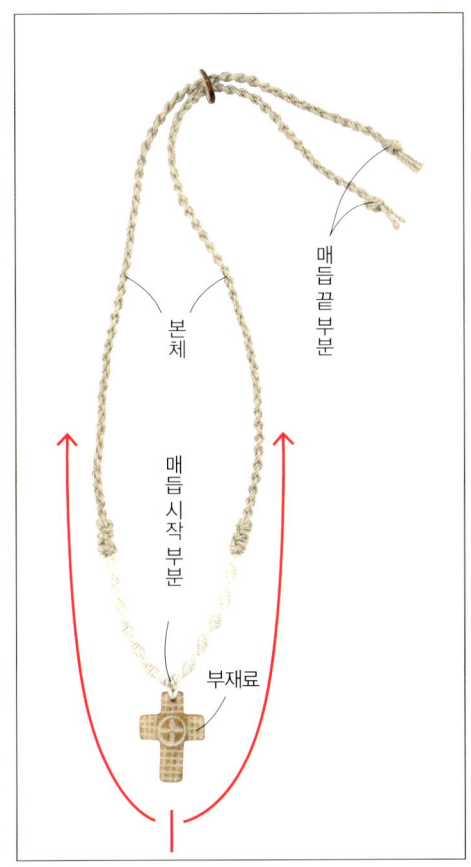

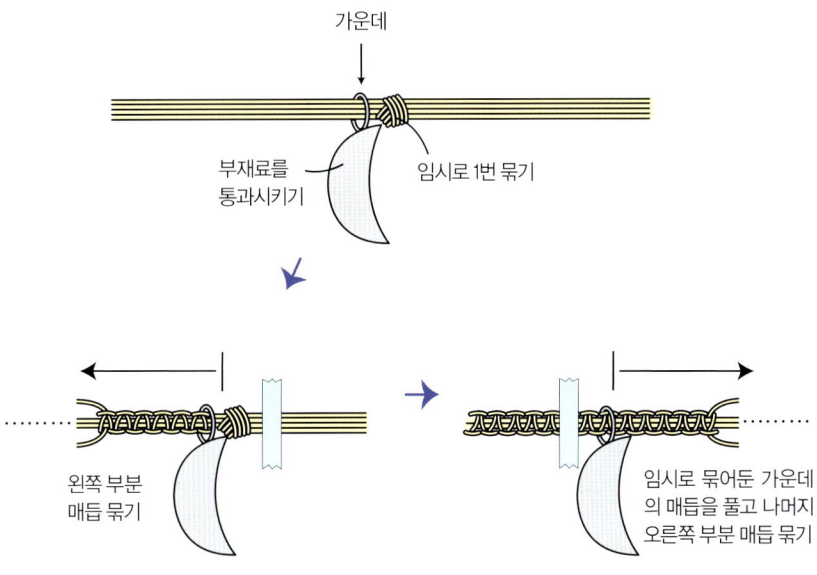

비즈를 통과시키는 방법

a. 셀로판테이프 사용하기

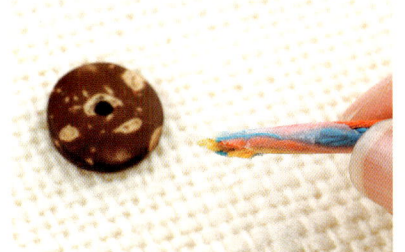

끈의 끝 부분을 뾰족하게 만든 다음 셀로판테이프를 감습니다. 비즈는 돌려가면서 끼우면 좀 더 쉽게 통과합니다.

b. 끈 사이에 끼워서 잡아당기기

① 끈을 한 줄씩 끼워서 두 줄을 통과시킵니다.

② 세 번째 끈을 통과시킵니다. 먼저 통과시킬 두 끈 사이에 세 번째 끈을 끼웁니다.

③ 비즈를 움직여 세 번째 끈을 구멍 사이로 통과시킵니다. 나머지 끈도 같은 방법으로 통과시킵니다.

3　매듭을 시작하는 방법

이번에는 매듭을 시작하는 대표적인 방법을 소개합니다. 만들고 싶은 작품의 디자인이나 용도 등에 알맞은 방법을 선택합니다. 14~15쪽에 나와 있는 끈매듭의 종류에 따라 매듭을 시작하는 시작 방법도 달라지므로 참고합니다.

a. 한매듭 후 3줄 땋기를 하는 방법

미산가 실팔찌 등에 자주 쓰이는 시작 방법입니다. 끈의 한쪽 끝을 가지런히 모아서 한매듭을 묶고 3줄 땋기를 합니다.

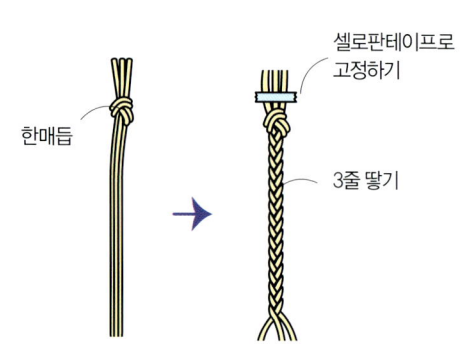

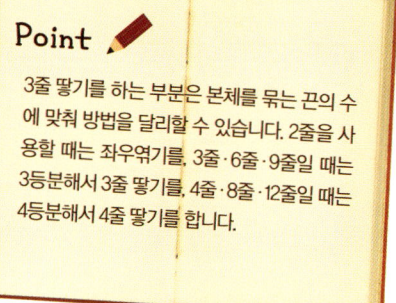

Point

3줄 땋기를 하는 부분은 본체를 묶는 끈의 수에 맞춰 방법을 달리할 수 있습니다. 2줄을 사용할 때는 좌우엮기를, 3줄·6줄·9줄일 때는 3등분해서 3줄 땋기를, 4줄·8줄·12줄일 때는 4등분해서 4줄 땋기를 합니다.

b. 고리를 만드는 방법

1. 한매듭을 묶는다

끈을 반으로 접은 다음 한매듭을 묶습니다. 고리를 만드는 가장 기본적인 방법입니다.

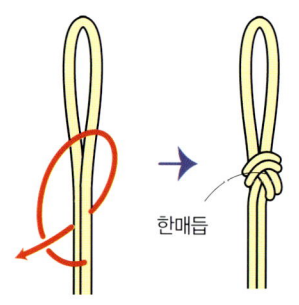

2. 중심끈에 매듭끈을 묶는다
(매듭끈을 짝수로 할 경우)

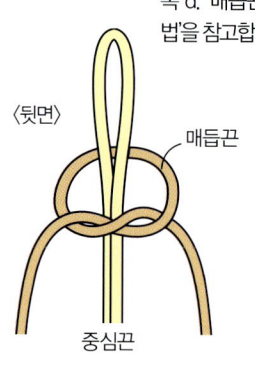

반으로 접은 중심끈에 매듭끈을 묶습니다. 13쪽 d. '매듭끈 묶는 방법'을 참고합니다.

3. 중심끈에 매듭끈을 묶는다
(매듭끈을 홀수로 할 경우)

매듭끈을 한 줄만 더하고 싶을 때는 반으로 접은 중심끈에 로프매듭(24쪽 참고)을 묶은 다음, 위쪽으로 빠져나온 끈을 잘라냅니다.

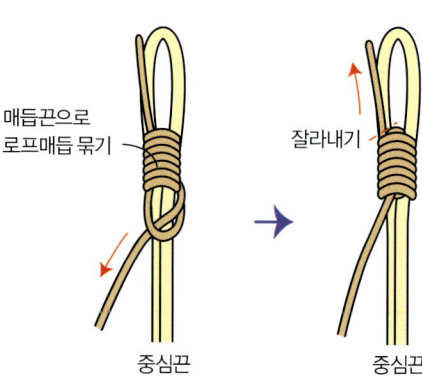

4. 중심을 묶은 후 고리를 만든다
(끈을 짝수로 할 경우)

매듭끈을 셀로판테이프로 고정한 후 3줄 땋기합니다. 가운데에서 반으로 접은 다음, 매듭끈 중 한 줄로 옭매듭을 묶거나 새로운 매듭끈을 묶습니다.

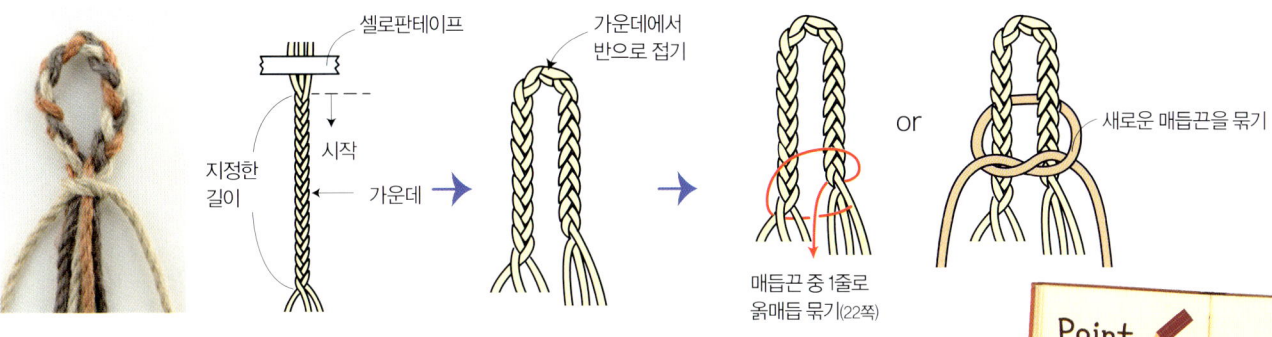

5. 중심을 묶은 후 고리를 만든다
(끈을 홀수로 할 경우)

끈을 홀수로 할 때는 위에 나온 4의 상태에서 한 줄만 자릅니다.

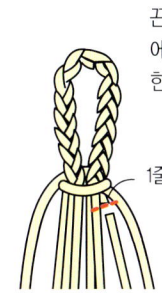

c. 끝을 남기지 않고 묶는 방법
끈 두 줄을 그림과 같이 놓은 다음 안쪽에 놓인 두 줄을 중심끈, 바깥쪽에 놓인 두 줄을 매듭끈으로 삼아서 묶습니다.

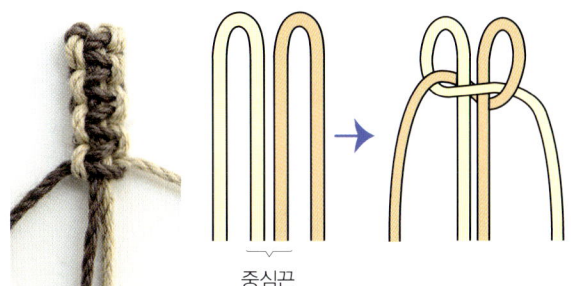

Point
4와 5의 고리 부분 매듭은 끈의 수에 따라 달라집니다.
(예) 두 줄일 경우: 좌우엮기, 레이스엮기
　　 세 줄일 경우: 3줄 땋기
　　 네 줄일 경우: 4줄 땋기

d. 가로로 펼친 중심끈에 매듭끈 여러 줄을 묶는 방법
가로로 펼친 중심끈에 매듭끈을 여러 줄 묶으면 매듭의 폭을 늘릴 수 있습니다. 또 금속 장식이나 틀 등에 매듭끈을 묶을 때도 이 방법을 사용합니다.

1. 반으로 접어서 묶는다

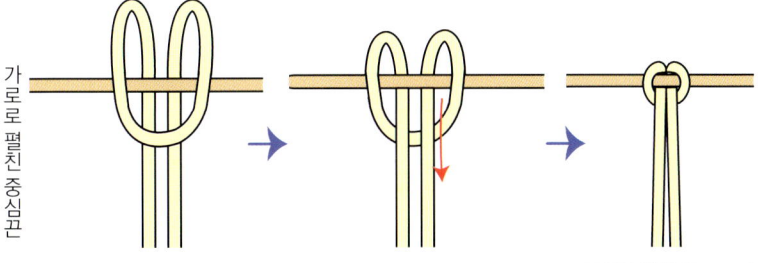

①중심끈을 팽팽하게 당긴 다음, 반으로 접은 매듭끈을 중심끈 아래에 넣고 윗부분을 중심끈 앞으로 접는다.
②매듭끈의 끝을 그림과 같이 고리 안으로 빼낸다.
③끈을 밑으로 잡아 당겨서 조인다.

앞뒤를 바꿔서 묶는 경우도 있습니다.

2. 한 줄씩 묶는다
가로엮기(74쪽)로 매듭을 묶습니다.
끈 끝을 그대로 남기면 프린지(솔이나 스카프의 가장자리에 붙이는 술 장식)가 됩니다.

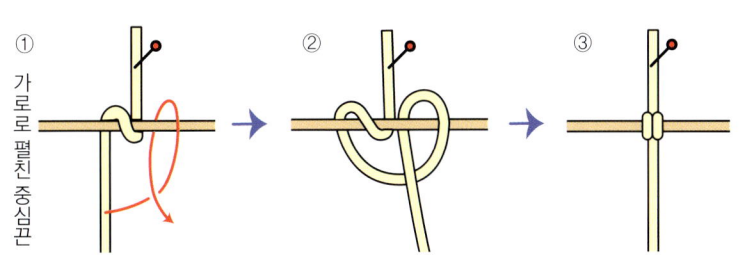

memo.

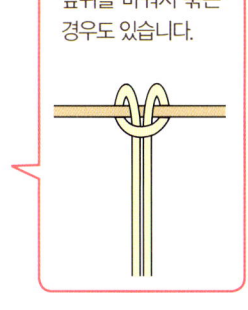

가로로 펼친 중심끈에 여러 줄 묶으면 매듭의 폭을 늘릴 수 있습니다. 사진에 나온 매듭은 '칠보매듭'(44쪽)입니다.

4 매듭을 마무리하는 방법

매듭의 종류에 따라 매듭을 마무리하는 방법도 달라집니다. 다양한 방법 중에서 대표적인 방법 몇 가지를 소개합니다.

a. 3줄 땋기를 하고 한매듭으로 마무리하기

본체를 다 묶은 매듭끈을 3줄 땋기를 한 다음, 한매듭으로 마무리하고 끝을 잘라냅니다. 액세서리는 보통 끈 전체를 1줄로 3줄 땋기를 하거나 2갈래로 나눠서 3줄 땋기를 합니다. 매듭을 시작할 때 1줄로 3줄 땋기를 했다면 마무리도 같은 방법으로 하며, 매듭을 시작할 때 고리를 만들었다면 마무리도 2갈래로 나눠서 3줄 땋기를 하는 경우가 많습니다(143쪽 5·6 작품 참고).

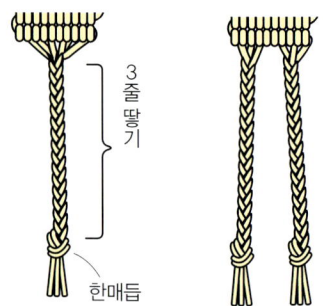

b. 금속 장식으로 마무리하기

액세서리용 금속 장식을 사용하는 방법입니다. 셀로판테이프 등을 사용해서 끈을 임시로 고정한 후 매듭을 묶기 시작합니다. 끝까지 매듭을 묶고 나면 끈의 끝 부분에 접착제를 발라서 금속 장식으로 고정합니다.

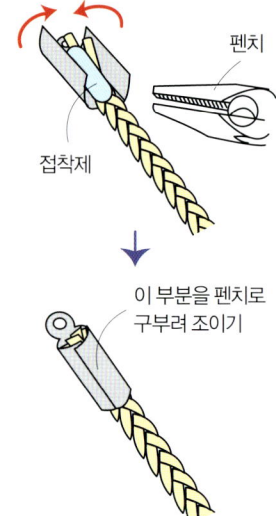

Point

본체 매듭을 묶는 끈의 수에 따라 3줄 땋기 부분은 매듭 종류를 바꿀 수 있습니다. 두 줄일 때는 좌우엮기, 네 줄일 때는 4줄 땋기 등을 합니다.

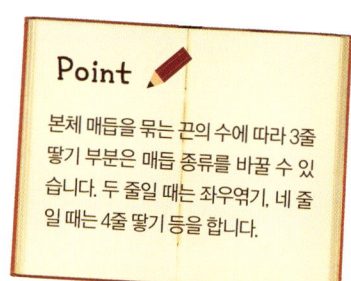

c. 마감 장식 사용하기

끈 전체를 마감 장식에 통과시킨 후 한매듭을 묶습니다. 끝을 가지런히 모으고 자릅니다. 액세서리 등에 자주 사용하는 방법입니다.

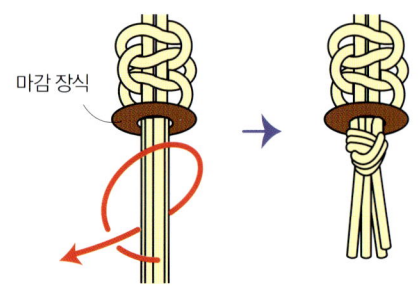

d. 중심끈이나 매듭끈 끝을 숨기기

이어엮기에서 자주 사용하는 방법입니다. 돗바늘에 중심끈이나 매듭끈을 통과시킨 다음, 뒷면의 두세 번째 매듭코까지 통과시킵니다. 매듭코의 가장자리에서 끈을 자릅니다.

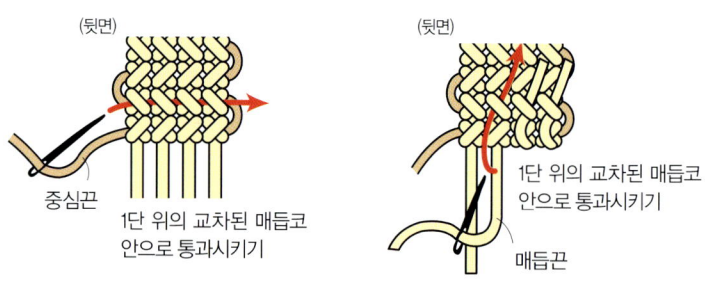

e. 불로 그을러서 마무리하기

라이터 불을 사용하여 간단하게 끈 끝 부분을 접착시키는 방법입니다. 단, 이 방법을 사용할 수 있는 끈은 한정되어 있습니다.

불로 그을릴 수 있는 끈의 종류: 왁스 코드, 아시안 코드, 마이크로 마크라메 코드

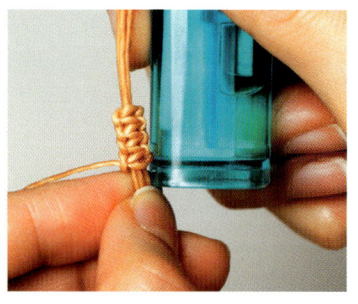

1. 끈 끝 부분을 3mm 정도 남기고 잘라낸 다음 끝 부분에 라이터 불의 윗부분을 살짝 댑니다.
2. 끝 부분이 녹는 순간 라이터 옆면으로 눌러서 굳힙니다.
3. 완성된 모습입니다.

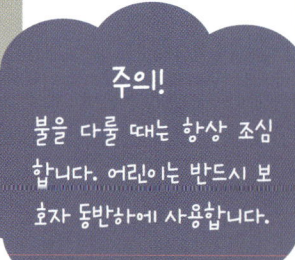

주의! 불을 다룰 때는 항상 조심합니다. 어린이는 반드시 보호자 동반하에 사용합니다.

5. 끈이 부족할 때

매듭끈이나 중심끈이 부족할 때 유용한 방법을 소개합니다. 끈이 부족할 때는 다음 세 가지 방법으로 응급 처치를 할 수 있습니다.
그러나 이러한 응급 처치를 하기보다는 미리 끈을 넉넉한 길이로 준비하는 것이 좋습니다.

a. 긴 끈과 위치를 바꾸기

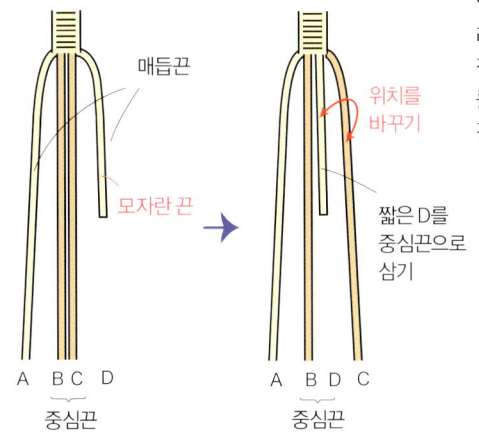

가장 간단하게 할 수 있는 방법입니다. 다만 매듭의 종류에 따라 끈을 교체한 부분이 두드러질 수 있으므로 그럴 때는 비즈를 이용해서 두드러지는 부분을 감추는 것이 좋습니다.

b. 두 끈의 연결 부분을 비즈로 가리기

그림처럼 두 끈의 끝을 갈고리 모양으로 교차시킨 다음 접착제로 연결합니다.

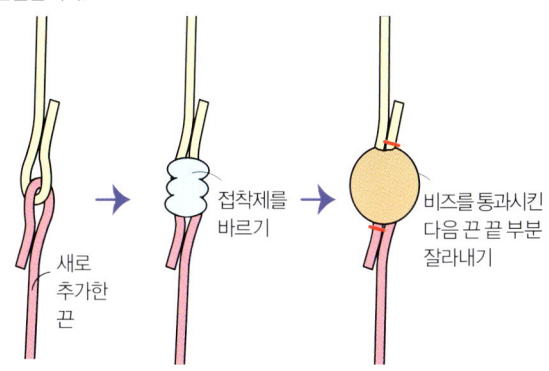

c. 평매듭과 이어엮기의 경우

가장 많이 쓰이는 매듭인 '평매듭'과 '이어엮기'에서 사용하는 방법을 소개합니다.
돗바늘을 사용해 끈 끝 부분을 감출 때는 끈을 바늘 길이의 두 배만큼 남깁니다.

- 평매듭

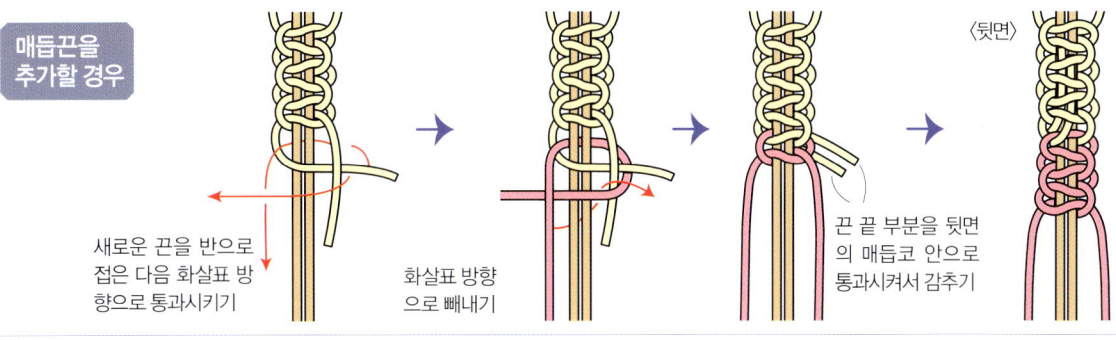

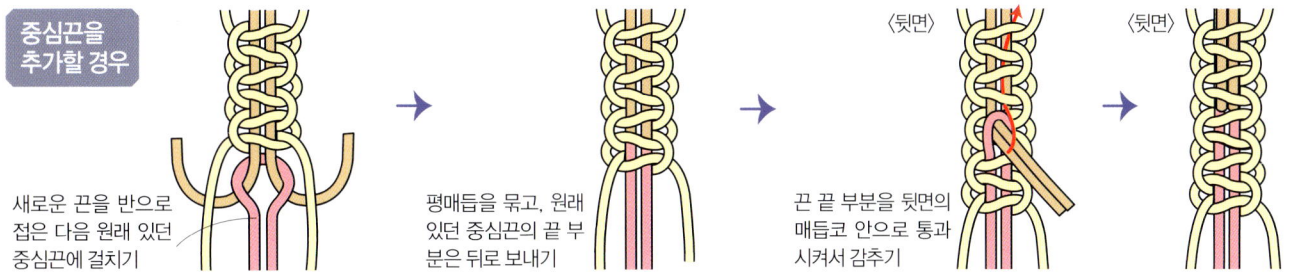

- 이어엮기

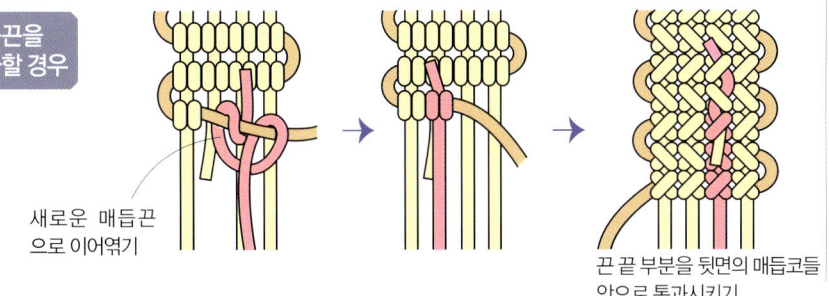

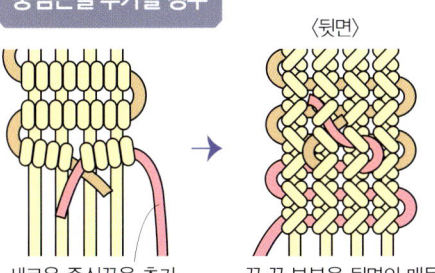

장식매듭의 기초

83~134쪽에 소개하는 장식매듭의 기초입니다.

1. 코르크보드와 핀 사용 방법

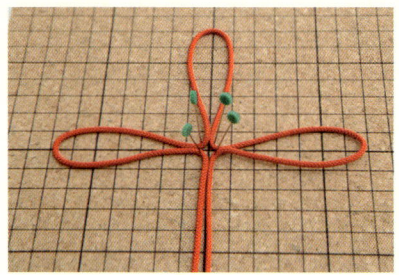

간단한 장식매듭은 별다른 도구를 사용하지 않더라도 묶을 수 있습니다. 그러나 복잡한 장식매듭은 핀으로 끈을 코르크보드에 고정한 상태에서 묶어야 합니다.

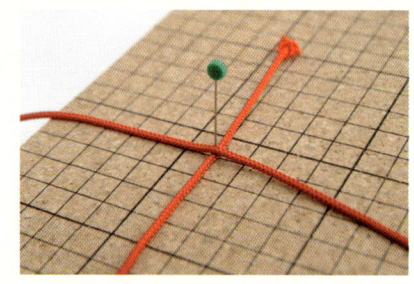

끈이 교차하는 지점은 핀이 관통하도록 꽂습니다.

2. 핀셋·집게 사용 방법

(핀셋)

(집게)

끈이 복잡하게 교차하는 지점은 끈을 통과시킬 때 핀셋이나 집게를 사용합니다.
핀셋은 끈을 잡아당기거나 매듭 안으로 끈을 밀어 넣을 때 또는 실을 빼낼 때처럼 다양한 상황에 쓰입니다. 집게는 집는 힘이 강해서 복잡한 매듭 안으로 끈을 통과시킬 때 유용하게 쓰입니다.

3. 끈을 잡아당기는 방법

a. 둥글게 만들기

매듭 모양을 둥글게 정돈하고 싶을 때는 순서대로 끈을 당겨서 조금씩 둥근 모양을 만듭니다. 손가락 끝에 매듭을 끼우면 모양을 잡기 쉽습니다.

b. 모양 다듬기

장식매듭은 매듭을 완성한 후에 끈의 여유분을 순서대로 당겨서 예쁘게 모양을 다듬어야 합니다. 한 번에 끝낼 수 있는 작업이 아니므로, 매듭이 연결된 순서대로 끈의 여유분을 조금씩 당겨서 모양을 다듬습니다.

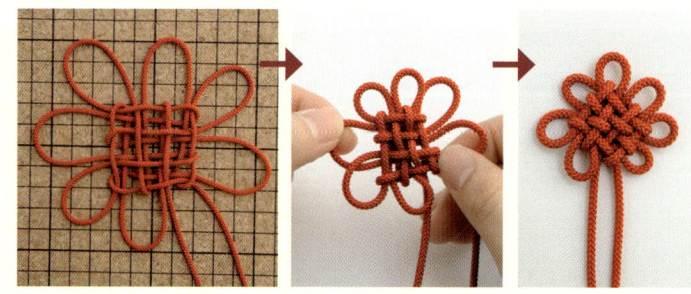

4. 매듭을 마무리하는 방법

a. 고리를 만든 후에 본드로 고정하기

사진처럼 끈이 두 줄 나와 있을 때 사용하는 방법입니다. 한쪽 끈을 거의 보이지 않을 정도로 짧게 자른 다음, 끝에 접착제를 바릅니다. 다른 한쪽 끈으로 고리를 만들고, 끝에 접착제를 발라서 매듭코 안으로 밀어넣어 고정합니다.

b. 불로 그을러서 마무리하기

끈의 끝 부분을 라이터 불에 대고 녹인 다음 굳힙니다. 이 방법을 쓸 수 있는 끈의 종류는 18쪽 e를 참고합니다.

Part 1 끈매듭

밧줄 매듭과 실매듭 기법은 예로부터 세계 각지에서 사용되었습니다. 이처럼 원래 실용적인 목적이 강한 매듭에 장식성을 더한 것이 이번 장에서 소개하는 끈매듭입니다. 단순히 '끈 여러 줄을 합쳐서 강도를 높이는 것'이 목적이던 매듭이 일상생활의 여러 곳에서 쓰이면서 점차 다양해졌고, 예술성도 높아졌습니다. 이제는 팔찌나 미산가 실팔찌, 벨트, 핸드폰 줄을 비롯한 각종 액세서리와 장식 등에 널리 사용되고 있습니다. 마음에 드는 매듭 방법을 선택해서 자신에게 필요한 물건을 직접 만들어봅니다.

Knot 1 * 한매듭

끈 여러 줄을 하나로 묶는 방법입니다.
끈의 수가 늘어날수록 매듭코도 커집니다.

> 난이도: ★☆☆☆☆
> 주요 쓰임새: 끈 끝 부분 마무리, 장식용으로 사용할 때

1 끈을 화살표 방향으로 돌린다.

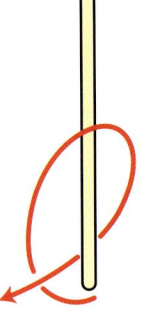

2 끝을 잡아당겨서 한매듭을 완성한다.

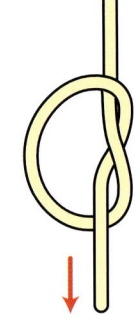

3 끈의 수에 상관없이 같은 방법으로 묶는다.

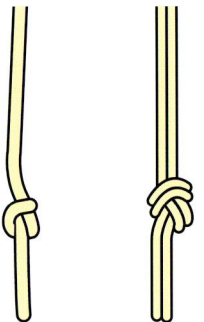

memo.
한매듭과 옭매듭

한매듭은 끈의 수가 늘어날수록 매듭코도 커집니다.
옭매듭은 끈의 수가 늘어나도 매듭코가 커지지 않아 끝 부분을 깔끔하게 마무리할 수 있는 한편 그만큼 고정하는 힘이 약합니다.

Knot 2 * 옭매듭

끈 여러 줄을 그중 한 줄로 묶는 방법입니다.
끈의 수가 늘어나도 매듭코가 커지지 않으므로 깔끔하게 끝 부분을 마무리할 수 있습니다.

> 난이도: ★☆☆☆☆
> 주요 쓰임새: 끈 끝 부분 마무리(매듭이 눈에 띄지 않게 하고 싶을 경우)

1 끈 한 줄을 화살표 방향으로 돌린 다음, 한매듭과 같은 방법으로 나머지 끈을 묶는다.

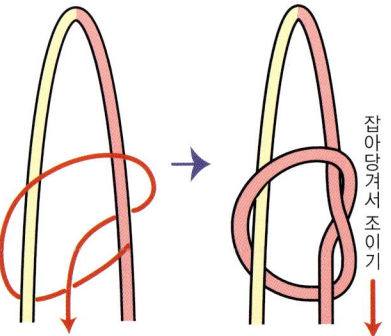

2 옭매듭이 완성되었다. 끈의 수가 늘어나도 그중 한 줄로 나머지 끈을 묶는다.

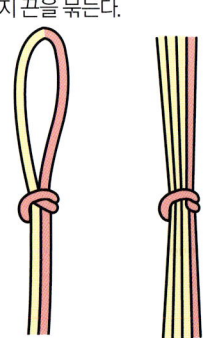

매듭 응용하기

끈의 양 끝을 교차시키고, 각각 옭매듭을 묶습니다. 그러면 매듭코가 자유롭게 움직여서 끈의 길이를 원하는 대로 조절할 수 있습니다.

Knot 3 * 코일매듭

코일 모양의 장식을 만드는 매듭입니다.
감는 횟수에 따라 매듭코의 길이가 달라집니다.

난이도: ★☆☆☆☆
주요 쓰임새: 큰 매듭을 만들 때, 장식용으로 사용할 때

1 그림과 같이 고리를 만든 다음 A에 B를 3번 감는다.

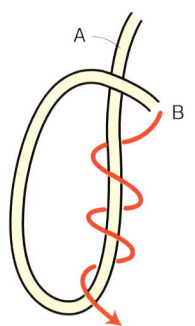

2 A와 B를 위아래로 잡아당겨서 코일매듭을 완성한다.

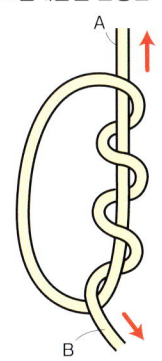

3 감는 횟수에 따라 매듭코의 길이가 달라진다.

매듭 응용하기

매듭 사이에 비즈를 끼워서 목걸이나 팔찌를 만들어봅니다. 매듭이 비즈를 고정시킬 뿐만 아니라 장식적인 효과까지 얻을 수 있습니다.

Knot 4 * 맞매듭

끈 두 줄을 연결하는 방법입니다. 끈을 잡아당길수록 매듭이 조여집니다.

난이도: ★☆☆☆☆
주요 쓰임새: 끈 두 줄을 연결할 때, 파워스톤 그물망(150쪽)을 만들 때

1 B 위에 A를 올리고 화살표 방향으로 통과시킨다.

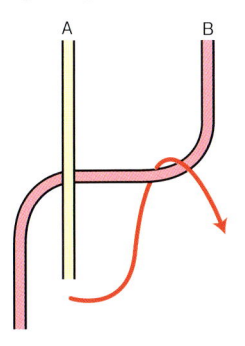

2 끈을 통과시킨 모습이다.

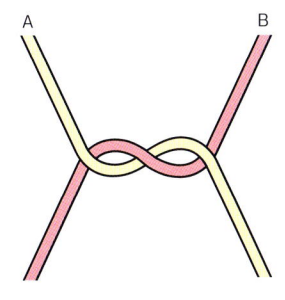

3 A를 화살표 방향으로 통과시킨다.

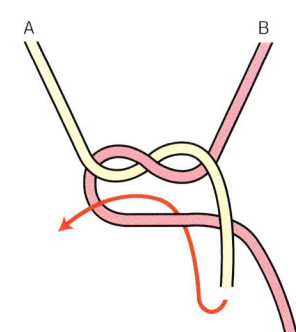

3 A와 B를 잡아당겨서 맞매듭을 완성한다.

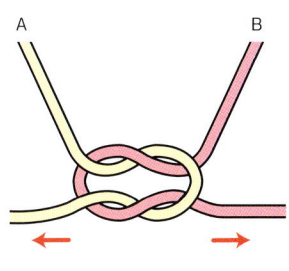

Knot 5 * 로프매듭

끈 다발에 끈 한 줄을 돌돌 감아서 묶는 방법입니다.
끈의 끝 부분 마무리에 사용하거나 감은 부분을 팔찌나 목걸이를 만들 때
디자인 포인트로 사용합니다.

난이도: ★☆☆☆☆
주요 쓰임새: 끈 다발을 정리할 때, 액세서리를 만들 때

1 작품 뒷면에서 매듭을 묶는다. 중심끈에 그림과 같이 새로운 끈으로 고리를 만들고, 위에서 아래로 빈틈이 보이지 않도록 감는다.

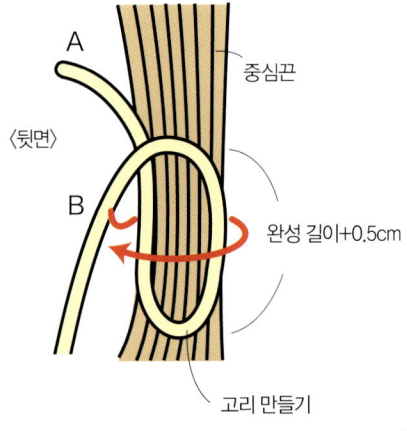

2 원하는 길이만큼 끈을 감고, 아래의 고리 안으로 B를 통과시킨다.

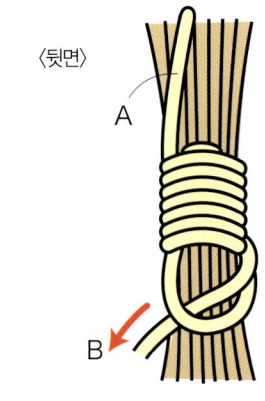

3 A를 잡아당기면 둥글게 감긴 끈 아래로 고리가 들어가 고정된다. A와 B를 최대한 짧게 자른다.

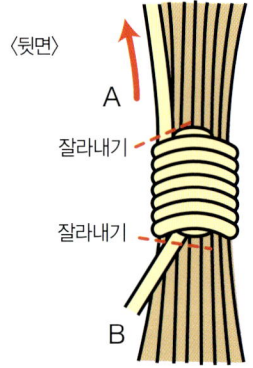

이럴 때 사용하기

금속 장식을 연결할 때 사용해봅니다. 가죽끈을 금속 고리로 통과시킨 다음, 접어서 왁스 코드로 로프매듭을 묶습니다.
가죽끈과 색상이 다른 왁스 코드를 선택하면 액세서리에 포인트를 줄 수 있습니다.

매듭 응용하기

중심끈에 서로 다른 세 가지 색 끈으로 번갈아가며 로프매듭을 묶으면 화사한 팔찌가 완성됩니다.

Knot 6 * 감은 옭매듭

끈 다발에 끈 한 줄을 돌돌 감아서 묶는 방법입니다.
로프매듭과 비슷하지만, 긴 구간을 감을 때나
끈의 재질 때문에 로프 매듭을 묶기 어려울 때 사용합니다.

난이도: ★☆☆☆☆
주요 쓰임새: 끈 다발을 정리할 때, 액세서리를 만들 때

1 작품 뒷면에서 매듭을 묶는다. 끈의 끝 부분을 중심끈에 2~3cm 정도 걸친다.

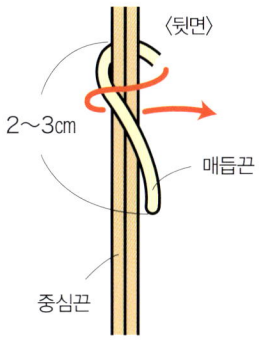

2 틈이 보이지 않도록 매듭끈을 돌돌 감은 다음, 옭매듭을 묶고 잡아당기기 전에 중심끈에 접착제를 바른다.

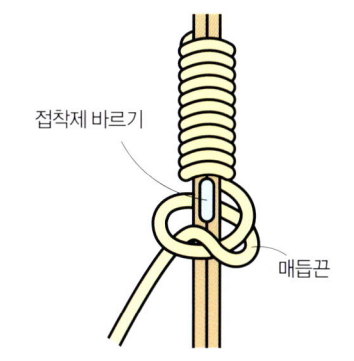

3 끈을 잡아 당겨서 조인 후 최대한 짧게 자른다.

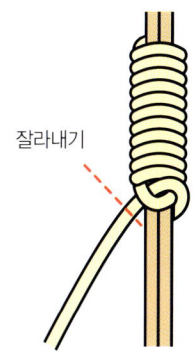

memo.
로프매듭과 감은 옭매듭의 차이

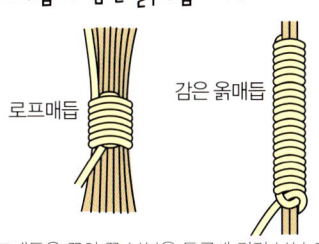

로프매듭은 끈의 끝 부분을 둥글게 감긴 부분 아래로 집어넣으므로 감은 옭매듭보다 매듭이 단단하게 고정됩니다. 또한 끈을 감는 구간의 길이가 짧을 때 적합합니다.
감은 옭매듭은 끈을 감은 다음에 옭매듭으로 마무리하는 것뿐입니다. 그러므로 끈을 감는 구간의 길이가 길거나 끈의 재질 때문에 로프매듭을 제대로 지을 수 없을 때 적합합니다.

매듭 응용하기

끈 여섯 줄을 세 갈래로 나누고, 각기 다른 색의 매듭 끈으로 감은 옭매듭을 묶습니다. 끈을 돌돌 감기만 해도 분위기 있는 팔찌를 완성할 수 있습니다.

Knot 7 ✱ 같은 줄 로프매듭 A

두 줄 이상의 끈을 다발 지을 때 그중 두 줄로 매듭을 묶는 방법입니다.
로프매듭이나 감은 옭매듭과 비슷하지만
새로운 끈을 사용하지 않고 같은 끈으로 묶는다는 차이점이 있습니다.

> 난이도: ★☆☆☆☆
> 주요 쓰임새: 여러 줄(두 줄 이상)의 끈을 정리할 때

이 매듭 방법은 매듭을 지을 지점의 윗부분에 부재료나 다른 매듭이 있을 때만 가능합니다

1 끈 한 줄로 고리를 만든 다음. 또 다른 끈으로 위에서 아래까지 둥글게 감는다.

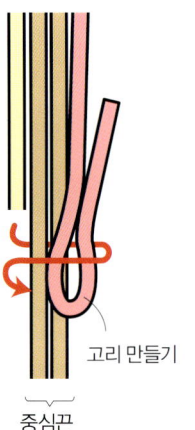

고리 만들기
중심끈

2 둥글게 감은 끈을 고리 안으로 통과시킨다.

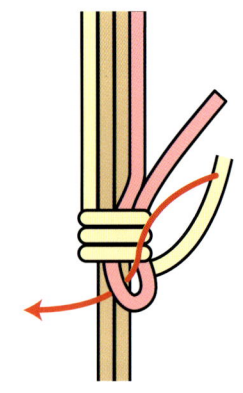

3 화살표 방향으로 끈의 끝을 위로 잡아당겨서 확실하게 고정시킨다. 나머지 부분을 최대한 짧게 자르면 매듭이 완성된다.

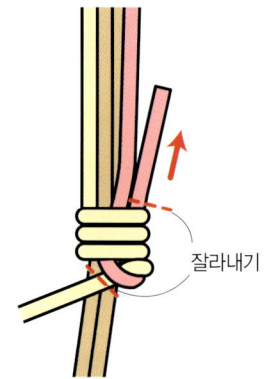

잘라내기

이럴 때 사용하기

여러 줄의 끈(두 줄 이상)으로 매듭을 묶었을 때 끝 부분의 마무리로 사용합니다(사진은 4줄 땋기 마무리).

memo.

같은 줄 로프매듭 A와
같은 줄 로프매듭 B

같은 줄 로프매듭 A는 두 줄을 사용하여 매듭을 묶기 때문에 단단하게 고정됩니다.
같은 줄 로프매듭 B는 한 줄만으로 매듭을 지을 수 있지만 그만큼 힘이 약하고 매듭코가 잘 고정되지 않습니다. 하지만 매듭코가 자유롭게 움직이므로 길이를 조절할 수 있는 액세서리를 만들 때 사용하기에 적합합니다.

Knot 8 * 같은 줄 로프매듭 B

한 줄 이상의 끈을 다발 지을 때 한 줄만을 사용해서 나머지 끈을 묶는 방법입니다.
같은 줄 로프매듭 A와 달리 한 줄로 묶기 때문에 매듭코가 고정되지 않고 자유롭게 움직입니다.
길이 조절이 가능하므로 팔찌나 목걸이에 많이 사용됩니다.

난이도: ★☆☆☆☆
주요 쓰임새: 여러 줄(두 줄 이상)의 끈을 정리할 때, 액세서리의 길이를 조절하는 부분

1
끈 한 줄을 그림과 같이 접는다.

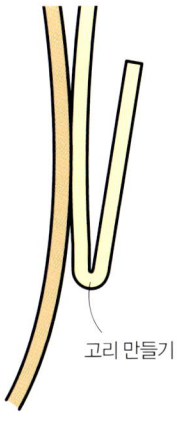

고리 만들기

2
접힌 끈을 위에서 아래로 돌돌 감는다.

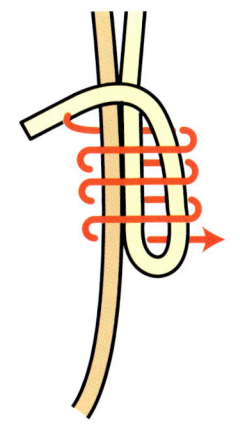

3
끈의 끝을 고리에 통과시킨 후 잡아당겨서 고정시킨다. 나머지 부분을 짧게 자르면 매듭이 완성된다.

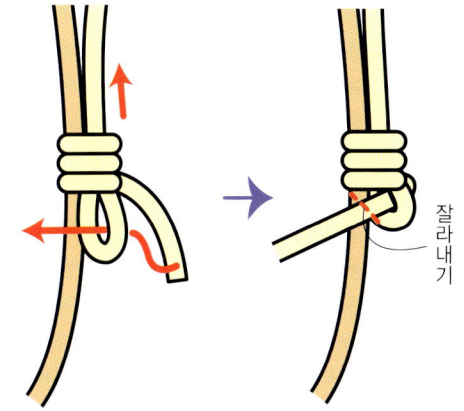

잘라내기

이럴 때 사용하기

팔찌 끈의 끝 부분을 마무리할 때 사용합니다. 매듭코가 자유롭게 움직여서 길이를 조절할 수 있습니다.

매듭 응용하기

코드 한 줄로 같은 줄 로프매듭 B를 반복해서 장식을 만들어봅니다. 목걸이나 팔찌를 만들거나 매듭 사이에 비즈를 끼워도 됩니다.

Knot 9 ✻ 나비매듭

다른 말로는 리본 매듭이라고도 합니다. 일상생활에서 자주 사용하는 방법입니다.
끝을 잡아당기면 곧바로 풀리므로, 매듭을 완전히 고정하고 싶지 않을 때 쓰입니다.

난이도: ★☆☆☆☆
주요 쓰임새: 예쁘게 정리하고 싶을 때, 장식용으로 사용할 때

1 매듭끈 위에 중심끈을 올린 다음, 그림과 같이 가운데에서 매듭을 묶는다.

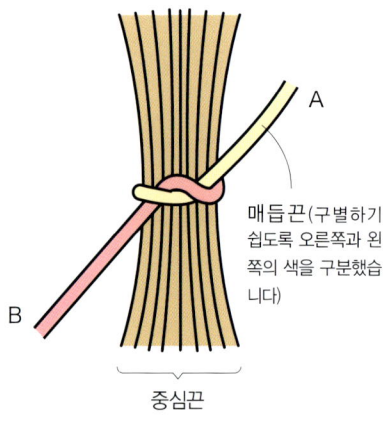

매듭끈(구별하기 쉽도록 오른쪽과 왼쪽의 색을 구분했습니다)

중심끈

2 B로 고리를 만든다.

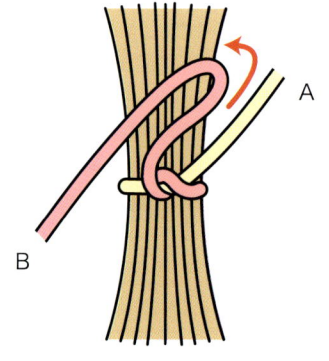

3 A를 고리의 아래에서 위로 감는다.

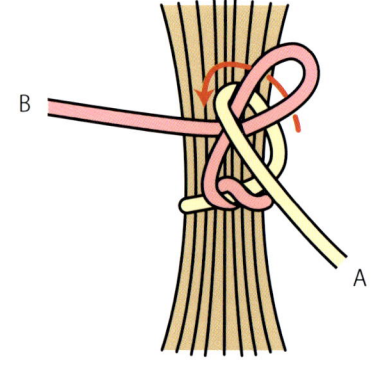

4 A로 고리를 만들면서 그림과 같이 통과시킨다.

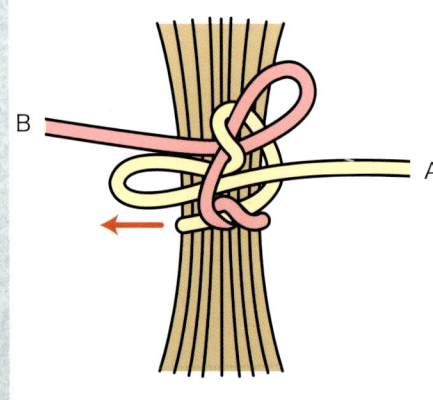

5 고리와 끈의 끈 부분을 잡아당겨서 매듭코의 모양을 다듬는다.

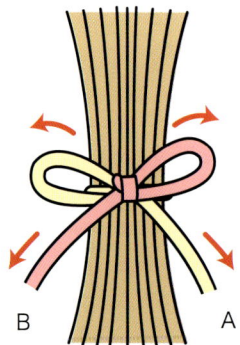

Knot 10 ✻ 좌우엮기

끈 두 줄을 번갈아가며 좌우로 묶는 방법입니다.
매우 간단하므로 짧은 시간 안에 긴 매듭을 묶을 수 있습니다.
서로 다른 색의 끈을 사용하면 더욱 화려한 느낌을 낼 수 있습니다.

난이도: ★☆☆☆☆
필요한 끈의 길이(15cm 길이의 매듭): 60cm×2줄
주요 쓰임새: 액세서리 줄 등

1 A를 중심끈으로 삼고 B를 감는다. 중심끈은 팽팽하게 당긴다.

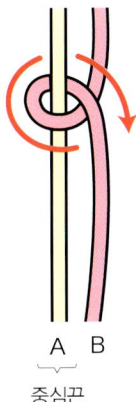

2 이번에는 B를 중심끈으로 하여 A를 감는다. 여기까지가 좌우엮기 한 번에 해당한다.

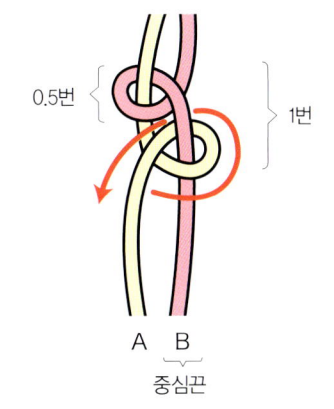

3 앞의 과정을 반복한다. 매듭코의 간격이 일정해지도록 끈을 잡아 당기면서 묶는다.

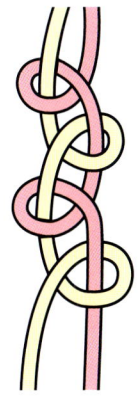

소재 바꾸기

납작한 끈을 사용하면 색다른 분위기가 납니다.

매듭 응용하기

매듭을 0.5번 묶을 때마다 비즈를 끼워서 팔찌 등을 만들어 봅니다.

좌우엮기를 길게 하면 목걸이가 됩니다. 목걸이의 중간 부분에서 매듭을 한 번 묶을 때마다 비즈를 끼워서 포인트를 줄 수도 있습니다.

Knot 11 * 사슬매듭

좌우의 끈으로 고리를 만들고 번갈아 반대편 고리에 끼우는 방법입니다.
매듭을 이어가면 두툼한 끈 모양이 완성됩니다.

- 난이도: ★★☆☆☆
- 필요한 끈의 길이(15cm 길이의 매듭): 80cm×2줄
- 주요 쓰임새: 장식끈으로 사용할 때, 액세서리 등

1 A와 B를 셀로판테이프로 고정한다. B를 아래 방향으로 접는다.

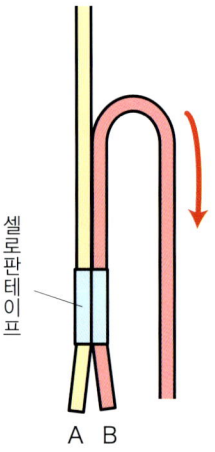

2 A를 B의 위에서 아래 방향으로 감아 고리를 만든다.

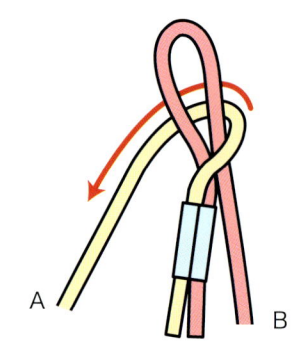

3 A도 B와 마찬가지로 고리를 만든다.

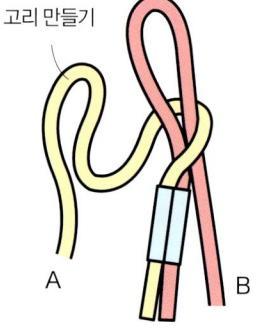

4 B로 만든 고리 안에 A로 만든 고리를 통과시킨다.

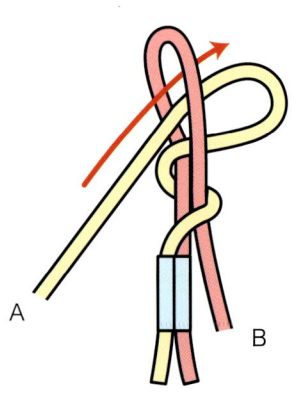

5 B를 아래로 잡아당겨서 고리를 조인다.

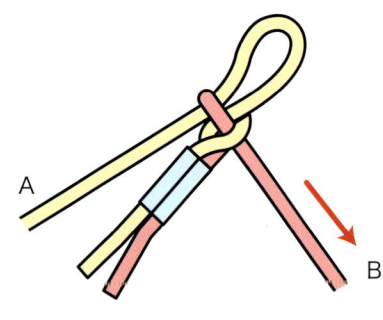

6 B로 고리를 만들고 A의 고리 만으로 통과시킨다.

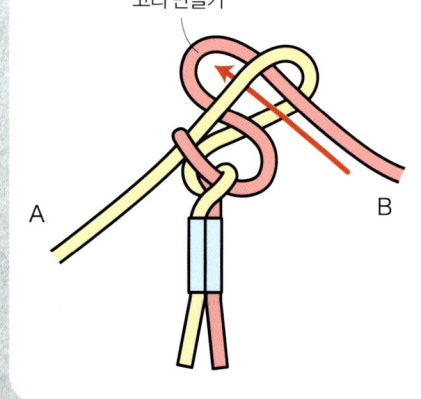

7 A를 아래로 잡아당겨서 고리를 조인다.

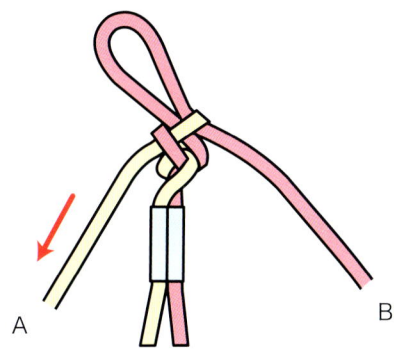

8 3~7의 과정을 반복하며 매듭을 묶은 후, 마지막에 끈의 끝 부분을 그림과 같이 통과시킨다.

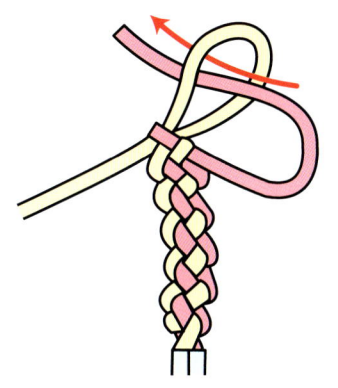

9 끈을 바싹 잡아당겨서 모양을 다듬는다. 마지막으로 셀로판테이프를 뜯어낸다.

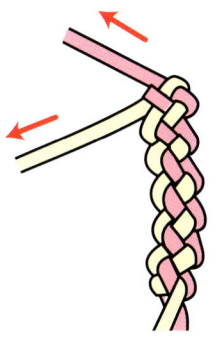

소재 바꾸기

아시안 코드로 만들어봅니다.

납작한 가죽끈으로 만들어봅니다.

매듭 응용하기

사슬매듭은 하와이안 리본 레이(lei, 하와이에서 목에 거는 화환 모양의 장식-역주)에도 자주 사용됩니다. 두 가지 색의 리본을 1~9의 과정을 따라 묶어봅니다.

납작한 가죽끈으로 만든 핸드폰 줄입니다. 사슬 매듭을 묶은 다음 핸드폰 줄용 금속 장식에 통과시키고, 로프매듭으로 고정합니다.

Knot 12 * 평매듭

끈매듭 가운데 가장 기본적인 매듭입니다.
미산가 실팔찌나 팔찌 등에 많이 사용되며 Knot 13~20의 매듭으로도 응용됩니다.

> 난이도: ★☆☆☆☆
> 필요한 끈의 길이(15cm 길이의 매듭): 매듭끈 A, B 각각 90cm, 중심끈 각각 15cm
> 주요 쓰임새: 액세서리 등

[왼쪽 평매듭]

1 A를 중심끈 위에 놓고, 그 위에 B를 올린다. B를 중심끈 밑에서 A의 위로 통과시킨다.

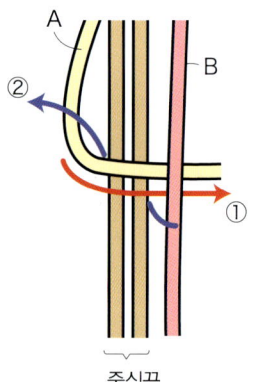

2 좌우를 같은 힘으로 잡아당겨서 조인다.

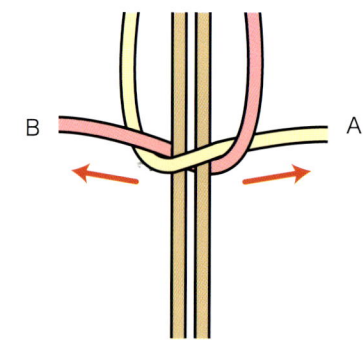

3 A를 중심끈 위에 놓고, 그 위에 B를 올린다. 오른쪽 고리에 B를 화살표 방향으로 통과시킨다.

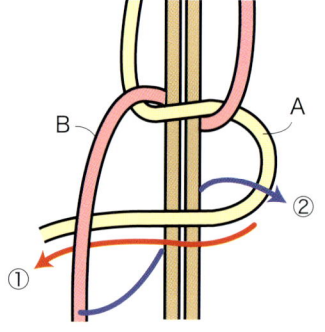

4 좌우를 같은 힘으로 잡아당겨서 조인다. 여기까지가 평매듭 한 번에 해당한다.

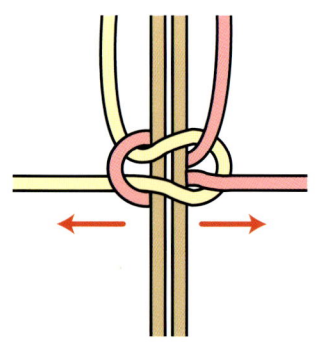

5 1~4의 과정을 반복하며 매듭을 묶는다. 매듭을 3~4번 묶을 때마다 중심끈을 잡고 매듭코를 밀어 올려서 틈이 보이지 않도록 한다.

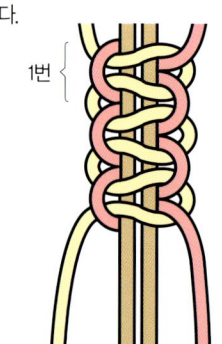

두 가지 색으로 매듭을 묶을 경우

앞면과 뒷면에 나타나는 색의 위치가 반대가 되어 양면을 모두 사용할 수 있습니다.

[오른쪽 평매듭] 왼쪽 평매듭에서 중심끈 위에 놓는 A, B의 순서를 바꾸면 오른쪽 평매듭이 됩니다.

1 B를 중심끈 위에 놓고, 그 위에 A를 올린다. A를 중심끈 밑에서 B의 위로 통과시킨다.

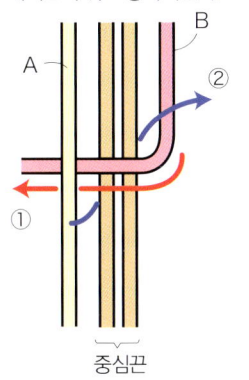

2 좌우를 같은 힘으로 잡아당겨서 조인다.

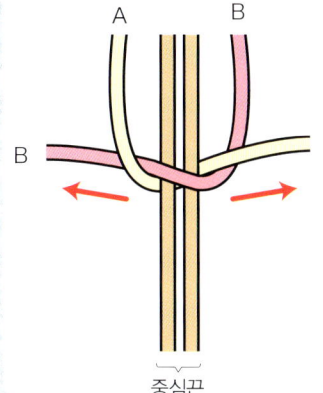

3 B를 중심끈 위에 놓고, 그 위에 A를 올린다. 왼쪽 고리에 A를 화살표 방향으로 통과시킨다.

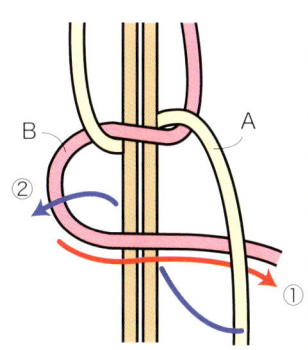

4 좌우를 같은 힘으로 잡아당겨서 조인다. 여기까지가 평매듭 한 번에 해당한다.

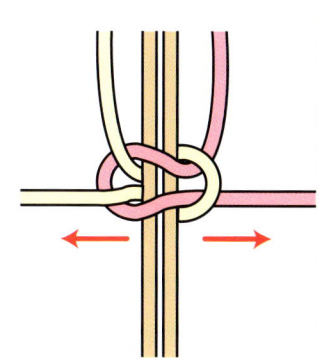

5 1~4의 과정을 반복하며 매듭을 묶는다. 매듭을 3~4번 묶을 때마다 중심끈을 잡고 매듭코를 밀어 올려서 틈이 보이지 않도록 한다.

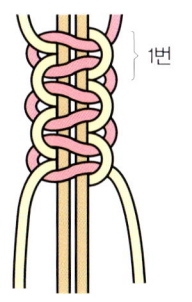

왼쪽 평매듭과 오른쪽 평매듭의 차이

[왼쪽 평매듭]

[오른쪽 평매듭]

왼쪽 평매듭은 매듭이 왼쪽에, 오른쪽 평매듭은 오른쪽에 생깁니다. 첫 번째 매듭에서는 확실하게 구별되지만, 매듭이 연속적으로 이어지면 같은 모양이 됩니다.

memo.

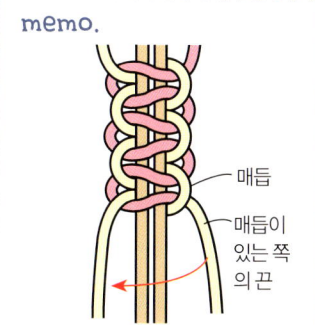

매듭을 묶다가 중심끈 위에 어느 쪽 끈을 놓아야 할지 헷갈릴 때는 매듭이 있는 쪽의 끈을 중심끈 위에 올립니다.

매듭 응용하기

비즈를 통과시키는 방법도 다양합니다.
★는 중심끈과 매듭끈에 비즈를 끼운 모습입니다.
☆은 중심끈에만 비즈를 끼운 모습입니다.

꽃 모양도 만들 수 있습니다.
★은 중심끈에 큰 비즈를 끼운 다음, 매듭끈에 작은 비즈 세 개를 끼운 모습입니다.
☆은 양쪽 매듭끈에 비즈를 한 개씩 끼운 모습입니다.

액세서리의 마감 장식을 대신할 수도 있습니다. 팔찌의 양 끝을 교차시킨 다음, 교차된 부분을 중심끈으로 삼아 평매듭을 묶습니다. 끝 부분은 라이터 불로 그을러서(18쪽 참고) 마무리합니다. 길이를 조절할 수 있도록 매듭코가 자유롭게 움직이므로 편리한 마감 장식이 됩니다.

Knot 13 * 4줄 평매듭

끈 네 줄을 중심끈과 매듭끈으로 번갈아가며 평매듭을 묶는 방법입니다.
평매듭보다 매듭의 폭이 넓어집니다.

난이도: ★★☆☆☆
필요한 끈의 길이(15cm 길이의 매듭): 70cm×4줄
주요 쓰임새: 장식끈으로 사용할 때, 액세서리 등

1 끈 네 줄을 나란히 놓는다. 먼저 B를 중심끈으로 삼고 A·C로 왼쪽 평매듭(32쪽 참고)을 묶는다. ①, ②의 순서대로 끈을 통과시킨다.

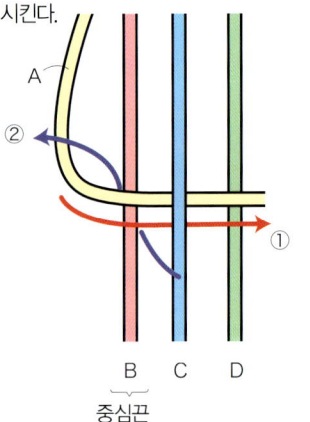

2 A를 중심끈 위에 놓고, 그 위에 C를 올린다. C를 중심끈 아래에서 A로 만든 고리 안으로 빼낸다. 왼쪽 평매듭이 완성된다.

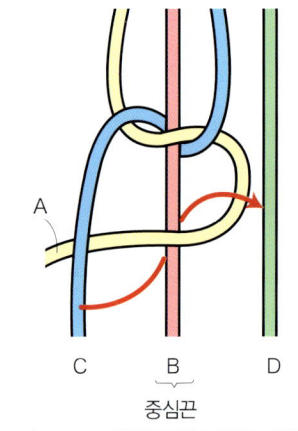

3 이어서 C를 중심끈으로 삼고 B·D로 오른쪽 평매듭(33쪽 참고)을 묶는다. ①, ②의 순서대로 끈을 통과시킨다.

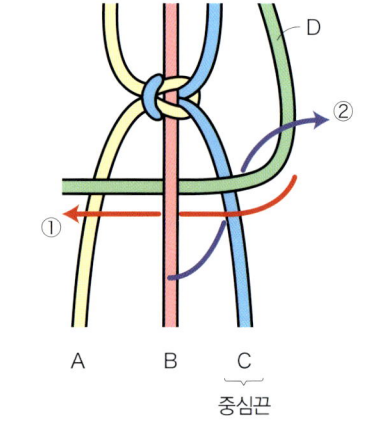

4 D를 중심끈 위에 놓고, 그 위에 B를 올린다. B를 중심끈 아래에서 D로 만든 고리 안으로 빼낸다.

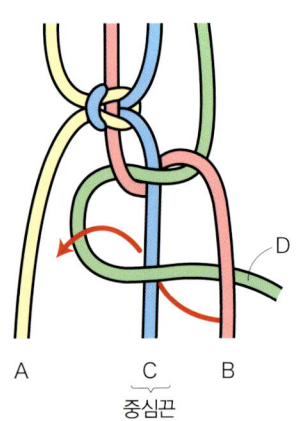

5 오른쪽 평매듭이 완성된다. 여기까지가 4줄 평매듭 한 번에 해당한다.

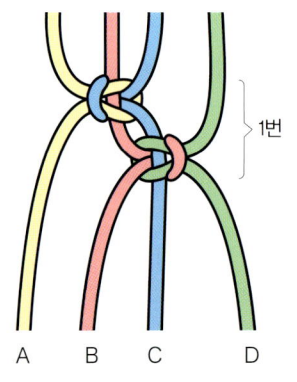

6 1~5의 과정을 반복하며 매듭을 묶는다.

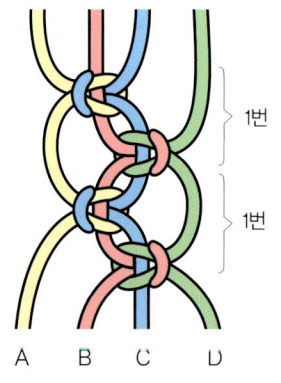

배색 패턴

시작할 때 끈을 놓는 위치에 따라 매듭의 배색이 달라집니다. 4줄 평매듭에서는 다음과 같은 세 가지 패턴이 나옵니다.

끈 배치

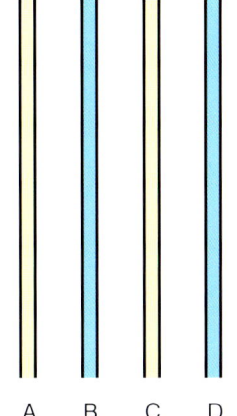
A B C D

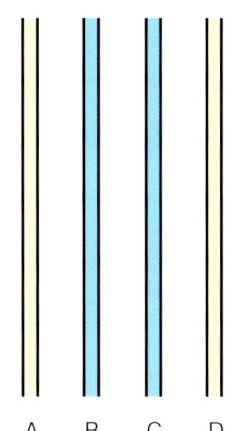
A B C D

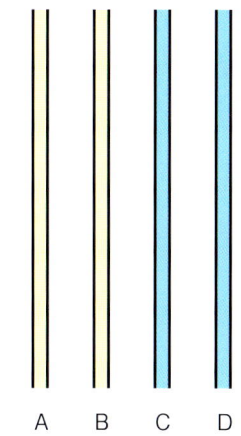
A B C D

앞면

뒷면

Knot 14 * 6줄 평매듭

끈 여섯 줄을 중심끈과 매듭끈으로 번갈아가며 평매듭을 묶는 방법입니다.
4줄 평매듭보다 촘촘한 매듭코가 완성됩니다.
팔찌 등에 자주 사용되는 매듭입니다.

> 난이도: ★★☆☆☆
> 필요한 끈의 길이(15cm 길이의 매듭): A, C, D, F 각각 70cm
> B, E 각각 15cm
> 주요 쓰임새: 가방 손잡이, 팔찌 등과 같은 액세서리 등

1 끈 여섯 줄을 나란히 놓는다. 먼저 B·C를 중심끈으로 삼고 A·D로 왼쪽 평매듭(32쪽 참고)을 묶는다. ①, ②의 순서대로 끈을 통과시킨다.

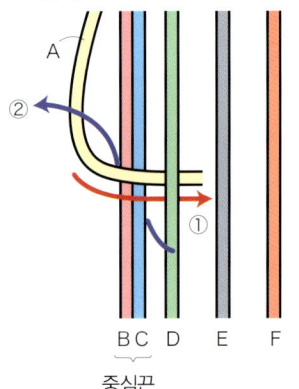

2 A를 중심끈 위에 놓고, 그 위에 D를 올린다. D를 중심끈 아래에서 A로 만든 고리 안으로 빼낸다.

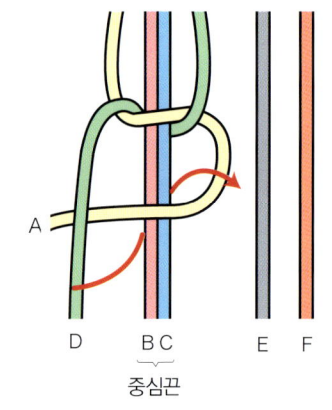

3 왼쪽 평매듭이 완성된다. 이어서 D·E를 중심끈으로 삼고 C·F로 오른쪽 평매듭(33쪽 참고)을 묶는다. ①, ②의 순서대로 끈을 통과시킨다.

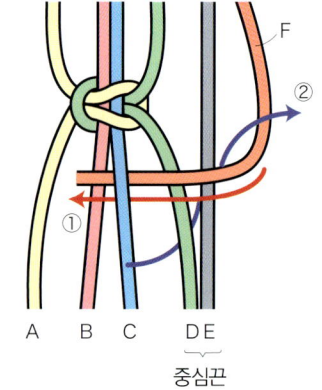

4 F를 중심끈 위에 놓고, 그 위에 C를 올린다. C를 중심끈 아래에서 F로 만든 고리 안으로 빼낸다.

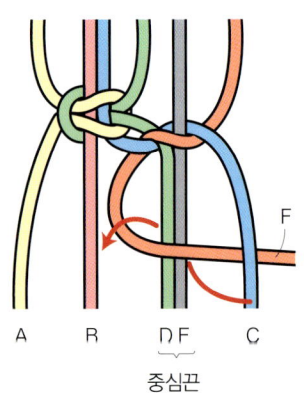

5 오른쪽 평매듭이 완성된다. 여기까지 6줄 평매듭 한 번에 해당한다.

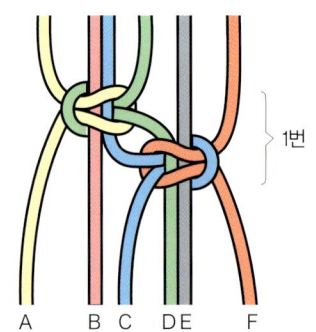

6 1~5의 과정을 반복하며 매듭을 묶는다.

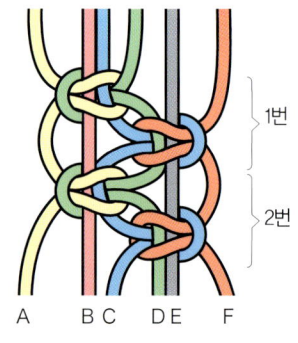

배색 패턴

시작할 때 끈을 놓는 위치에 따라 매듭의 배색이 달라집니다. 6줄 평매듭에서는 다음과 같은 세 가지 패턴이 나옵니다.

끈 배치

| A B C D E F | A B C D E F | A B C D E F |

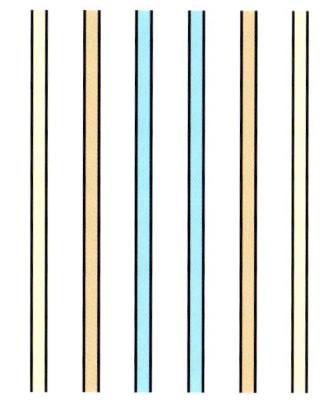
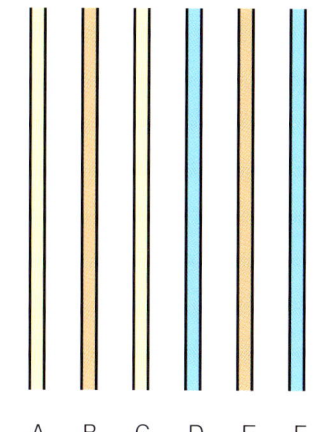

앞면

뒷면

37

Knot 15 * 8줄 평매듭

끈 여덟 줄로 평매듭을 묶는 방법입니다.
촘촘하고 튼튼한 매듭코를 만들 수 있습니다.

> 난이도: ★★☆☆☆
> 필요한 끈의 길이(15cm 길이의 매듭): A, D, E, H 각각 90cm
>   B, C, F, G 각각 15cm
> 주요 쓰임새: 가방 손잡이, 팔찌 등과 같은 액세서리 등

1 끈 여덟 줄을 나란히 놓는다. 끈을 좌우 네 줄로 나누고, 먼저 왼쪽에 놓인 끈 네 줄로 왼쪽 평매듭(32쪽 참고)을 한 번 묶는다.

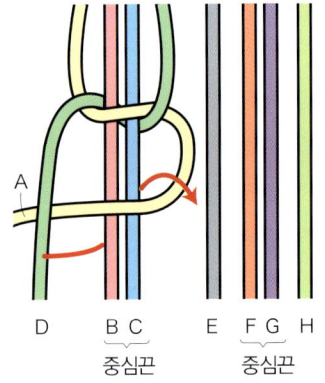

2 오른쪽에 놓인 끈 네 줄로 오른쪽 평매듭(33쪽 참고)을 한 번 묶는다.

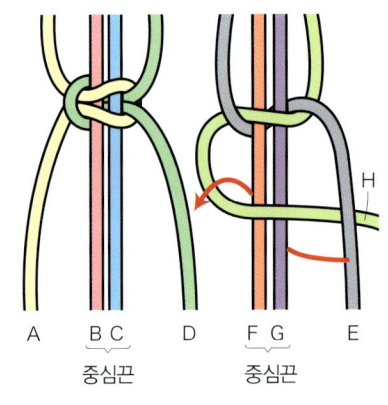

3 D와 E를 가운데에서 교차시킨다.

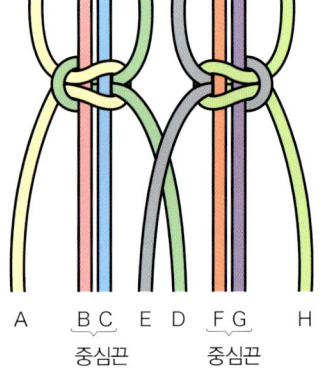

4 1, 2와 마찬가지로 A, B, C, E로 왼쪽 평매듭을, D, F, G, H로 오른쪽 평매듭을 묶는다.

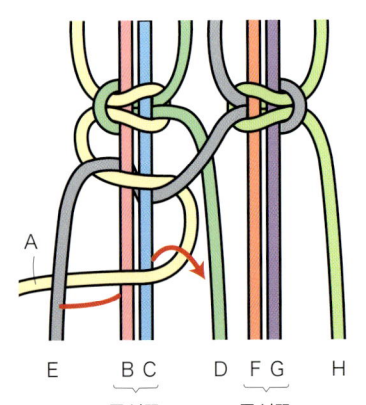

5 D와 E를 교차시킨다. 1~4의 과정을 반복하며 매듭을 묶는다.

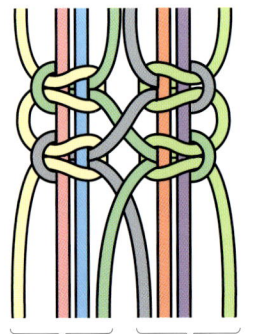

memo.

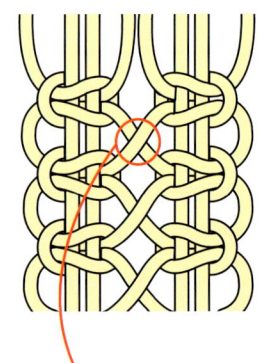

교차하는 두 끈의 위아래 위치가 항상 일치하도록 합니다.

배색 패턴

시작할 때 끈을 놓는 위치에 따라 매듭의 배색이 달라집니다. 8줄 평매듭에서는 다음과 같은 두 가지 패턴이 나옵니다.

끈 배치

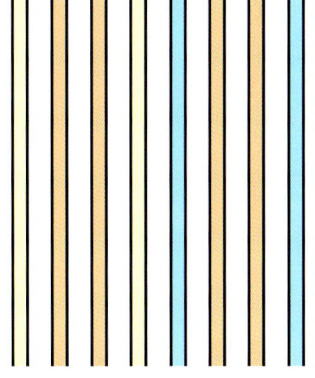 

A B C D E F G H   A B C D E F G H

앞면

뒷면

Knot 16 * 갯가재매듭

평매듭을 감아서 볼록한 모양의 입체적인 장식을 만드는 방법입니다.
평매듭을 감는 횟수에 따라 매듭의 크기가 달라집니다.

난이도: ★★☆☆☆
주요 쓰임새: 입체 장식으로 사용할 때, 평매듭에 포인트를 주고 싶을 때

[평매듭을 세 번 묶을 경우]

1 평매듭(32쪽 참고)을 묶는다.

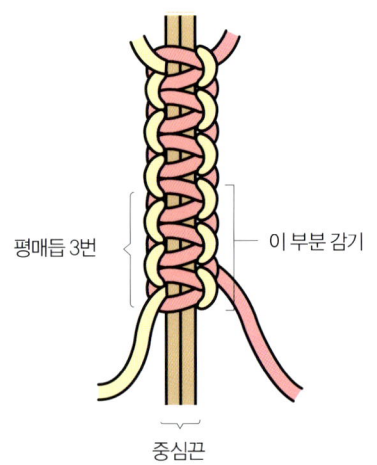

2 코바늘이나 집게를 사용하여 평매듭 세 번 전의 중심끈과 매듭끈 사이(★)에 중심끈의 끝을 그림과 같이 밀어 넣는다.

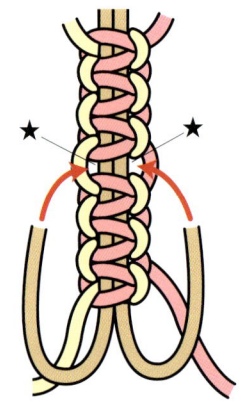

3 중심끈을 아래로 당기고, 평매듭을 감아 올려서 구슬 모양을 만든다.

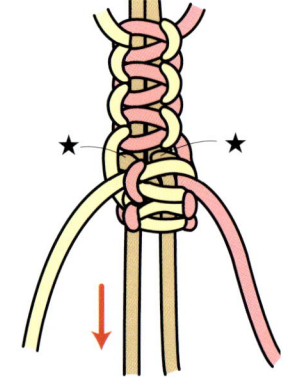

4 구슬 모양 아래에서 평매듭을 한 번 묶는다.

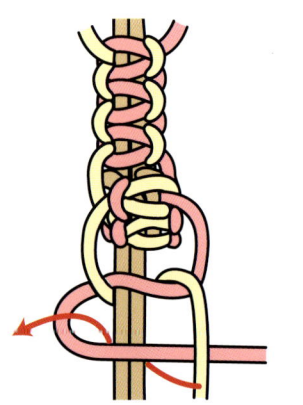

5 평매듭 세 번의 갯가재매듭이 완성되었다. 둥글게 감는 평매듭의 횟수에 따라 볼록하게 튀어나오는 입체 부분의 크기가 달라진다.

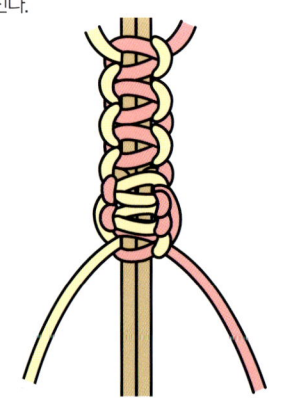

매듭 응용하기

평매듭을 감아올릴 때 부재료를 끼워봅니다. 액세서리 등에 포인트를 줄 수 있습니다.

Knot 17 * 피코매듭

피코(picot)는 고리 모양의 장식을 의미합니다.
평매듭을 묶을 때 매듭코와 코 사이에 피코를 만드는 매듭 방법입니다.

> 난이도: ★☆☆☆☆
> 주요 쓰임새: 평매듭에 포인트를 주고 싶을 때, 연속으로 묶어서 프린지 스타일을 만들 때

1 평매듭(32쪽 참고)을 한 번 묶는다.

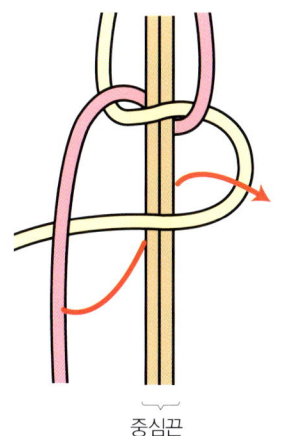

중심끈

2 1에서 묶은 평매듭에서 만들고 싶은 피코의 두 배 길이만큼 간격을 두고(★) 평매듭을 묶는다.

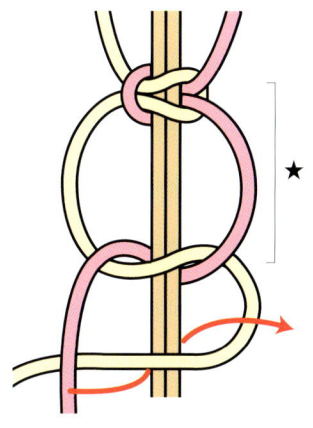

3 두 번째 평매듭이 완성되면, 중심끈을 잡은 상태에서 아래 매듭코를 위로 밀어 올린다.

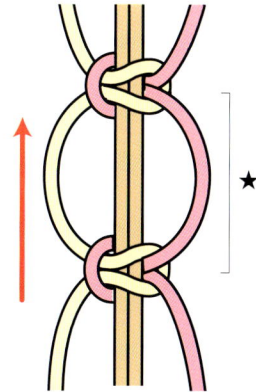

4 양쪽에 피코(고리)가 완성되었다.

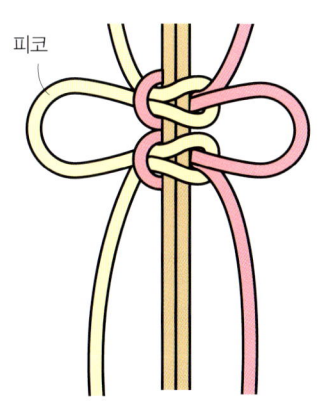

피코

매듭 응용하기

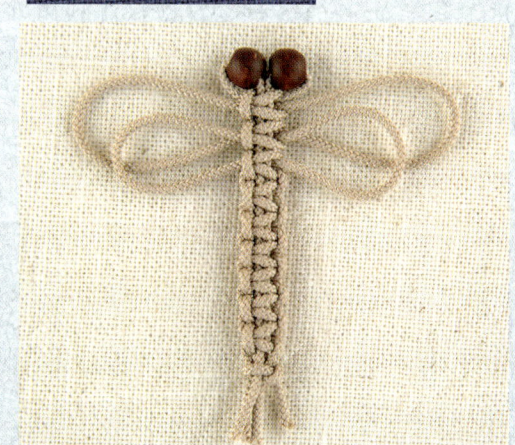

피코매듭을 날개처럼 만들어서 잠자리 모양을 만들어봅니다. 고리의 크기가 다른 피코매듭을 두 번 묶어서 날개 부분을 만들고, 평매듭을 반복합니다.

피코매듭을 연속적으로 묶어서 프린지 스타일의 테두리 장식을 만들어봅니다(만드는 방법은 148쪽 참고).

Knot 18 * 피시본매듭 A

평매듭의 응용으로 이름처럼 평매듭의 좌우에 '생선뼈' 모양의 고리를 만드는 방법입니다.

난이도: ★★☆☆☆

필요한 끈의 길이(15cm 길이의 매듭): 매듭끈 A, B, C 각각 120cm, 중심끈 15cm

주요 쓰임새: 폭이 넓은 장식끈으로 사용, 팔찌나 벨트 등

1 중심끈에 매듭끈 세 줄(A, B, C)로 평매듭으로 묶는다(13쪽 '매듭끈 묶는 방법' 참고).

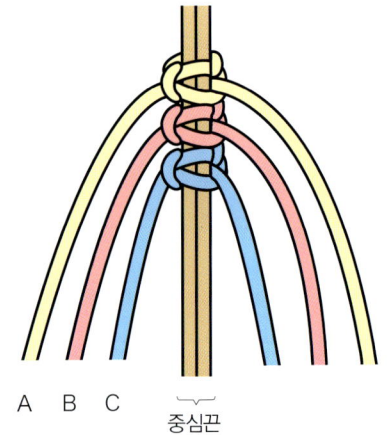

2 B, C를 방해가 되지 않도록 위로 올려둔다. A를 좌우로 빼낸 다음, C의 아래에서 평매듭(32쪽 참고)을 한 번 묶는다.

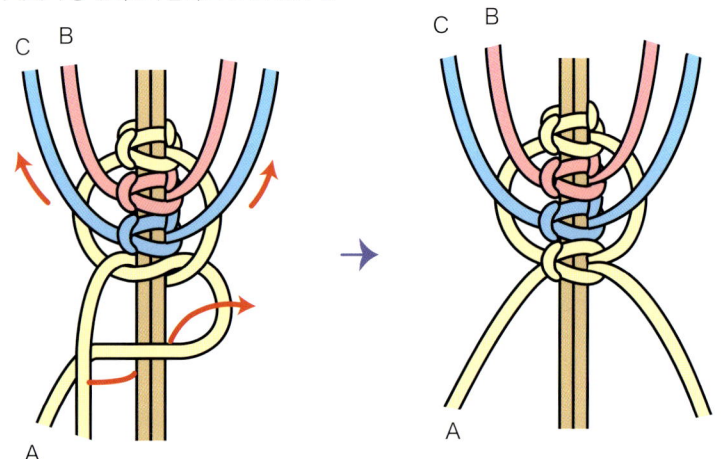

3 C, A를 방해가 되지 않도록 위로 올려둔다. B를 좌우로 빼낸 다음, A의 아래에서 평매듭을 한 번 묶는다.

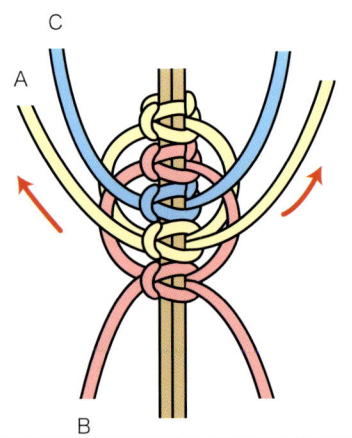

4 A, B를 방해가 되지 않도록 위로 올려둔다. C를 좌우로 빼낸 다음, B의 아래에서 평매듭을 한 번 묶는다. 2~4의 과정을 반복하며 매듭을 묶는다.

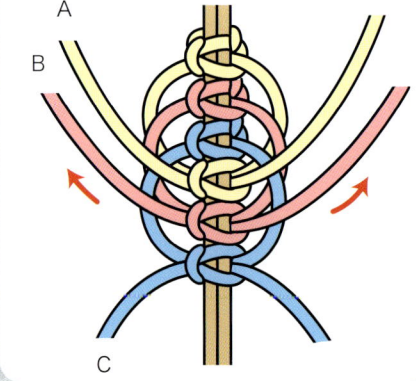

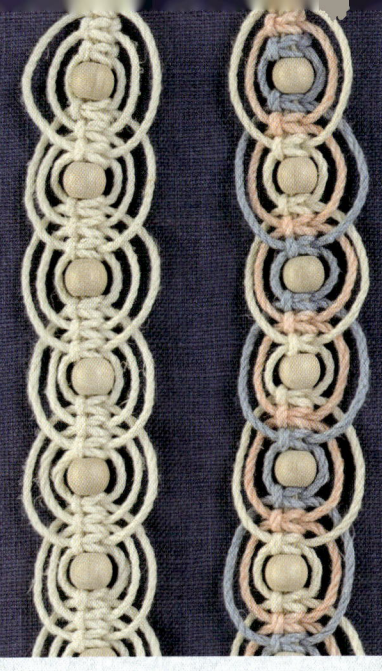

Knot 19 ✻ 피시본매듭 B

둥근 원을 연속해서 이어붙인 듯한 매듭코가 특징입니다.
비즈 등을 함께 사용하기도 합니다.

난이도: ★★☆☆☆
필요한 끈의 길이(15cm 길이의 매듭): 매듭끈 A, B, C 각각 120cm, 중심끈 15cm
주요 쓰임새: 팔찌나 벨트 등

1 중심끈에 매듭끈 세 줄(A, B, C)로 평매듭으로 묶는다(13쪽 '매듭끈 묶는 방법' 참고).

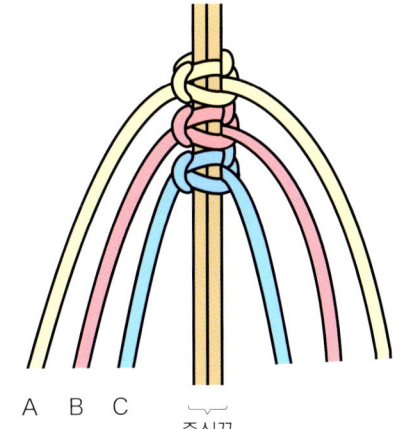

2 중심끈에 비즈를 끼운다. C를 원을 그리듯이 좌우로 펼친 다음, 비즈 아래에서 평매듭(32쪽 참고)을 한 번 묶는다.

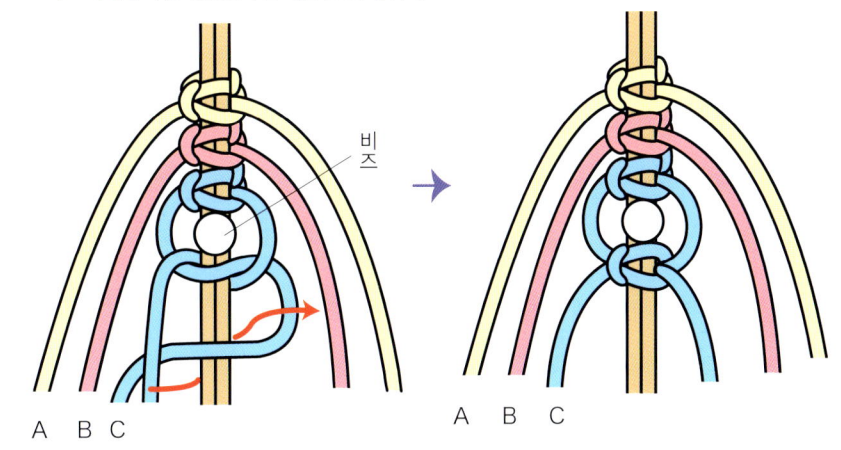

3 B를 원을 그리듯이 좌우로 펼친 다음, C의 아래에서 평매듭을 한 번 묶는다.

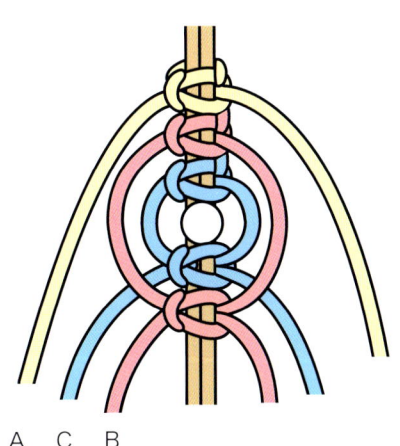

4 A를 원을 그리듯이 좌우로 펼친 다음, B의 아래에서 평매듭을 한 번 묶는다.

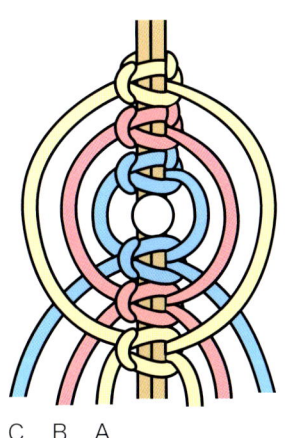

5 같은 방법으로 원을 그리듯이 순서대로 매듭을 묶는다.

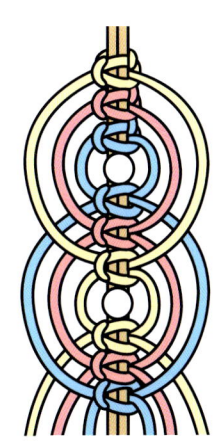

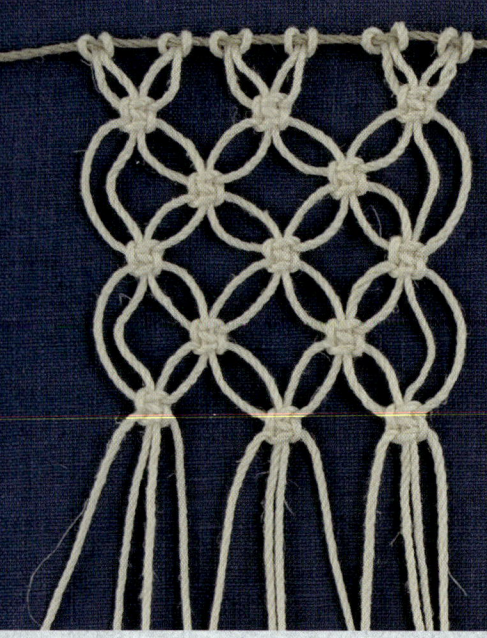

Knot 20 * 칠보매듭

전통 문양인 '칠보무늬'처럼 평매듭을 반복해서 묶는 방법입니다.
끈을 많이 사용할수록 매듭의 폭을 늘릴 수 있습니다.

> 난이도: ★★☆☆☆
> 필요한 끈의 길이: 25cm×12줄(왼쪽 사진처럼 8cm×8cm 기준)
> 주요 쓰임새: 그물이나 매트 형태의 소품을 만들 때, 폭이 넓은 팔찌나 초커 목걸이 등

1 끈 네 줄씩 한 세트로 매듭을 묶는다.

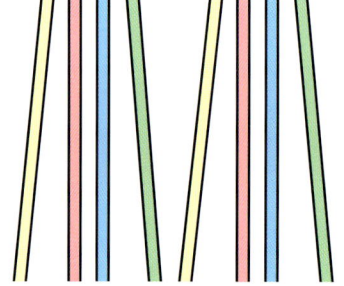

2 안쪽의 두 줄을 중심끈으로 삼아 왼쪽 평매듭(32쪽 참고)을 1.5번 묶는다.
※왼쪽 평매듭의 1~2의 과정까지가 매듭 0.5번에 해당한다.

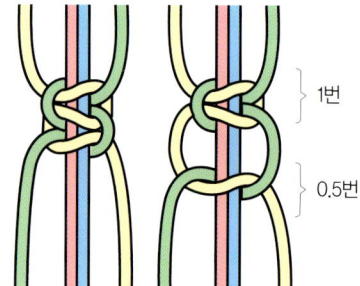

3 첫 단이 완성되면, 두 번째 단은 그림에 나온 것처럼 오른쪽으로 끈을 두 줄씩 옮긴다. 첫 단과 일정한 간격을 두고 평매듭을 1.5번 묶는다.

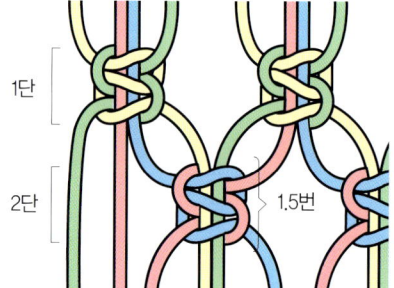

4 같은 방법으로 새로운 단을 시작할 때마다 두 줄씩 옆으로 옮겨서 평매듭을 반복해서 묶는다. 끈의 수가 늘어나도 같은 방법으로 묶는다.

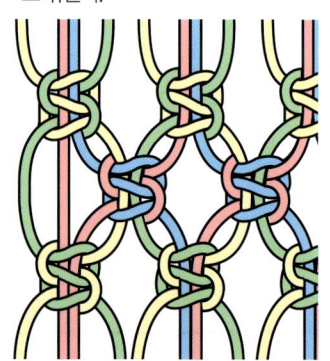

memo.
책에서는 왼쪽 평매듭으로 묶었지만, 오른쪽 평매듭으로 묶어도 거의 비슷한 모양이 됩니다. 어느 방법을 사용하든 하나로 통일만 하면 됩니다.

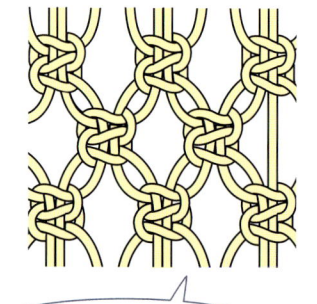

오른쪽 평매듭으로 묶어도 OK!

매듭을 예쁘게 묶는 요령

매듭코가 가지런하고 예쁜 칠보매듭을 묶고 싶다면, 코르크보드의 눈금에 맞춰 매듭코의 위치를 세세히 확인하거나, 사진에 나온 것처럼 매듭을 묶을 때 단과 단 사이의 간격에 딱 맞는 자나 종이를 밑에 받치는 것이 좋습니다.

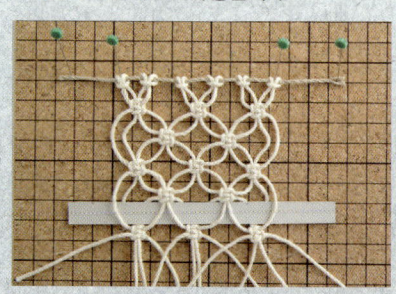

응용 패턴

칠보매듭은 평매듭을 묶는 횟수나 단과 단의 간격을 달리하여 다양한 패턴을 만들 수 있습니다.

[평매듭 한 번×매듭코가 촘촘한 패턴]

평매듭을 한 번 묶은 후, 단과 단 사이에 간격을 두지 않고 촘촘히 묶는 방법으로, 가지런한 격자무늬가 완성됩니다. 단, 평매듭을 한 번만 묶으면 여러 번 묶을 때보다 매듭코가 풀리기 쉽습니다.

1 평매듭을 한 번 묶는다.

2 옆으로 끈을 두 줄씩 옮긴 다음, 첫 단과 간격을 두지 않고 곧바로 다시 평매듭을 한 번 묶는다.

3 이 과정을 반복한다.

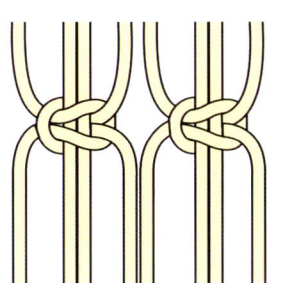
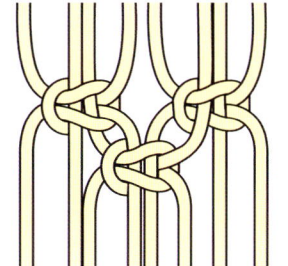

[평매듭 두 번×매듭코가 촘촘한 패턴]

평매듭을 두 번 묶은 후, 단과 단 사이에 간격을 두지 않고 촘촘히 묶는 방법입니다.

1 평매듭을 두 번 묶는다

2 옆으로 끈을 두 줄씩 옮긴 다음, 첫 번째 단과 간격을 두지 않고 다시 평매듭을 두 번 묶는다.

3 이 과정을 반복한다.

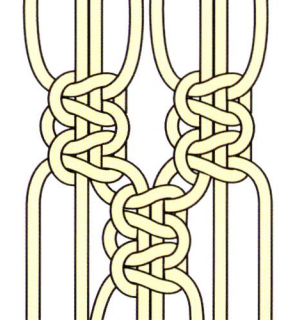
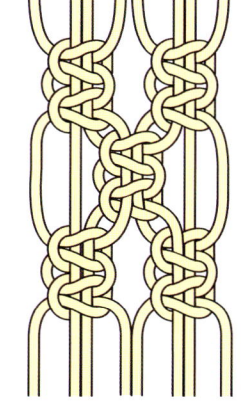

[평매듭 세 번×두 가지 색을 사용한 패턴]

두 가지 색의 끈을 사용하면 가로줄무늬를 만들 수 있습니다. 평매듭을 묶는 횟수가 많을수록 무늬가 도드라져 보입니다.

서로 다른 색상의 끈을 배치

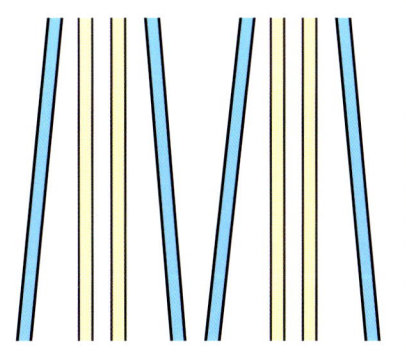

매듭 응용하기

칠보매듭은 폭이 넓은 팔찌를 만들기에 안성맞춤입니다. 17쪽 b-4의 방법으로 매듭을 시작합니다.

Knot 21 * 체인매듭

끈 한 줄을 체인 모양으로 묶는 방법입니다.
끈 끝 부분을 잡아당기면 매듭코가 쉽게 풀리는 점이 특징입니다.

> 난이도: ★☆☆☆☆
> 필요한 끈의 길이(15cm 길이의 매듭): 100cm×1줄
> 주요 쓰임새: 액세서리를 만들 때, 장식으로 사용할 때

1 고리를 만든다.

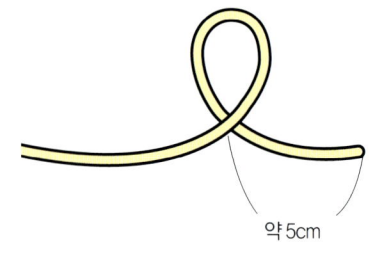

약 5cm

2 왼손 엄지와 중지로 고리의 겹쳐진 부분을 잡는다.

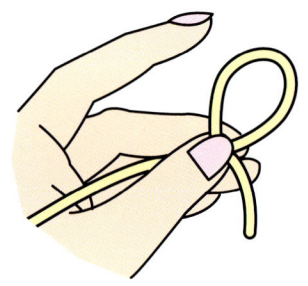

3 검지에 끈을 걸친다.

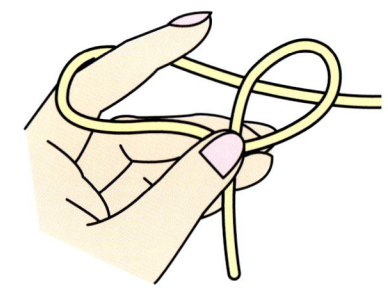

4 오른손 엄지와 검지를 고리 안으로 넣어 왼손에 걸친 끈을 빼낸다.

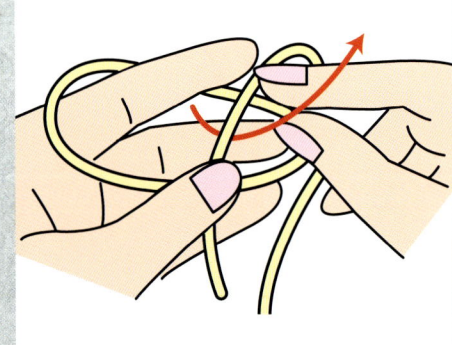

5 왼손을 빼고 끈의 끝과 고리를 잡아당겨서 조인다.

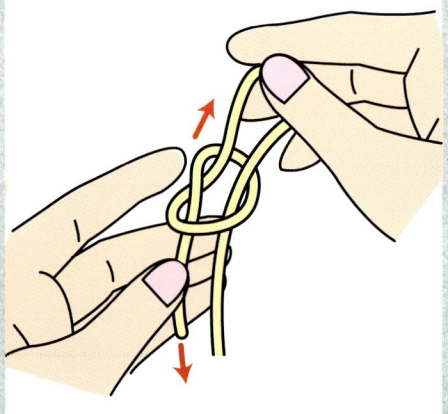

6 왼손 검지에 끈을 걸치고 끈의 끝을 엄지와 중지로 잡는다. 고리 안으로 오른손 검지를 넣는다.

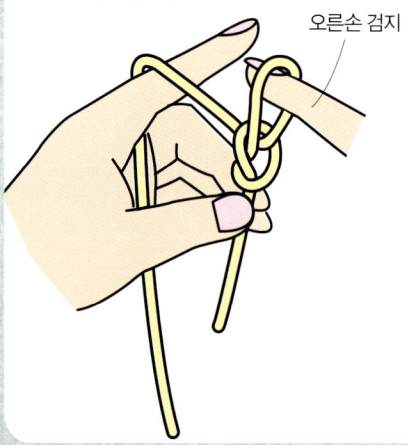

오른손 검지

7 고리 안으로 오른손 엄지와 검지를 넣어 왼손에 걸친 끈을 빼낸다.

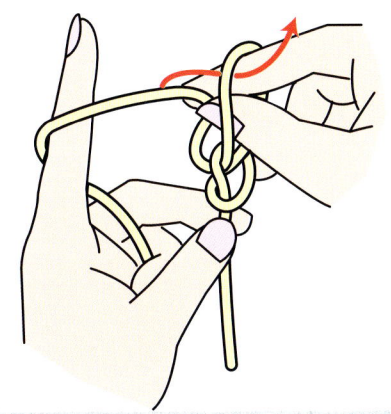

8 6~8의 과정을 반복한다. 고리를 만들 때마다 끈을 잡아당겨서 조인다.

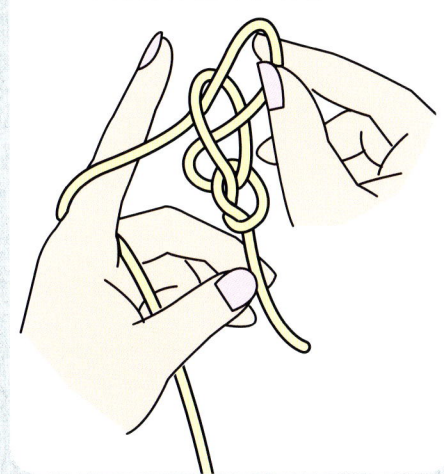

9 체인 매듭이 완성되었다.

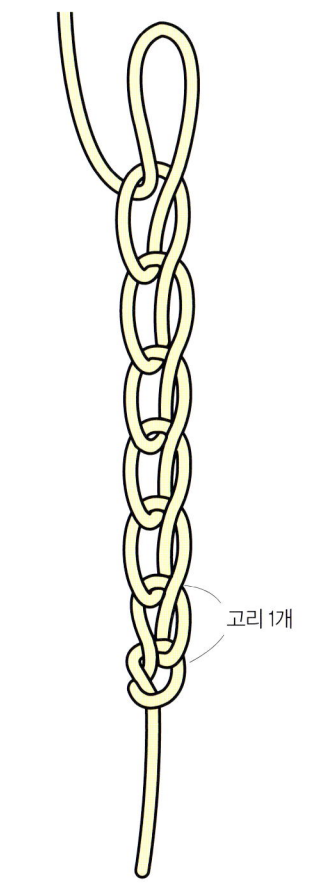

고리 1개

마무리 방법
(매듭이 풀리지 않도록)

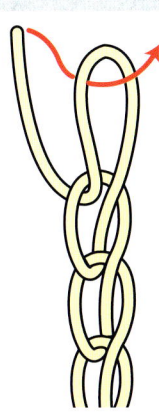

끈 끝을 고리 안으로 통과시킨다. →

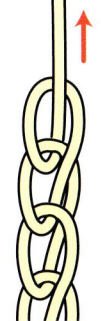

매듭 응용하기

체인 매듭에 비즈를 끼운 모습입니다. 매듭을 묶기 전에 미리 비즈 몇 개를 끈에 끼워두고, 고리를 한 개 만들 때마다 끼워둔 비즈를 한 개씩 넣습니다.

끈을 세게 잡아당겨서 조이면 매듭코가 촘촘해집니다.

칼럼

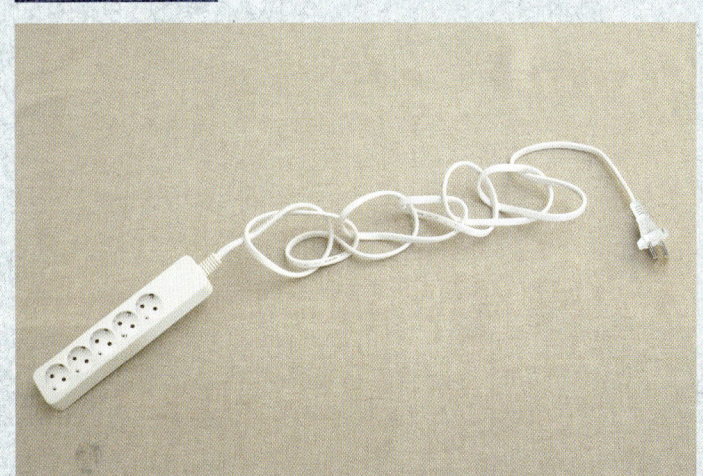

체인매듭은 끝을 잡아당기면 손쉽게 풀리므로, 긴 전기 코드를 정리할 때 활용하면 편리합니다.

Knot 22 * 왼쪽 비틀어매기

나선 모양으로 비틀어 묶는 방법입니다.
왼쪽 위에서 오른쪽 아래로 나선무늬가 생깁니다.
팔찌나 목걸이 등에 자주 사용됩니다.

> 난이도: ★☆☆☆☆
> 필요한 끈의 길이(15cm 길이의 매듭): 매듭끈 A, B 각각 100cm, 중심끈 15cm
> 주요 쓰임새: 액세서리 등

1 A를 중심끈 위에 놓고 그 위에 B를 올린다. B를 중심끈 아래에서 A의 위로 통과시킨다.

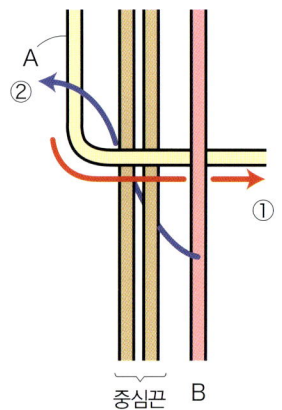

2 좌우를 같은 힘으로 잡아당겨서 조인다. 여기까지가 매듭 한 번에 해당한다.

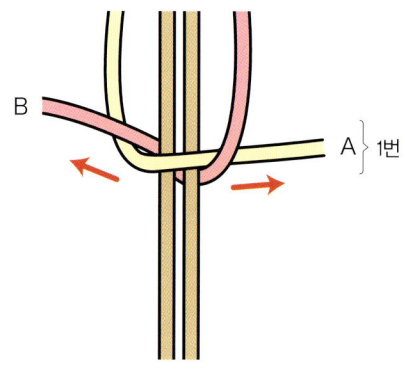

3 1, 2와 마찬가지로 항상 왼쪽에 놓인 끈이 중심끈 위에 오도록 매듭을 묶는다.

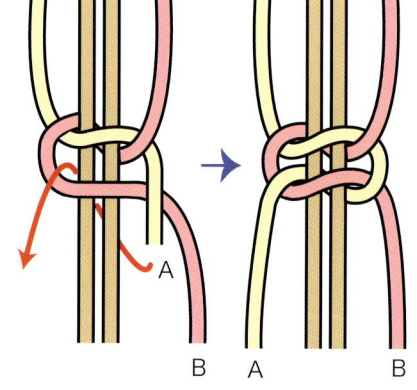

4 4~5번 매듭을 묶으면 중심끈을 잡고 매듭코를 위로 밀어 올린다. 매듭코가 나선 모양으로 비틀린다.

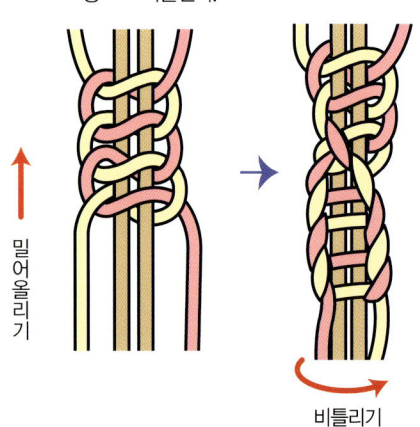

매듭 응용하기

끈을 여러 줄 사용하여 매트처럼 넓게 만들 수 있습니다. 칠보매듭(44쪽 참고)에서 평매듭 부분을 비틀어매기로 바꾸기만 하면 됩니다.
이 때 비틀어매기의 횟수를 나선무늬가 반 바퀴 또는 한 바퀴 회전하는 횟수에 맞춥니다.
이를 지키지 않으면, 매듭을 묶었을 때 면 전체가 뒤틀리거나 무늬가 제대로 나오지 않으므로 주의합니다.

Knot 23 ＊ 오른쪽 비틀어매기

나선의 방향이 왼쪽 비틀매기와 반대입니다.
오른쪽 위에서 왼쪽 아래로 나선무늬가 생깁니다.

> 난이도: ★☆☆☆☆
> 필요한 끈의 길이(15cm 길이의 매듭): 매듭끈 100cm×2줄, 중심끈 각각 15cm
> 주요 쓰임새: 액세서리 등

1 B를 중심끈 위에 놓고 그 위에 A를 올린다.
A를 중심끈 아래에서 B의 위로 통과시킨다.

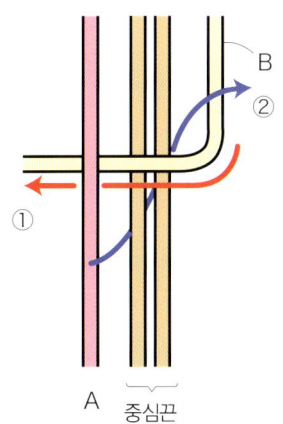

2 좌우를 같은 힘으로 잡아당겨서 조인다. 여기까지가 매듭 한 번에 해당한다.

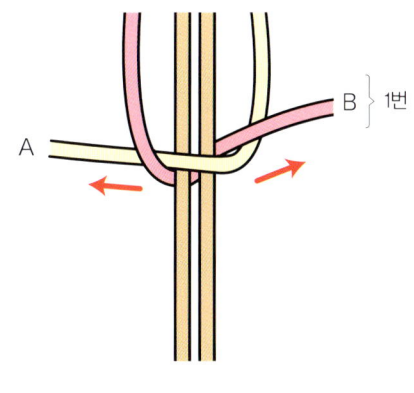

3 1, 2와 마찬가지로 항상 오른쪽에 놓인 끈이 중심끈 위에 오도록 매듭을 묶는다.

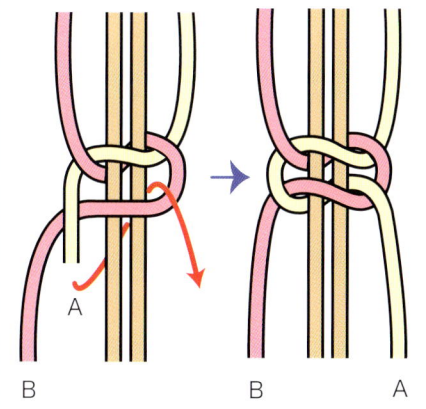

4 1~3의 과정을 반복하며 매듭을 묶는다.

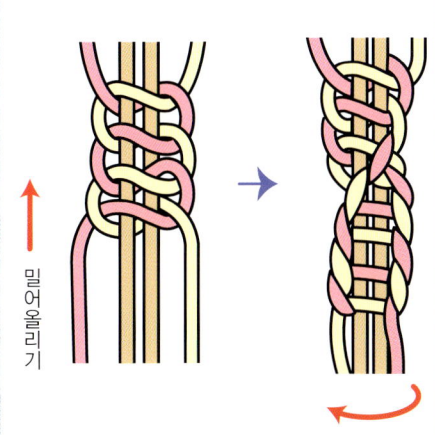

매듭 응용하기

비틀어매기로 만든 팔찌입니다. 가죽끈을 중심끈으로 사용하고, 세 가지 색상의 헴프 끈으로 매듭을 묶었습니다.

왼쪽 비틀어매기를 다섯 번, 오른쪽 비틀어매기를 다섯 번 갈아가며 묶으면 지그재그무늬의 끈이 완성됩니다.

Knot 24 * 왼쪽 이중 비틀어매기

왼쪽 비틀어매기를 두 줄로 겹쳐 만드는 방법입니다.
왼쪽 위에서 오른쪽 아래로 나선무늬가 생깁니다.
두 가지 색상의 끈을 사용하면 나선무늬가 선명하게 나타납니다.

- 난이도: ★★★☆☆
- 필요한 끈의 길이(15cm 길이의 매듭): 매듭끈 A, B 각각 150cm, 중심끈 15cm
- 주요 쓰임새: 액세서리 등

1 중심끈에 매듭끈 A, B를 좌우 길이가 같게 묶는다(13쪽 d. '매듭끈 묶는 방법' 참고).

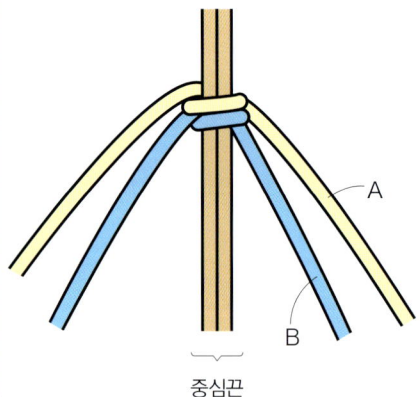

2 방해가 되지 않도록 B를 그림과 같이 위로 올린 다음, A로 왼쪽 비틀어매기(48쪽 참고)를 한 번 묶는다.

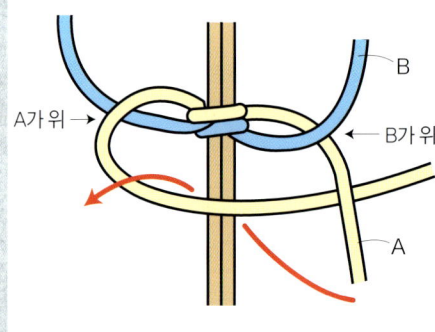

3 A로 왼쪽 비틀어매기를 묶은 모습이다.

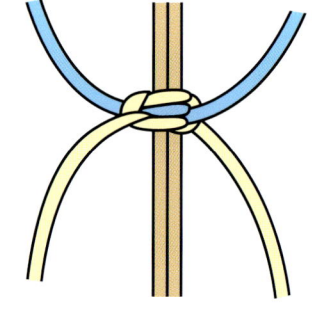

4 방해가 되지 않도록 A를 그림과 같이 위로 올리고, B로 왼쪽 비틀어매기를 한 번 묶는다.

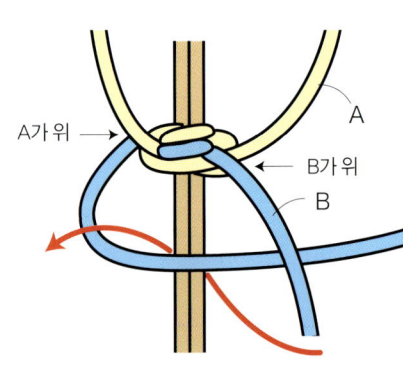

5 여기까지가 매듭 한 번에 해당한다.

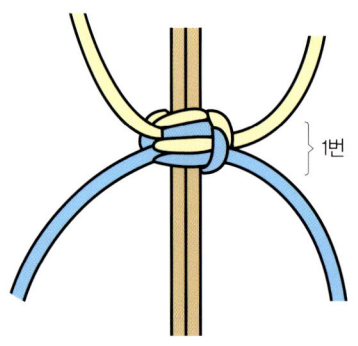

6 매듭을 몇 번 묶으면, 틈이 벌어지지 않도록 중심끈을 잡고 매듭코를 위로 밀어 올린다.

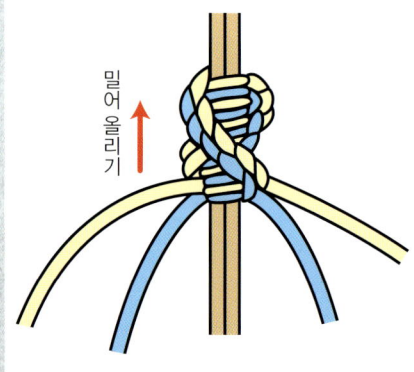

Knot 25 * 오른쪽 이중 비틀어매기

오른쪽 비틀어매기를 두 줄로 겹쳐서 만드는 방법입니다.
오른쪽 위에서 왼쪽 아래로 나선무늬가 생깁니다.

- 난이도: ★★★☆☆
- 필요한 끈의 길이(15cm 길이의 매듭): 매듭끈 A, B 각각 150cm, 중심끈 15cm
- 주요 쓰임새: 액세서리 등

1 중심끈에 매듭끈 A, B를 좌우 길이가 같게 묶는다(13쪽 d. '매듭끈 묶는 방법' 참고).

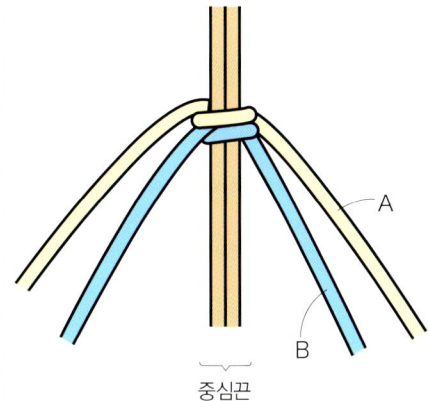

2 방해가 되지 않도록 B를 그림과 같이 위로 올린 다음, A로 오른쪽 비틀어매기(49쪽 참고)를 한 번 묶는다.

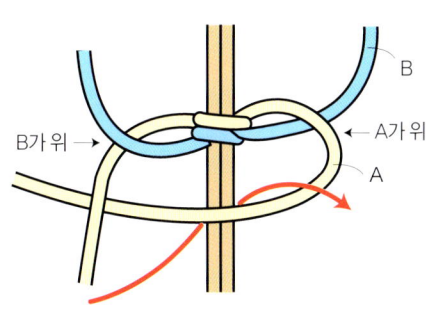

3 A로 오른쪽 비틀어매기를 묶은 모습이다.

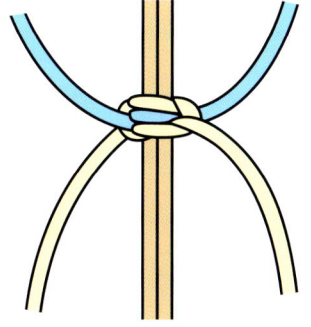

4 방해가 되지 않도록 A를 그림과 같이 위로 올리고, B로 오른쪽 비틀어매기를 한 번 묶는다.

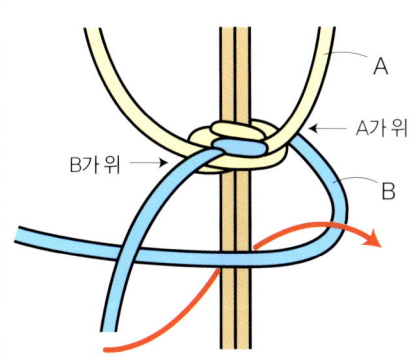

5 여기까지가 매듭 한 번에 해당한다.

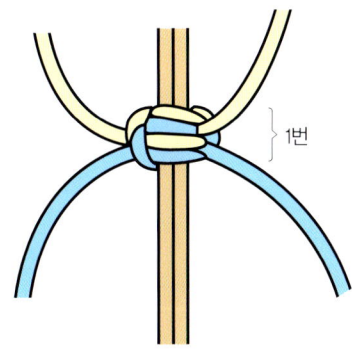

6 매듭을 몇 번 묶으면, 틈이 벌어지지 않도록 중심끈을 잡고 매듭코를 위로 밀어 올린다.

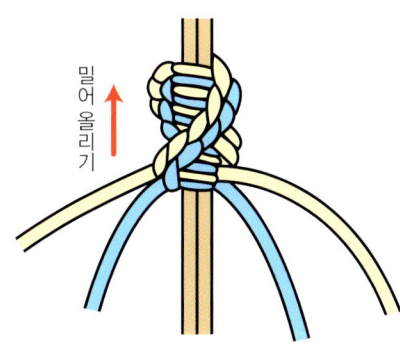

Knot 26 * 교차 비틀어매기

왼쪽 비틀어매기와 오른쪽 비틀어매기를 번갈아 묶는 방법입니다.
두 줄의 나선무늬가 교차하여 마름모무늬의 매듭코가 완성됩니다.

- 난이도: ★★★★★
- 필요한 끈의 길이(15cm 길이의 매듭): 매듭끈 A, B 각각 200cm, 중심끈 15cm
- 주요 쓰임새: 액세서리 등

1 중심끈에 매듭끈 A, B를 좌우 길이가 같게 묶는다(13쪽 d. '매듭끈 묶는 방법' 참고).

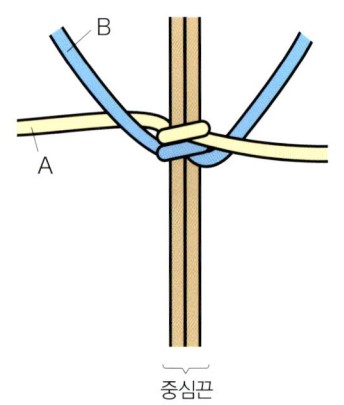

중심끈

2 방해가 되지 않도록 B를 위로 올린 다음, 그림과 같이 A로 오른쪽 비틀어매기(49쪽 참고)를 한 번 묶는다.

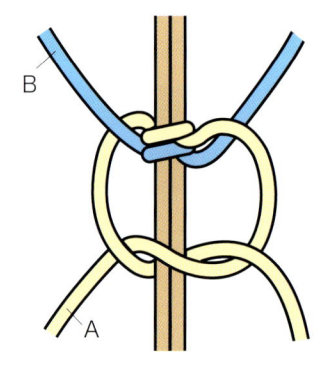

3 A를 위로 올린다.

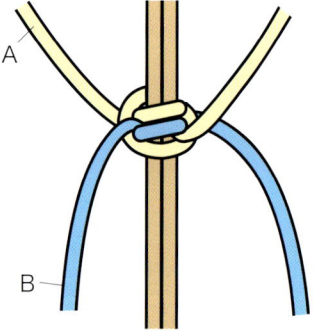

4 B로 그림과 같이 왼쪽 비틀어매기(48쪽 참고)를 한 번 묶는다.

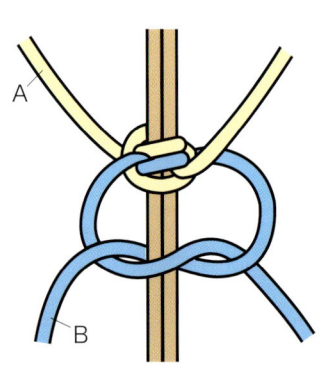

5 2~4의 과정을 반복한다.

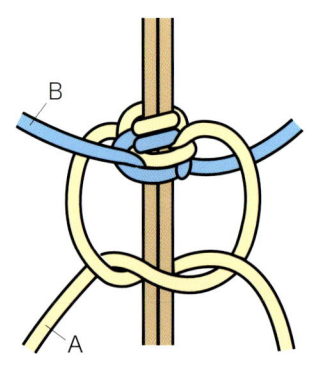

6 여러 번 묶어서 좌우의 매듭이 서로 만나면, B의 끈을 A의 위에 교차시킨다. 그림에서는 A를 세 번, B를 두 번 묶자 좌우의 매듭이 서로 만났다.

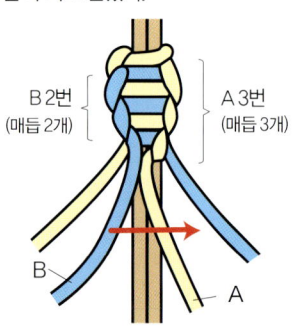

B 2번 (매듭 2개)　A 3번 (매듭 3개)

A, B를 묶은 횟수가 기억나지 않을 때는 매듭의 개수를 확인하면 된다.

7 교차시킨 모습이다. 반대편(A', B')도 같은 방법으로 교차시킨다. 이때 X자 무늬가 완성된다.

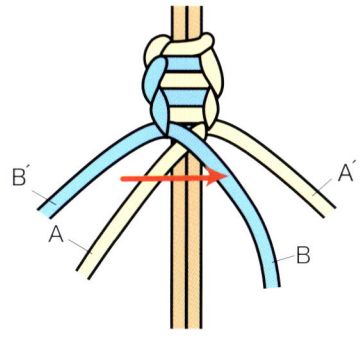

8 90도 옆에서 바라본 모습이다.

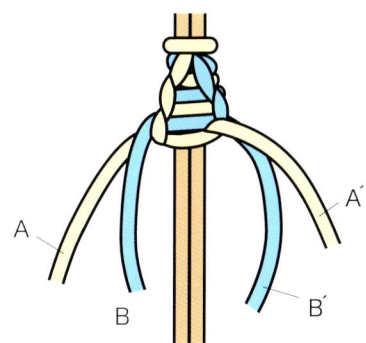

9 교차시킨 B로 세 번째 매듭을 묶는다. 이로써 A로 세 개, B로 세 개의 매듭을 묶었다.

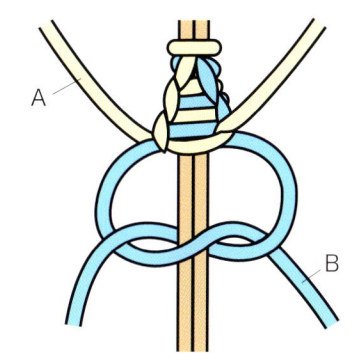

10 같은 방법으로 2~4의 과정을 반복한다.

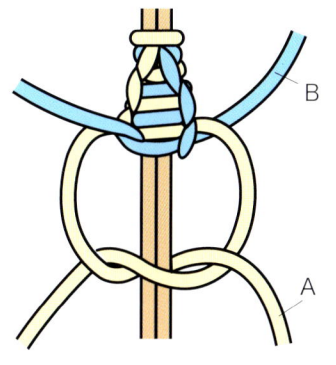

11 좌우 매듭이 다시 한 번 만나면 B로 A 위에 교차시킨다. 반대쪽도 같은 방법으로 교차시킨다. 이때 6과 매듭의 개수가 같아진다.

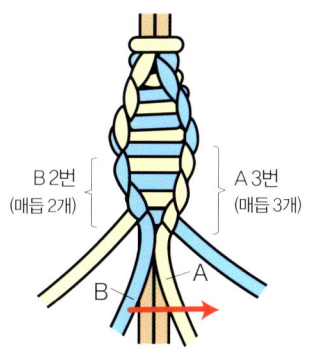

12 90도 옆에서 바라본 모습. 교차시킨 B로 세 번째 매듭을 묶는다. 이로써 A로 세 개, B로 세 개의 매듭을 묶었다.

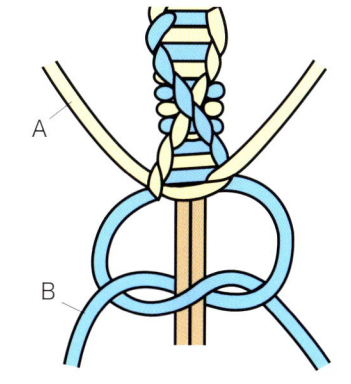

13 2~12의 과정을 반복한다. ★처럼 항상 같은 끈이 교차 지점의 위에 오도록 주의한다.

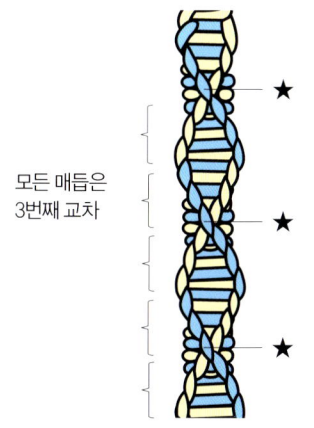

memo.

매듭이 교차하는 타이밍

책에서는 세 번째 교차하는 패턴을 소개하고 있지만 좌우 매듭이 만날 때까지 필요한 매듭의 개수는 다음과 같은 조건에 따라 달라집니다.

* 끈의 굵기
* 매듭이 잡아 당겨진 정도
* 중심끈의 굵기

예를 들어 중심끈이 두꺼울수록 매듭이 서로 만날 때까지 필요한 매듭의 개수가 늘어납니다. 상황에 따라 이를 알맞게 조절합니다. 중요한 것은 항상 일정한 횟수에서 매듭이 교차해야 한다는 점입니다.

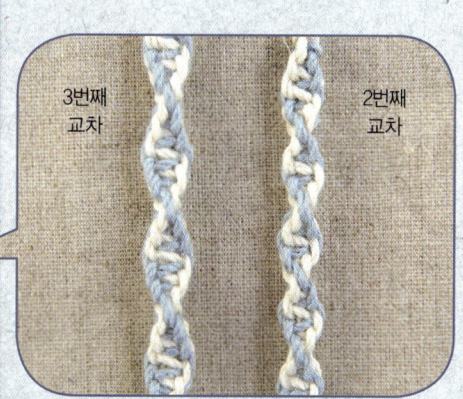

Knot 27 * 3줄 땋기

일상생활에서 널리 쓰이는 가장 일반적인 매듭입니다.
끈 세 줄을 납작하게 땋습니다.

난이도: ★☆☆☆☆
필요한 끈의 길이(15cm 길이의 매듭): 30cm×3줄
주요 쓰임새: 액세서리를 만들 때, 장식끈으로 사용할 때

1 끈 세 줄을 나란히 놓는다. A와 B를 교차시킨다.

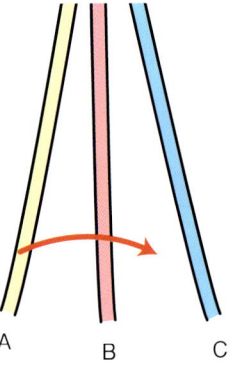

2 C와 A를 교차시킨다.

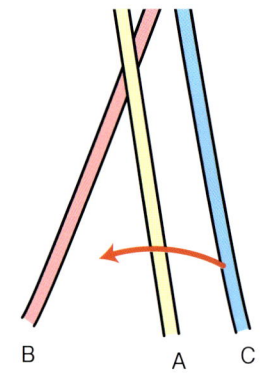

3 1, 2의 순서대로 끈을 반복하여 교차시킨다.

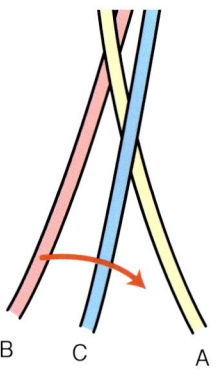

4 틈이 벌어지지 않도록 잡아당기면서 땋는다.

매듭 응용하기 · 소재 바꾸기

① 끈을 땋으면서 가운데에 오는 끈에 비즈를 끼웁니다.

② 납작한 가죽끈으로 땋습니다.

③ 둥근 가죽끈으로 땋습니다.

Knot 28 * 4줄 땋기

끈 네 줄을 납작하게 땋는 방법입니다.
나란히 놓인 두 줄을 교차시키면서 땋습니다.

난이도: ★★☆☆☆
필요한 끈의 길이(15cm 길이의 매듭): 30cm×4줄
주요 쓰임새: 액세서리, 벨트 등

---

1 끈 네 줄을 나란히 놓는다. A와 B를 교차시킨다.

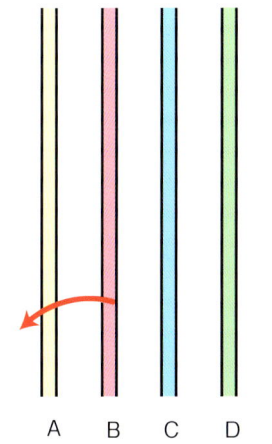

2 C와 D를 교차시킨다.

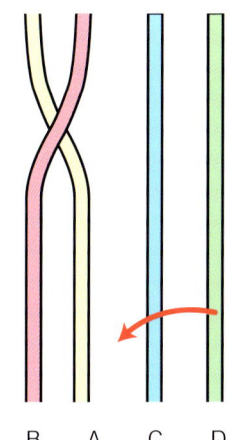

3 A와 D를 교차시킨다.

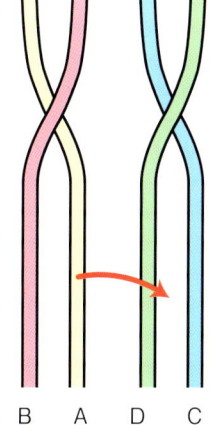

4 1~3의 순서대로 끈을 반복하여 교차시킨다.

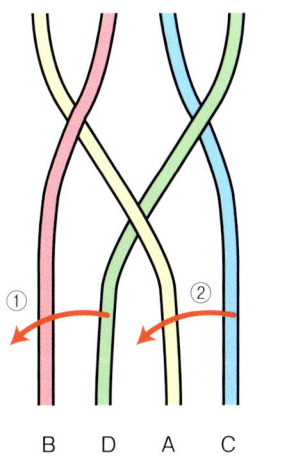

5 틈이 벌어지지 않도록 잡아당기면서 땋는다.

소재 바꾸기

①납작한 가죽끈으로 땋습니다.
②둥근 가죽끈으로 땋습니다.

Knot 29 * 5줄 땋기

끈 다섯 줄을 납작하게 땋는 방법입니다.
5줄 납작땋기보다 매듭의 폭이 넓어집니다.

난이도: ★★☆☆☆
필요한 끈의 길이(15cm 길이의 매듭): 30cm×5줄
주요 쓰임새: 액세서리, 가방 손잡이, 벨트 등

1 끈 다섯 줄을 나란히 놓는다. A와 B, E와 D를 교차시킨다.

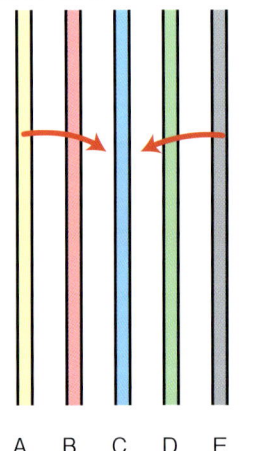

2 E를 C의 아래에서 A의 위로 통과시킨다.

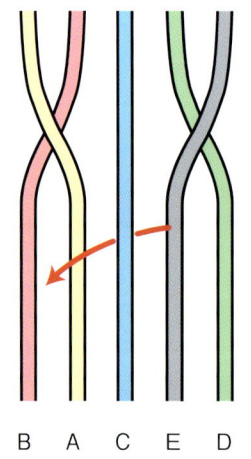

3 1, 2의 순서대로 끈을 반복하여 교차시킨다.

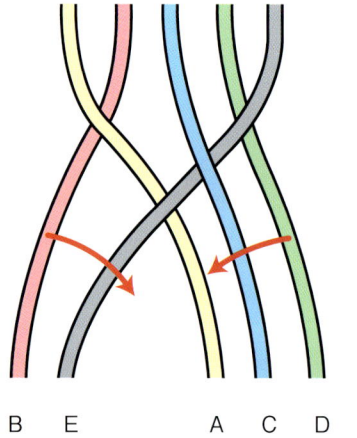

4 틈이 벌어지지 않도록 잡아당기면서 땋는다.

소재 바꾸기

①납작한 가죽끈으로 땋습니다.

②둥근 가죽끈으로 땋습니다.

Knot 30 * 5줄 납작땋기

끈 다섯 줄을 납작하게 땋는 방법입니다.
양쪽 끝에 있는 끈을 안쪽으로 넣어 교차시키면서 땋습니다.

난이도: ★★☆☆☆
필요한 끈의 길이(15cm 길이의 매듭): 30cm×5줄
주요 쓰임새: 액세서리 등

1 끈 다섯 줄을 나란히 놓는다. E를 D, C의 위로 통과시켜 가운데에서 교차시킨다. A를 B, E의 위로 통과시켜 가운데에서 교차시킨다.

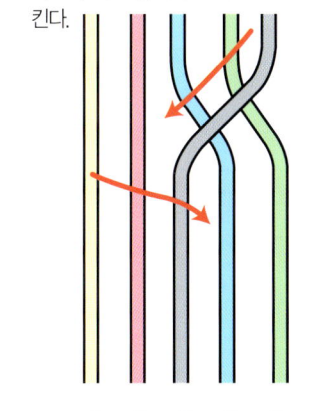

2 D를 C, A의 위로 통과시켜 가운데에서 교차시킨다.

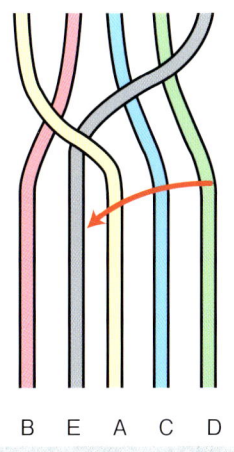

3 B를 E, D의 위로 통과시켜 가운데에서 교차시킨다. 1~3의 순서대로 끈을 반복하여 교차시킨다.

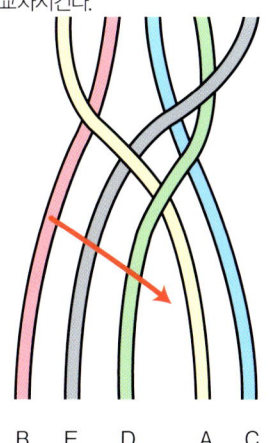

4 틈이 벌어지지 않도록 잡아당기면서 땋는다.

소재 바꾸기

① 납작한 가죽끈으로 땋습니다.
② 둥근 가죽끈으로 땋습니다.

매듭 응용하기

납작한 가죽끈으로 땋아서 팔찌를 만들어봅니다. 간단하게 양쪽 끝을 금속 장식으로 고정시키면 완성됩니다.

Knot 31 * 6줄 땋기

끈 여섯 줄을 납작하게 땋는 방법입니다.
양쪽 끝에 놓인 끈을 안쪽으로 넘어 교차시키면서 땋습니다.

난이도: ★★★☆☆
필요한 끈의 길이(15cm 길이의 매듭): 30cm×6줄
주요 쓰임새: 액세서리, 가방 손잡이, 벨트 등

1 끈 여섯 줄을 나란히 놓는다. 가운데 두 줄 (C, D)을 교차시킨다. 다음 D와 B, E와 C를 각각 교차시킨다.

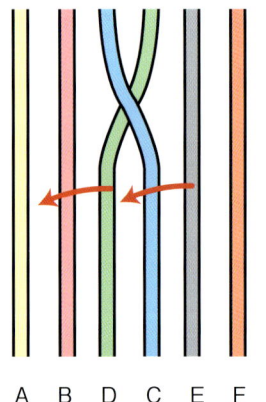

2 가운데 두 줄(B, E)을 교차시킨다.

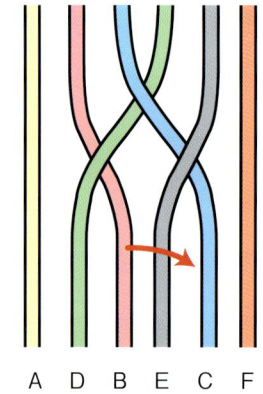

3 양쪽 끝에 놓인 끈을 그림과 같이 위, 아래로 통과시켜 가운데에 오도록 한다.

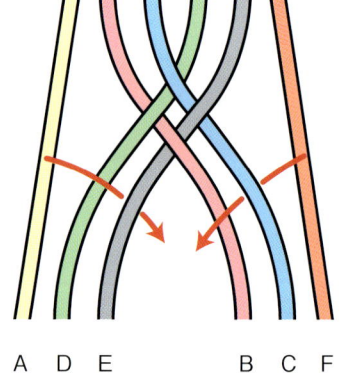

4 가운데에 놓인 두 줄을 교차시킨다.

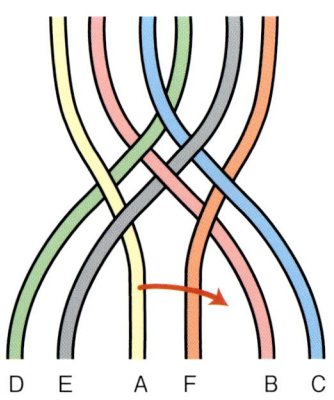

5 3, 4의 순서대로 반복하여 교차시킨다.

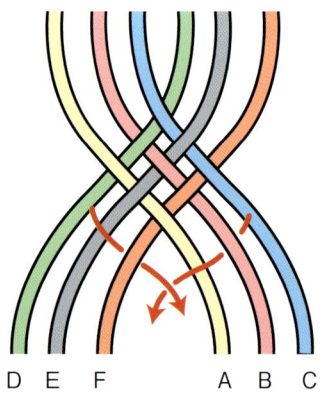

6 틈이 벌어지지 않도록 잡아당기면서 땋는다.

소재 바꾸기

①납작한 가죽끈으로 땋습니다.
②둥근 가죽끈으로 땋습니다.

Knot 32 * 레이스엮기

섬세한 디자인의 매듭코로, 여성스러운 액세서리에 자주 사용됩니다.
끈을 감는 방향에 따라 왼쪽 레이스엮기와 오른쪽 레이스엮기로 나닙니다.

난이도: ★☆☆☆☆
필요한 끈의 길이(15cm 길이의 매듭): 매듭끈 150cm×1줄, 중심끈 15cm
주요 쓰임새: 액세서리 등

[왼쪽 레이스엮기]

1. 중심끈의 왼쪽에 매듭끈을 놓는다. 중심끈에 매듭끈을 그림과 같이 감는다.

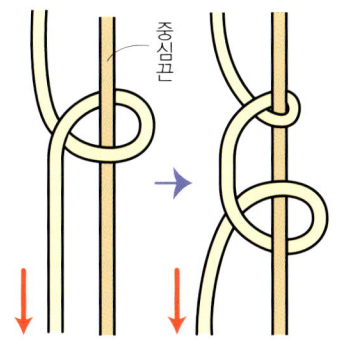

2. 끈을 잡아당겨서 조인다. 여기까지가 매듭 한 번에 해당한다.

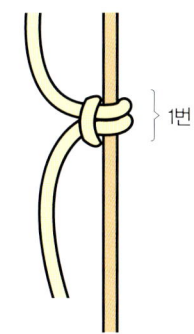

3. 1~2의 과정을 반복한다.

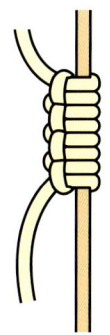

[오른쪽 레이스엮기]

중심끈과 매듭끈 배치를 반대로 놓고 매듭을 묶으면 오른쪽 레이스엮기가 된다.

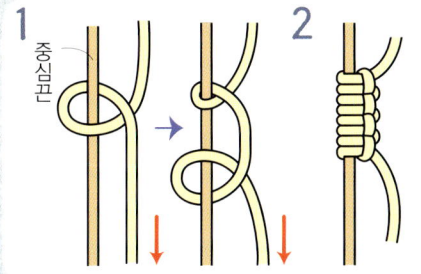

매듭 응용하기

왼쪽 레이스엮기와 오른쪽 레이스엮기를 번갈아 반복합니다.

오른쪽 레이스엮기를 한 끈을 둥글게 말아 고리를 만듭니다. 매듭을 한 번 묶을 때마다 매듭끈을 조금씩 느슨하게 하여 피코를 만듭니다.

Knot 33 ✳ 연달아 이어엮기

끈 네 줄을 순서대로 감아서 로프 모양으로 묶는 방법입니다.

난이도: ★★★☆☆
필요한 끈의 길이(15cm 길이의 매듭): 75cm×4줄
주요 쓰임새: 액세서리 등

1 끈 네 줄을 나란히 놓는다. D를 C에 감는다. C를 B에 감는다.

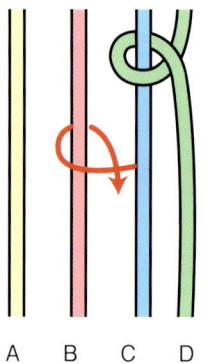

A B C D

2 B를 A에 감는다.

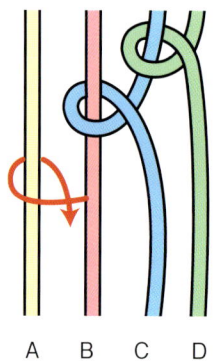

A B C D

3 A는 B, C의 아래로 통과시켜 D에 감는다.

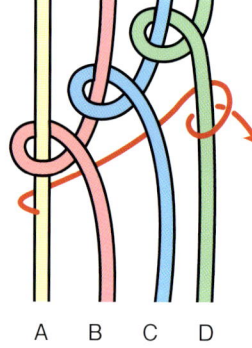

A B C D

4 끈을 잡아당겨서 조인다. 대롱과 같은 모양이 된다.

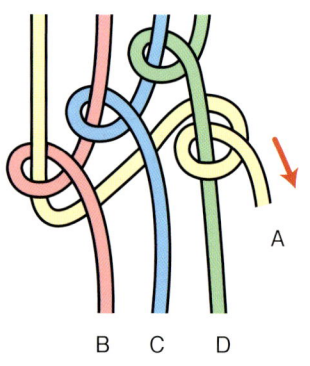

B C D A

5 같은 방법으로 각 끈을 왼쪽 옆에 있는 끈에 순서대로 감으면 둥근 로프 모양이 된다.

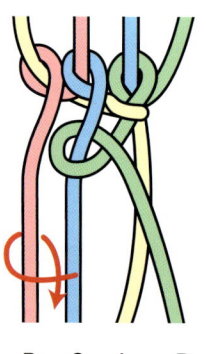

B C A D

소재 바꾸기

①둥근 가죽끈으로 땋습니다.
②납작한 가죽끈으로 땋습니다.

Knot 34 * 트위스트매듭

중심끈에 매듭끈 한 줄을 감아서 묶는 방법입니다.
나선 형태의 무늬가 생깁니다.

난이도: ★☆☆☆☆
필요한 끈의 길이(15cm 길이의 매듭): 매듭끈 180cm×1줄, 중심끈 15cm
주요 쓰임새: 액세서리 등

[오른쪽 트위스트매듭]

1. 중심끈을 왼쪽, 매듭끈을 오른쪽에 놓는다. 그림과 같이 중심끈에 매듭끈을 감는다. 여기까지가 매듭 한 번에 해당한다.

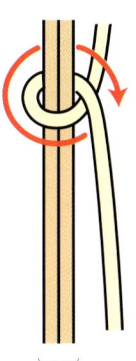
중심끈

2. 반복해서 묶으면 매듭이 비틀리므로, 중심끈을 돌려가면서 묶는다.

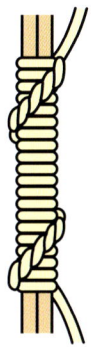

[왼쪽 트위스트매듭]

1. 중심끈을 오른쪽, 매듭끈을 왼쪽에 놓는다. 그림과 같이 중심끈에 매듭끈을 감는다. 여기까지가 매듭 한 번에 해당한다.

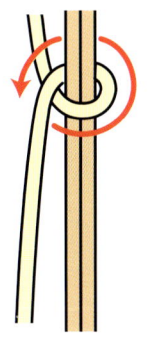
중심끈

2. 반복해서 묶으면 매듭이 비틀리므로, 중심끈을 돌려가면서 묶는다.

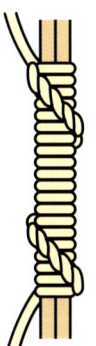

매듭 응용하기

둥근 형태의 물체를 중심끈으로 삼아 매듭을 묶으면, 나선 모양이 없는 깔끔한 매듭코가 완성됩니다. 사진에 나온 작품은 플라스틱 링에 매듭을 엮어 뱅글을 만든 것입니다.

Knot 35 * 4줄 꼬기

끈 네 줄을 꼬아서 밧줄 형태를 만드는 매듭 방법입니다.
좌우에서 안쪽으로 끈을 넣습니다.
순서가 헷갈리지 않도록 '쉬고 있는 끈을 다음에 사용한다'라고 외워둡니다.

> 난이도: ★★☆☆☆
> 필요한 끈의 길이(15cm 길이의 매듭): 40cm×4줄
> 주요 쓰임새: 액세서리, 가방 손잡이 등

1 끈 네 줄을 나란히 놓는다. C와 B를 교차시킨다.

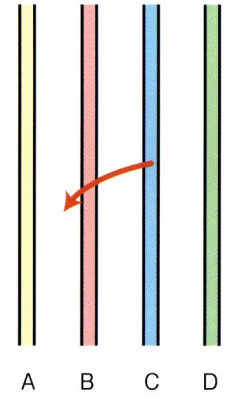

2 D를 B, C의 아래로 통과시키고 위에서 B와 C의 사이로 넣는다.

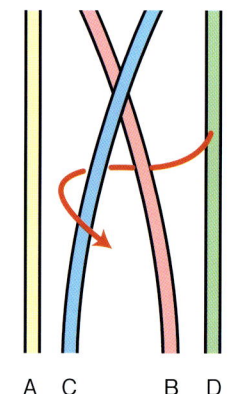

3 A를 C, D의 아래로 통과시키고 위에서 D, C의 사이로 넣는다.

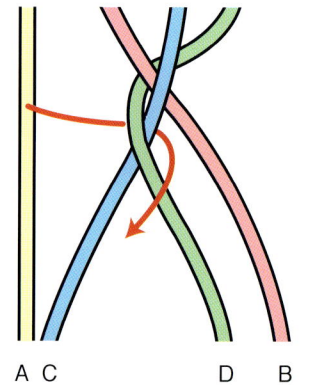

4 B를 D, A의 아래로 통과시키고 위에서 A, D의 사이로 넣는다.

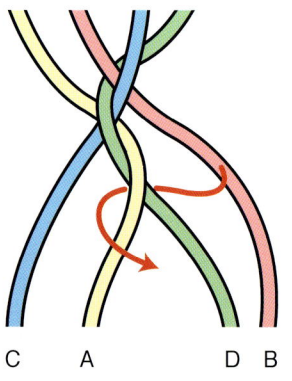

5 3, 4의 순서대로 끈을 반복하여 통과시키면서 꼰다. 풀어지지 않도록 잡아당기면서 꼰다.

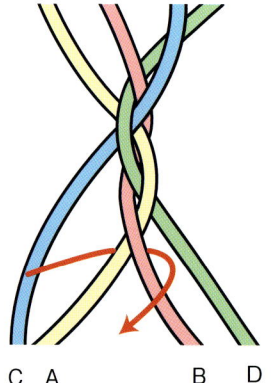

배색 패턴

시작할 때 끈을 놓는 위치에 따라 매듭의 배색이 달라집니다. 4줄 꼬기에서는 다음과 같은 두 가지 패턴이 나옵니다.

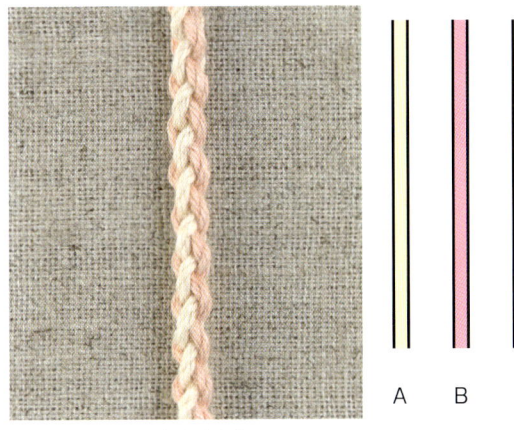

무늬가 세로로 곧게 생깁니다.

무늬가 교대로 생깁니다.

소재 바꾸기

끈의 소재에 따라 분위기가 달라집니다.

①둥근 가죽끈으로 만들어봅니다.

②납작한 가죽끈으로 만들어봅니다.
※납작한 끈으로 매듭을 묶을 때는 끈의 앞면이 항상 바깥쪽에 오도록 합니다.

③아시안 코드로 만들어봅니다.

매듭 응용하기

납작한 가죽끈으로 4줄 꼬기를 한 다음. 마감 장식을 달아서 팔찌를 만듭니다. 4줄 꼬기는 가죽끈으로 액세서리를 만들 때 가장 많이 쓰이는 매듭 방법입니다.

끈 네 줄로 튼튼한 매듭을 만들므로 가방 손잡이로 사용하기에도 좋습니다. 천으로 만든 가방 등에 가죽끈으로 손잡이를 만들어서 달아봅니다(만드는 방법은 145쪽 참고).

Knot 36 * 6줄 꼬기

끈 여섯 줄을 꼬아서 밧줄 형태를 만드는 매듭 방법입니다.
4줄 꼬기보다 굵은 밧줄을 만들 수 있습니다.

난이도: ★★★☆☆
필요한 끈의 길이(15cm 길이의 매듭): 40cm×6줄
주요 쓰임새: 액세서리, 가방 손잡이 등

1 끈 여섯 줄을 나란히 놓는다. D와 C를 교차시킨다.

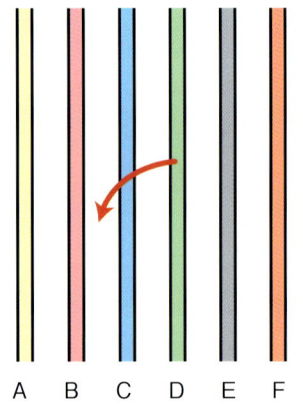

2 F를 E, C, D, B의 아래로 통과시키고, B의 위에서 D의 아래로 통과시켜 D, C 사이로 넣는다.

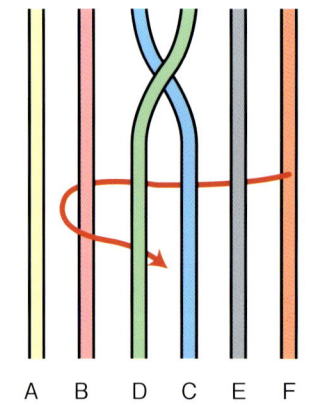

3 A를 B, D, F, C의 아래로 통과시키고, C의 위에서 F의 아래로 통과시켜 F, D 사이로 넣는다.

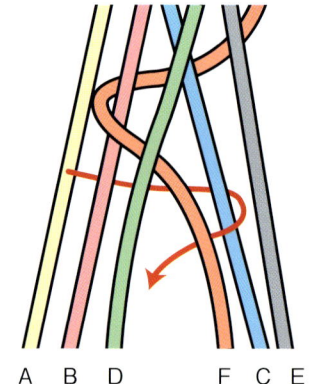

4 E를 C, F, A, D의 아래로 통과시키고, D의 위에서 A의 아래로 통과시켜 A, F 사이로 넣는다.

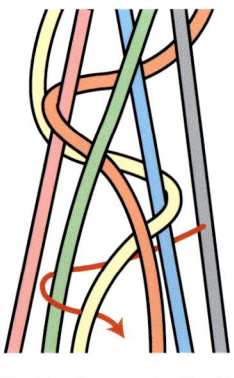

5 B를 D, A, E, F의 아래로 통과시키고 F의 위에서 E의 아래로 통과시켜 E, A 사이로 넣는다.

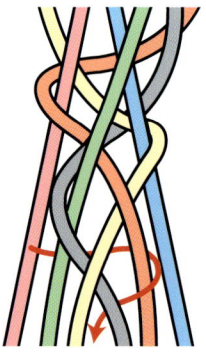

6 같은 방법으로 반복해서 꼰다. 풀어지지 않도록 잡아당기면서 꼰다.

배색 패턴

시작할 때 끈을 놓는 위치에 따라 매듭의 배색이 달라집니다. 6줄 꼬기에서는 다음과 같은 두 가지 패턴이 나옵니다.

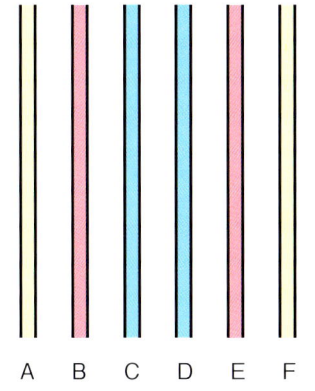

A B C D E F

무늬가 대각선으로 생깁니다.

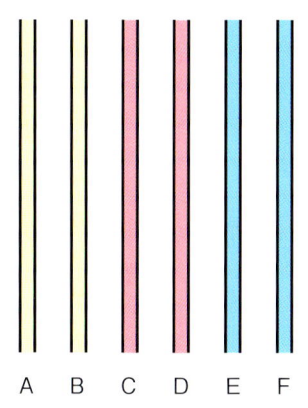

A B C D E F

무늬가 무작위로 생깁니다.

소재 바꾸기

끈의 소재에 따라 분위기가 달라집니다.

①둥근 가죽끈으로 만들어봅니다.

②납작한 가죽끈으로 만들어봅니다.
※납작한 끈으로 매듭을 묶을 때는 끈의 앞면이 항상 바깥쪽에 오도록 합니다.

③아시안 코드로 만들어봅니다.

매듭 응용하기

두 가지 색상의 가죽끈으로 6줄 꼬기를 해서 만든 시곗줄입니다. 오른쪽 그림과 같이 열쇠고리에 끈 세 줄을 통과시킨 다음 꼽니다.

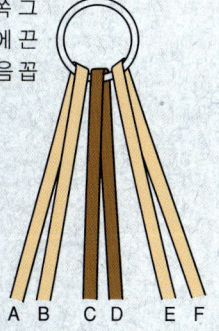

A B C D E F

Knot 37 * 둥근 4줄 접기

끈 네 줄을 우물 정(井) 자 모양으로 꼬는 방법입니다.
원기둥 모양의 로프가 완성됩니다.

> 난이도: ★★☆☆☆
> 필요한 끈의 길이(15cm 길이의 매듭): 160cm×2줄 또는 80cm×4줄
> 주요 쓰임새: 팔찌 등

1 끈을 십자 모양으로 놓는다(시작 방법은 67쪽 참고).

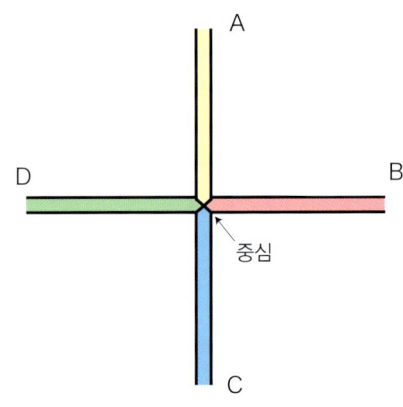

2 오른쪽 방향으로 끈을 겹쳐 나간다. A를 B에 겹쳐 올린다.

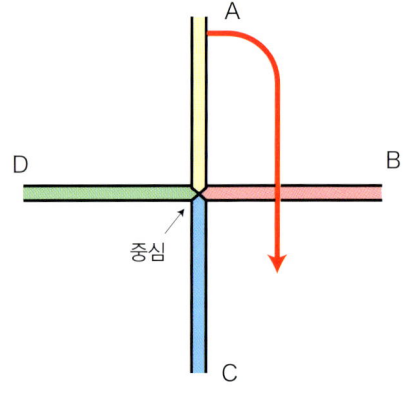

3 마찬가지로 B를 A와 C에, C를 B와 D에 겹쳐 올리고, 마지막으로 D를 C에 겹쳐 올린 다음 A의 고리 안으로 통과시킨다.

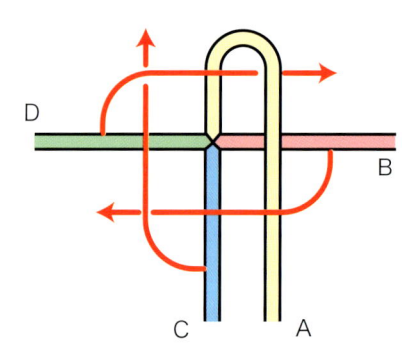

4 끈 네 줄을 같은 힘으로 잡아당겨서 조인다.

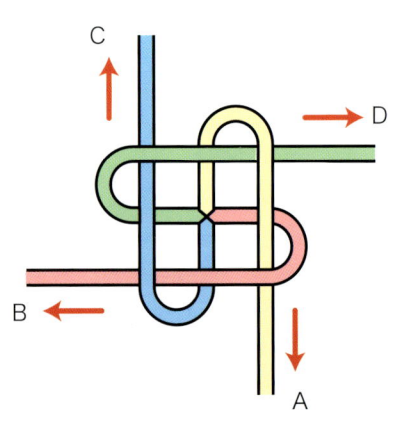

5 여기까지가 매듭 한 번에 해당한다.

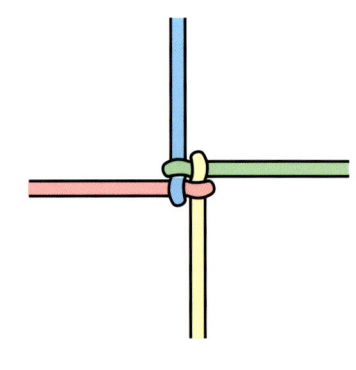

6 2~4의 과정을 반복한다.

시작 방법

끈을 네 줄 사용하느냐 또는 그 두 배 길이의 끈 두 줄을 사용하느냐에 따라 시작 방법이 달라집니다.

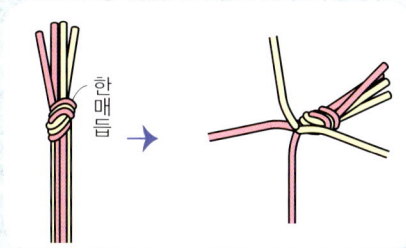

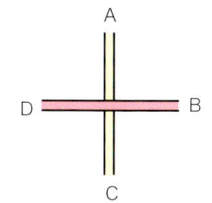

ⓐ 네 줄로 만든 매듭을 십자 방향으로 펼친 다음 시작한다.

ⓑ 두 줄을 십자 모양으로 교차시킨 후 시작한다. 이 경우 매듭 앞부분이 둥근 모양이 된다.
한 번 매듭을 묶은 다음 반대로 뒤집어서 매듭을 묶어나가면 앞부분에 바둑판무늬가 나타나 보기에도 깔끔하다.

배색 패턴

시작할 때 끈을 놓는 위치에 따라 매듭의 배색이 달라집니다. 둥근 4줄 접기에서는 다음과 같은 두 가지 패턴이 나옵니다.

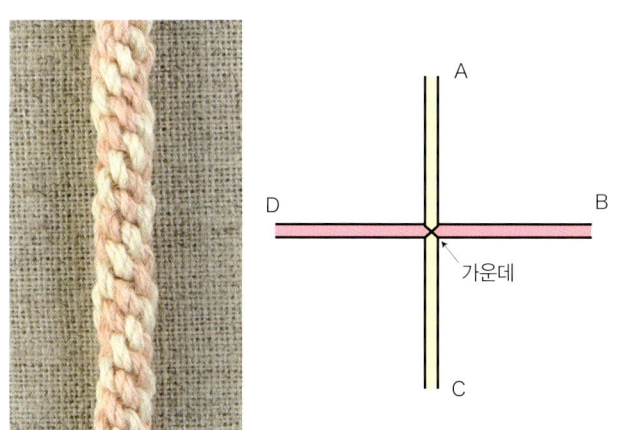

오른쪽에서 왼쪽 방향으로 나선무늬가 생깁니다.

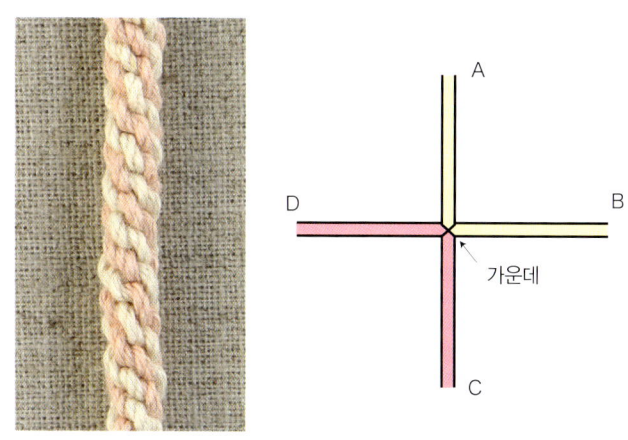

왼쪽에서 오른쪽 방향으로 나선무늬가 생깁니다.

매듭 응용하기

각각의 끈에 비즈를 끼워가며 둥근 4줄 접기로 묶습니다.

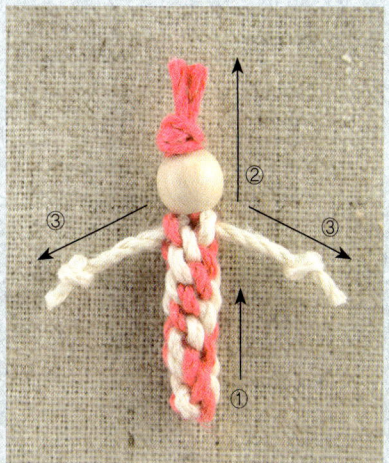

둥근 4줄 접기를 활용해 인형을 만들어봅니다.

① 둥근 4줄 접기로 몸통을 만든다.
② 핑크색 끈 두 줄에 우드비즈를 끼우고 한매듭을 묶는다.
③ 흰색 끝 두 줄에 각각 한매듭을 묶어 손을 만든다.

Knot 38 * 각진 4줄 접기

끈 네 줄을 우물 정(井) 자 모양으로 꼬는 방법입니다.
둥근 4줄 접기와 방법이 비슷하지만, 이 매듭은 사각기둥 모양의 로프가 완성됩니다.

> 난이도: ★★☆☆☆
> 필요한 끈의 길이(15cm 길이의 매듭): 160cm×2줄 또는 80cm×4줄
> 주요 쓰임새: 팔찌 등

1 끈을 십자 모양으로 놓는다(시작 방법은 69쪽 참고).

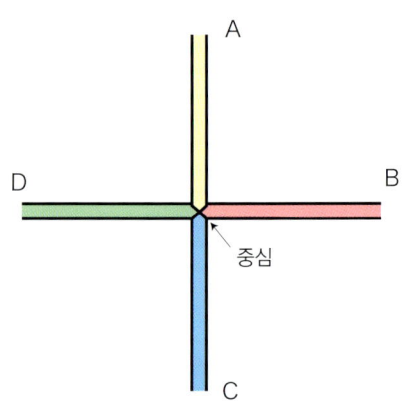

2 둥근 4줄 접기(66쪽 참고)를 한 번 묶는다.

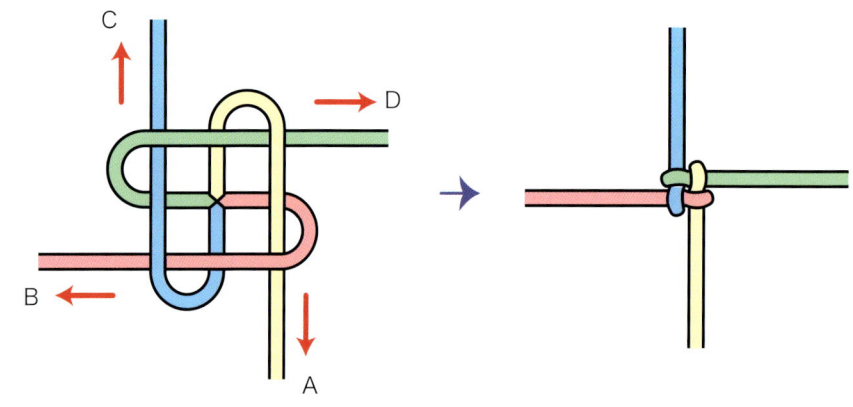

3 이어서 시계 반대 방향으로 꼬아 나간다. C를 B의 위에 겹쳐 올린다.

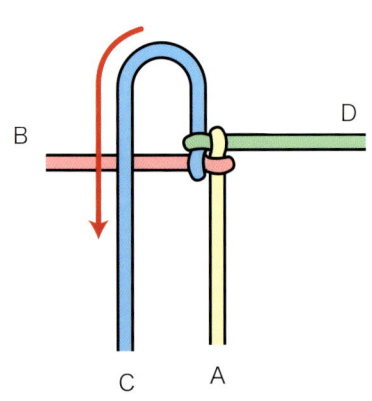

4 B를 C와 A의 위에 올린다.

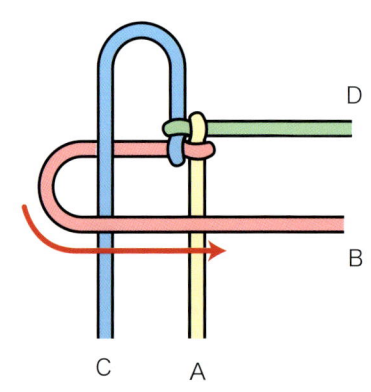

5 A를 B와 D의 위에 올린다.

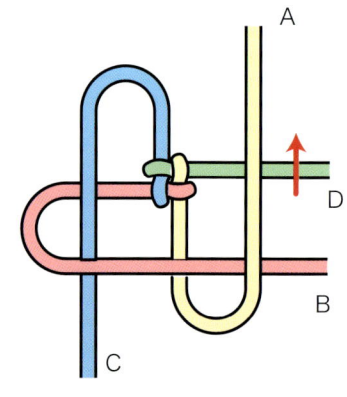

6 D를 A의 위로 통과시킨 다음 위에서 C로 만든 고리 안으로 통과시킨다.

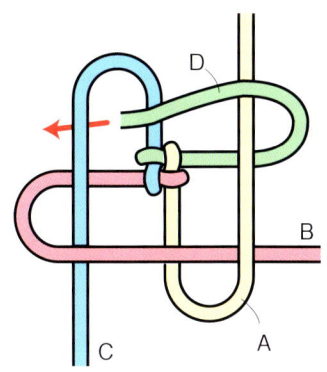

7 끈 네 줄을 같은 힘으로 잡아당겨서 조인다.

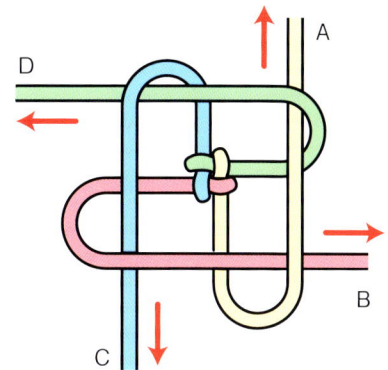

8 2~7의 과정을 반복한다.

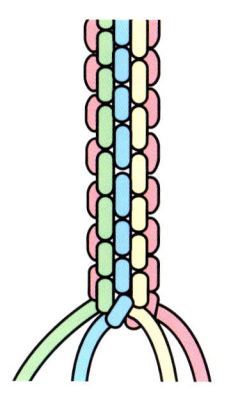

배색 패턴

시작할 때 끈을 놓는 위치에 따라 매듭의 배색이 달라집니다. 각진 4줄 접기에서는 다음과 같은 두 가지 패턴이 나옵니다.

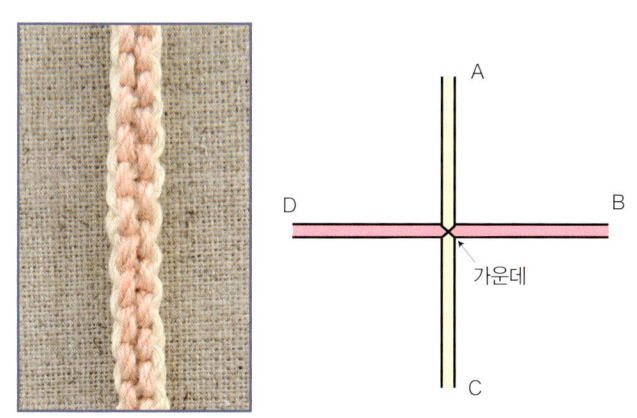

세로로 두 줄씩 같은 색이 나옵니다.

세로로 한 줄이나 두 줄마다 같은 색이 나옵니다.

시작 방법

Ⓐ 4줄을 사용한 경우

Ⓑ 두 배 길이의 끈 2줄을 사용한 경우

끈을 네 줄 사용하느냐 또는 그 두 배 길이의 끈을 두 줄 사용하느냐에 따라 시작 방법이 달라집니다. 방법은 67쪽 상단과 동일하다.

매듭응용하기

각진 4줄 접기를 활용해 인형을 만들어봅니다.

① 각진 4줄 접기로 몸통을 만든다.
② 파란색 끈 두 줄에 우드 비즈를 끼우고 한매듭을 묶는다.
③ 하늘색 끝 두 줄에 각각 한매듭을 묶어 손을 만든다.

a
b

Knot 39 * 6줄 헤링본매듭

끈 여섯 줄을 삼나무 잎 모양으로 땋는 방법입니다.
조금 단단한 매듭이 완성됩니다.

난이도: ★★★☆☆
필요한 끈의 길이(15cm 길이의 매듭): 40cm×6줄
주요 쓰임새: 팔찌 등

소재 바꾸기
왼쪽: 둥근 가죽끈
가운데: 납작한 가죽끈
오른쪽: 아시안 코드

1 끈 여섯 줄을 나란히 놓는다. F를 E, D, C, B의 아래로 통과시킨 다음 위에서 C, D 사이로 넣는다.

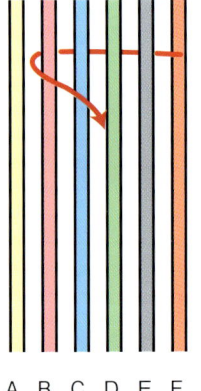

A B C D E F

2 A를 B, C, F, D의 아래로 통과시킨 다음 위에서 F, C의 사이로 넣는다.

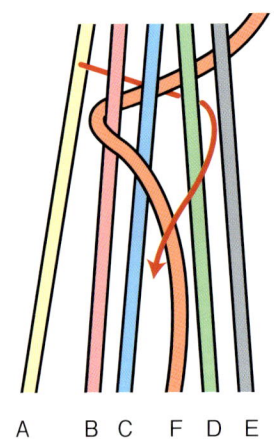

A B C F D E

3 E를 D, F, A, C의 아래로 통과시킨 다음 위에서 A, F의 사이로 넣는다.

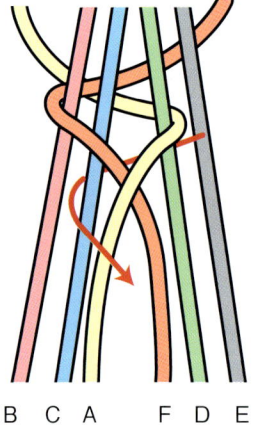

B C A F D E

4 2, 3의 순서대로 반복해서 땋는다.

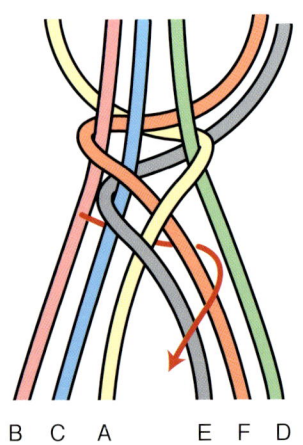

B C A E F D

5 틈이 벌어지지 않도록 잡아당기면서 땋는다.

배색

A B C D E F

시작할 때 끈을 놓는 위치에 따라 배색이 달라집니다. 왼쪽 그림과 같이 끈을 배치하면 왼쪽 상단의 사진 b와 같은 매듭이 완성됩니다.

Knot 40 * 8줄 헤링본매듭

끈 여덟 줄을 삼나무 잎 모양으로 땋는 방법입니다.
단면이 단단한 매듭이 완성됩니다.
여섯줄 헤링본매듭보다 한층 두꺼워집니다.

a
b

난이도: ★★★☆☆
필요한 끈의 길이(15cm 길이의 매듭): 40cm×8줄
주요 쓰임새: 팔찌 등

소재 바꾸기
왼쪽: 둥근 가죽끈
가운데: 납작한 가죽끈
오른쪽: 아시안 코드

1 끈 여덟 줄을 나란히 놓는다. H를 G, F, E, D, C의 아래로 통과시킨 다음 위에서 D, E 사이로 넣는다.

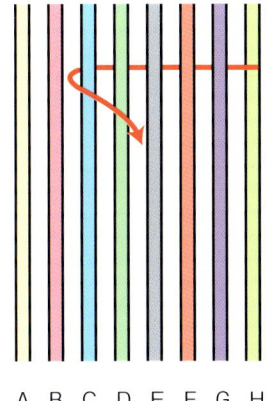

A B C D E F G H

2 A를 B, C, D, H, E의 아래로 통과시킨 다음 위에서 H, D 사이로 넣는다.

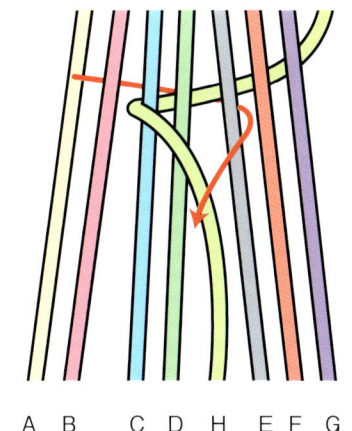

A B C D H E F G

3 G를 F, E, A, H, D의 아래로 통과시킨 다음 위에서 A, H 사이로 넣는다.

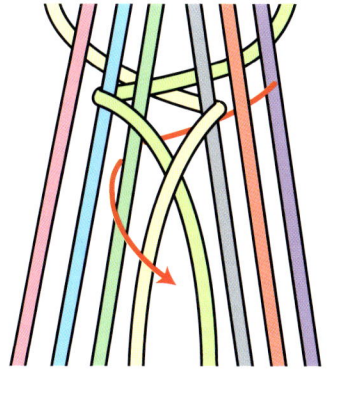

B C D A H E F G

4 2, 3의 순서대로 반복해서 땋는다.

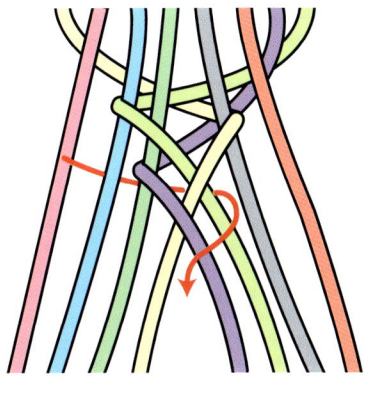

B C D A G H E F

5 틈이 벌어지지 않도록 잡아당기면서 땋는다.

배색

A B C D E F G H

시작할 때 끈을 놓는 위치에 따라 배색이 달라집니다. 위의 그림과 같이 끈을 배치하면 왼쪽 상단의 사진 b와 같은 매듭이 완성됩니다.

Knot 41 ✱ 고정 구슬매듭

구슬 모양을 만드는 매듭 방법입니다.
끈의 끝마무리나 장식으로 쓰이고, 참 등이 빠져나가지 않도록 고정시킬 때도 사용합니다.
네 줄 또는 여섯 줄로 만드는 방법이 있습니다.

> 난이도: ★★★☆☆
> 주요 쓰임새: 끈 끝 부분 마무리, 장식, 매듭

[4줄]

1 둥근 4줄 접기(66쪽 참고) 1~4의 과정대로 묶은 다음, 시계 방향으로 꼬아 나간다. D를 아래에서 가운데 근처의 고리(★) 안으로 넣어 위로 통과시킨다.

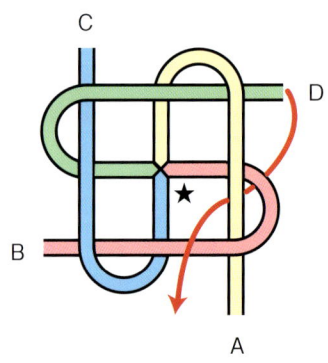

2 같은 방법으로 A를 가운데 근처의 고리(★) 안으로 통과시킨다.

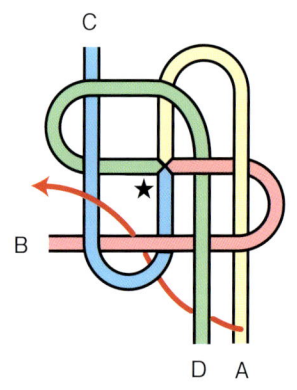

3 같은 방법으로 B도 가운데 근처의 고리(★) 안으로 통과시킨다.

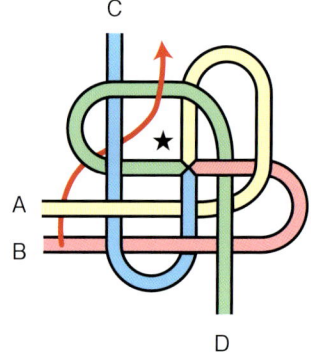

4 마지막으로 C도 같은 방법으로 하는데, 이때는 고리가 이중으로 되어 있으므로 C를 아래에서 가운데 근처의 고리(★) 안으로 넣어 위로 통과시킨다.

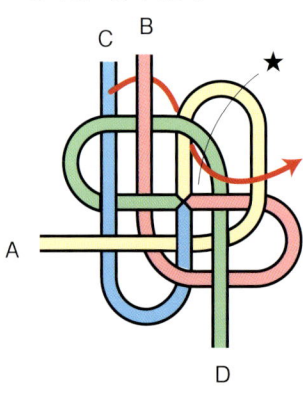

5 모든 끈을 통과시킨 모습이다. 끈이 위를 향해 나와 있다.

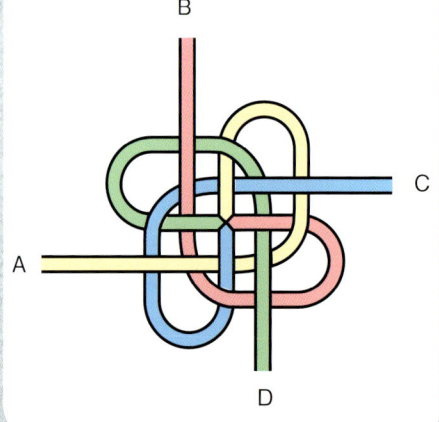

6 끈을 한 줄씩 화살표 방향으로 서서히 잡아당겨서 조인 다음 A, B, C, D의 끈 끝 부분을 정리하고 가볍게 위아래로 잡아당긴다.

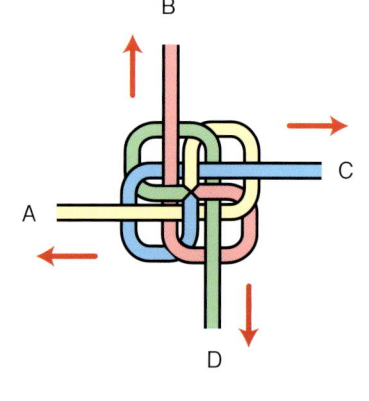

7 송곳 등을 이용해서 ①~③의 순서대로 한 줄씩 끈을 잡아당겨서 조인다.

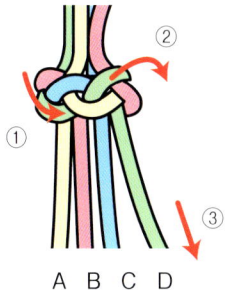

8 모든 끈을 잡아당겨서 모양을 다듬는다.

매듭 응용하기

펜던트 장식 좌우에 구슬 매듭을 반복해서 묶어봅니다. 두꺼운 끈이 완성됩니다.

매듭 응용하기 · 소재 바꾸기

①중심끈을 넣은 고정 구슬매듭: 끈 여덟 줄 가운데 네 줄로 고정 구슬매듭을 만들고, 나머지 네 줄은 안쪽에 통과시켜 중심끈으로 삼습니다(오른쪽 일러스트 참고). 사용하는 끈의 수가 네 줄이 아닐 때는 이처럼 남은 끈을 중심끈으로 사용합니다.

②둥근 가죽끈으로 만들어봅니다.

③납작한 가죽끈으로 만들어봅니다. 납작한 끈으로 고정 구슬매듭을 묶을 때는 끈의 앞면이 항상 바깥쪽에 오도록 합니다.

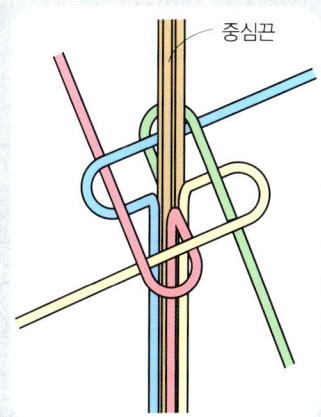

[6줄]

1 72쪽의 4줄 매듭 방법을 참고하여 땋는다.

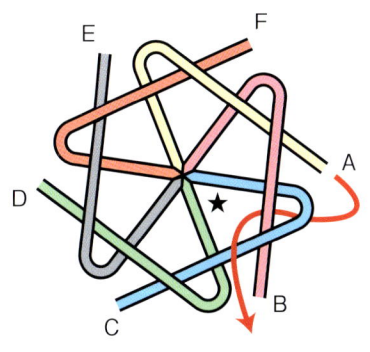

2 4줄 매듭 방법을 참고해 가운데 근처의 고리(★) 안으로 통과시킨다. 마지막 F는 고리가 이중으로 되어 있으므로 F를 아래에서 가운데 근처의 고리(★) 안으로 넣어 위로 통과시킨다.

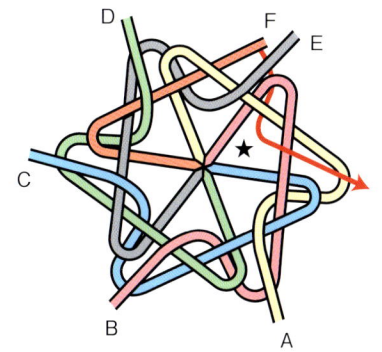

3 모든 끈을 잡아당겨서 모양을 다듬는다.

73

Knot 42 * 가로엮기

미산가 실팔찌 등에 자주 사용되는 매듭 방법입니다.
중심끈을 가로 방향으로, 매듭끈을 세로 방향으로 놓고 묶습니다.

난이도: ★★☆☆☆
필요한 도구: 코르크보드, 핀
주요 쓰임새: 미산가 실팔찌, 액세서리 등

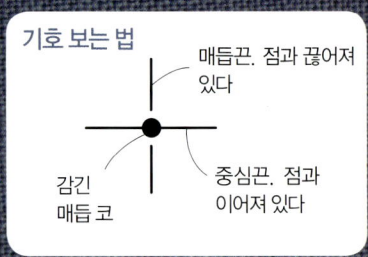

[왼쪽에서 오른쪽으로 매듭을 묶을 경우]

매듭 기호

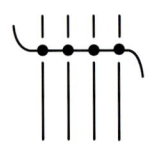

1 중심끈을 핀으로 꽂은 다음, 화살표 방향으로 매듭끈을 감는다.

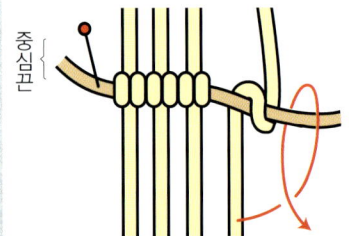

2 끈을 잡아당겨서 조인다.

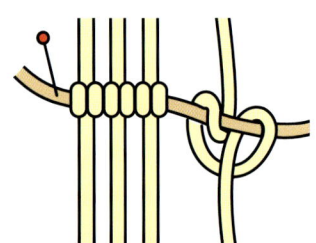

3 완성된 모습이다.

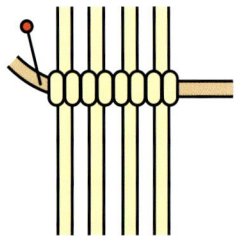

[오른쪽에서 왼쪽으로 매듭을 묶을 경우]

매듭 기호

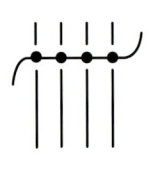

1 중심끈을 핀으로 꽂은 다음, 화살표 방향으로 매듭끈을 감는다.

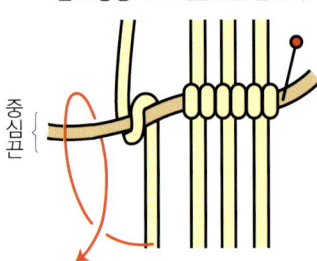

2 끈을 잡아당겨서 조인다.

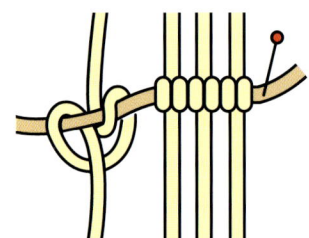

3 완성된 모습이다.

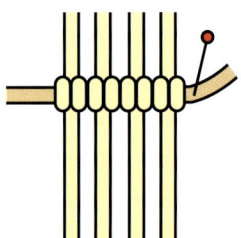

[여러 단을 묶을 경우]

매듭 기호

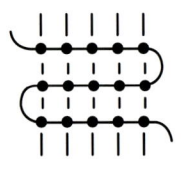

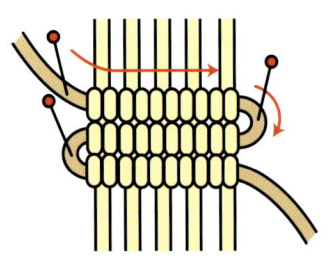

그림과 같이 왼쪽에서 오른쪽, 오른쪽에서 왼쪽으로 번갈아가며 매듭을 묶는다.

memo.

매듭을 묶을 때는 중심끈과 매듭끈을 핀으로 단단히 고정합니다.

매듭을 여러 단 묶을 때는 단과 단 사이에 틈이 생기지 않도록 촘촘하게 묶으면 매듭 모양이 깔끔해집니다. 매듭을 묶을 때 중심끈을 위쪽 방향으로 비스듬하게 잡아당기면 틈이 생기지 않습니다.

Knot 43 * 세로엮기

가로엮기와 비슷하지만, 세로엮기는 중심끈을 세로 방향으로 매듭끈을 가로 방향으로 놓고 묶습니다.

난이도: ★★☆☆☆
필요한 도구: 코르크보드, 핀
주요 쓰임새: 미산가 실팔찌, 액세서리 등

기호 보는 법

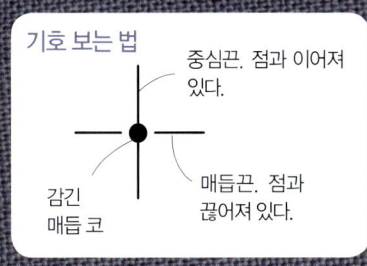

중심끈. 점과 이어져 있다.
매듭끈. 점과 끊어져 있다.
감긴 매듭 코

[왼쪽에서 오른쪽으로 매듭을 묶을 경우]

매듭 기호

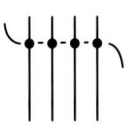

1 중심끈을 핀으로 꽂은 다음, 화살표 방향으로 매듭끈을 감는다.

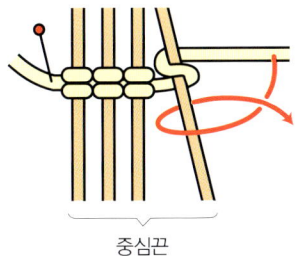

중심끈

2 화살표 방향으로 중심끈과 매듭끈을 잡아당겨서 조인다.

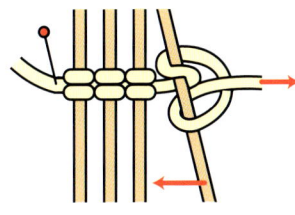

3 완성된 모습이다.

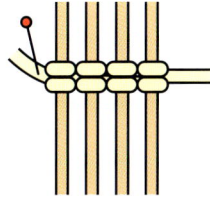

[오른쪽에서 왼쪽으로 매듭을 묶을 경우]

매듭 기호

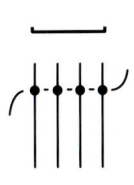

1 중심끈을 핀으로 꽂은 다음, 화살표 방향으로 매듭끈을 감는다.

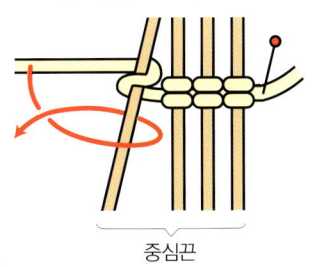

중심끈

2 화살표 방향으로 중심끈과 매듭끈을 잡아당겨서 조인다.

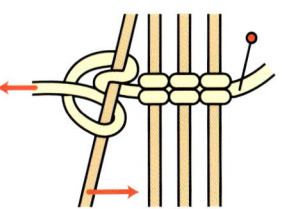

3 완성된 모습이다.

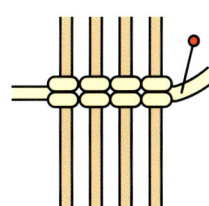

[여러 단을 묶을 경우]

매듭 기호

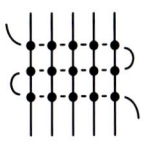

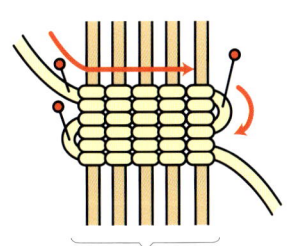

그림과 같이 왼쪽에서 오른쪽, 오른쪽에서 왼쪽으로 번갈아가며 매듭을 묶는다.

memo.

매듭을 묶을 때는 중심끈과 매듭끈을 핀으로 단단히 고정합니다.

매듭을 여러 단 묶을 때는 단과 단 사이에 틈이 생기지 않도록 촘촘하게 묶으면 매듭 모양이 깔끔해집니다. 첫 번째 단이 끝나면 중심끈을 잡고 매듭코를 위로 밀어올린 후 다음 단을 묶습니다.

Knot 44 * 사선엮기

가로엮기와 기본적인 방법은 동일합니다.
끈을 감는 위치를 비스듬하게 조금씩 비껴 묶습니다.

난이도: ★★☆☆☆
필요한 도구: 코르크보드, 핀
주요 쓰임새: 액세서리, 벨트 등

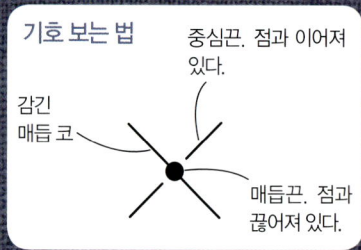

기호 보는 법
- 중심끈. 점과 이어져 있다.
- 감긴 매듭 코
- 매듭끈. 점과 끊어져 있다.

[오른쪽 아래 방향으로 매듭을 묶을 경우]

매듭 기호

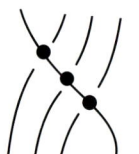

1 중심끈 A를 핀으로 꽂고, B, C, D의 순서대로 왼쪽 위에서 오른쪽 아래로 비스듬하게 매듭끈을 감는다.

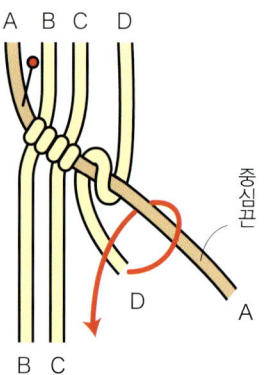

2 매듭코가 일직선을 이루게 한다.

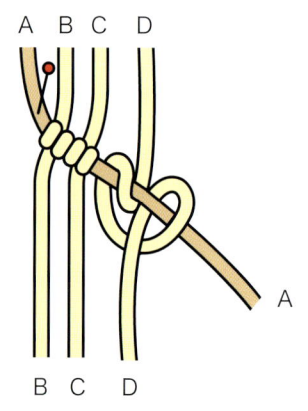

3 완성된 모습이다.

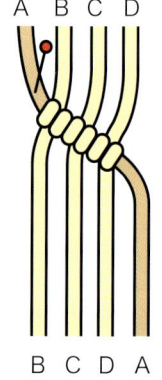

[왼쪽 아래 방향으로 매듭을 묶을 경우]

매듭 기호

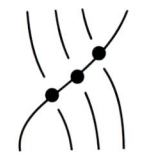

1 중심끈 A를 핀으로 꽂고, B, C, D의 순서대로 오른쪽 위에서 왼쪽 아래로 비스듬하게 매듭끈을 감는다.

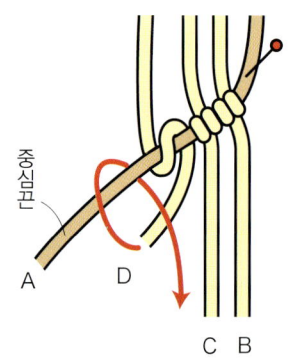

2 매듭코가 일직선을 이루게 한다.

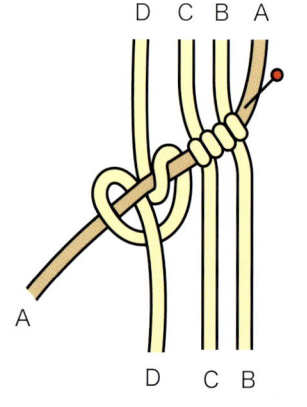

3 완성된 모습이다.

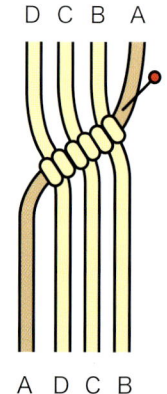

[지그재그 방향으로 매듭을 묶을 경우]

매듭 기호

1 첫 번째 단을 모두 묶고 나면 중심끈을 접어 반대 방향으로 두 번째 단을 묶는다.

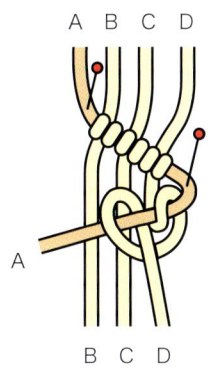

2 두 번째 단이 끝나면 같은 방법으로 중심끈을 접어서 방향을 바꾼다.

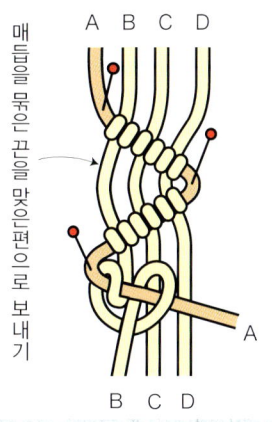

3 반복한다. 비스듬한 각도를 일정하게 맞추면 깔끔한 매듭이 완성된다.

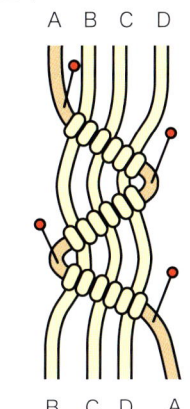

[사선엮기를 여러 단 묶을 경우] (오른쪽 아래 방향으로 매듭을 묶을 경우)

매듭 기호

1 왼쪽 위에서부터 오른쪽 아래 방향으로 첫 번째 단을 묶는다. 이 때 중심끈이었던 A는 오른쪽 끝으로 온다. 두 번째 단은 왼쪽 끝에 있는 B를 중심끈으로 매듭을 묶는다.

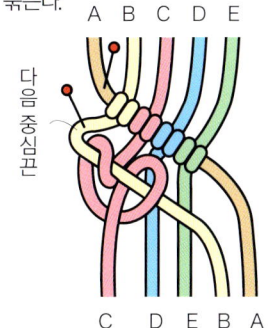

2 두 번째 단이 끝나면 중심끈이었던 B가 오른쪽 끝으로 온다.

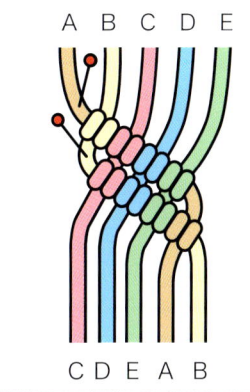

3 세 번째 단도 같은 방법으로 왼쪽 끝에 있는 C를 중심끈으로 매듭을 묶는다.

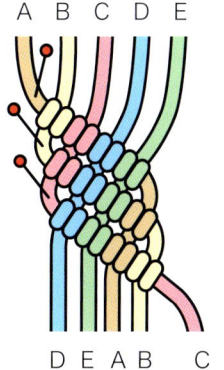

[사선엮기를 여러 단 묶을 경우] (왼쪽 아래 방향으로 매듭을 묶을 경우)

매듭 기호

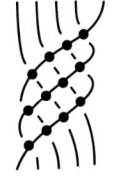

1 오른쪽 위에서부터 왼쪽 아래 방향으로 첫 번째 단을 묶는다. 이때 중심끈이었던 A는 왼쪽 끝으로 온다. 두 번째 단은 오른쪽 끝에 있는 B를 중심끈으로 매듭을 묶는다.

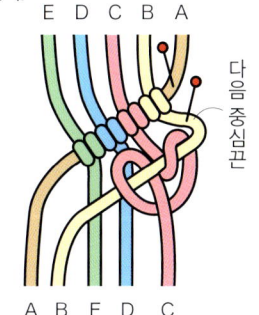

2 두 번째 단이 끝나면 중심끈이었던 B가 왼쪽 끝으로 온다.

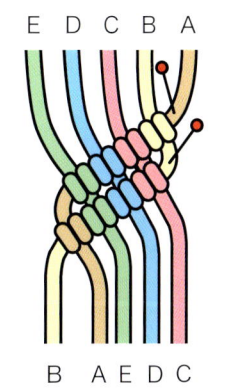

3 세 번째 단도 같은 방법으로 오른쪽 끝에 있는 C를 중심끈으로 매듭을 묶는다.

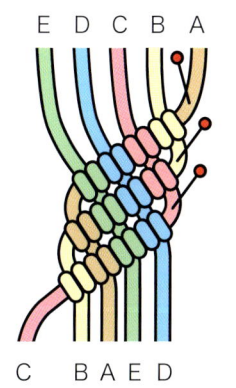

매듭을 깔끔하게 묶는 방법은 74쪽 memo 참고

뒷면 가로엮기

뒷면 세로엮기

Knot 45 * 뒷면 이어엮기

이어엮기의 뒷면이 앞으로 오도록 묶는 방법입니다.
뒷면 가로엮기는 가로엮기의 뒷면이 앞면에 오는 매듭이며,
뒷면 세로엮기는 세로엮기의 뒷면이 앞면에 오는 매듭입니다.
두 가지 방법 모두 매듭이 X자 모양으로 교차합니다.

- 난이도: ★★★☆☆
- 필요한 도구: 코르크보드, 핀
- 주요 쓰임새: 미산가 실팔찌, 액세서리 등

기호 보는 법
매듭끈. 점과 끊어져 있다.
감긴 매듭 코
중심끈. 점과 이어져 있다.

뒷면 가로엮기

[왼쪽에서 오른쪽으로 매듭을 묶을 경우]

매듭 기호

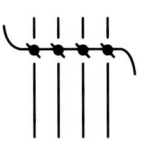

1 중심끈을 핀으로 꽂은 다음, 그림과 같이 매듭끈을 감는다.
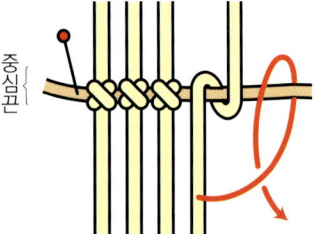

2 매듭을 잡아당겨서 조인다.
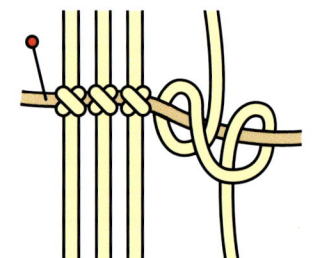

3 완성된 모습이다.
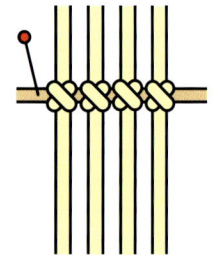

[오른쪽에서 왼쪽으로 매듭을 묶을 경우]

매듭 기호

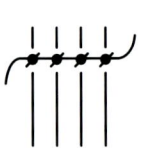

1 중심끈을 핀으로 꽂은 다음, 그림과 같이 매듭끈을 감는다.
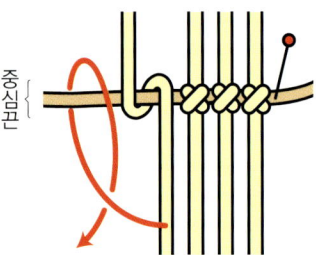

2 매듭을 잡아당겨서 조인다.
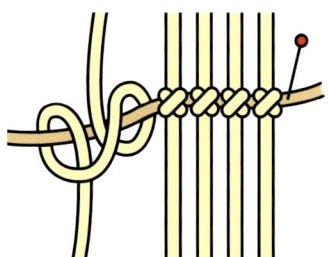

3 완성된 모습이다.
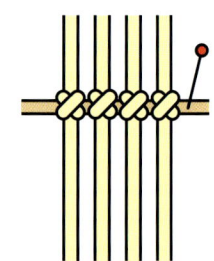

[여러 단을 묶을 경우]

매듭 기호

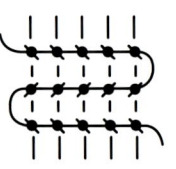

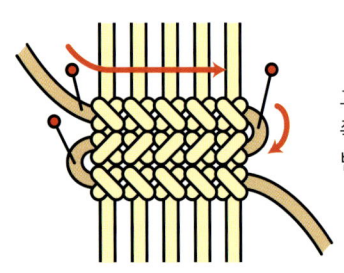

그림과 같이 왼쪽에서 오른쪽, 오른쪽에서 왼쪽으로 번갈아가며 매듭을 묶는다.

memo.
'뒷면 가로엮기'를 비스듬하게 따면 '뒷면 사선엮기'가 됩니다.

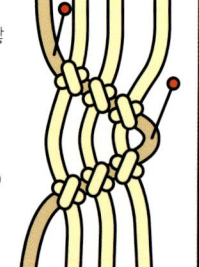

뒷면 세로엮기

[왼쪽에서 오른쪽으로 매듭을 묶을 경우]

매듭 기호

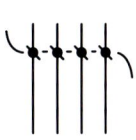

1 중심끈을 핀으로 꽂은 다음, 그림과 같이 매듭끈을 감는다.

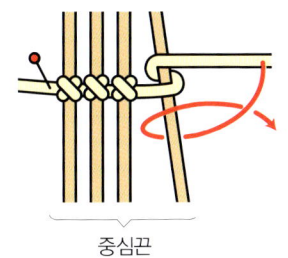

중심끈

2 매듭을 잡아당겨서 조인다.

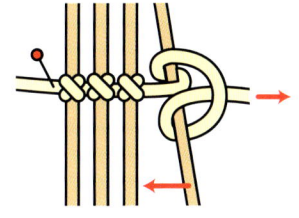

3 완성된 모습이다.

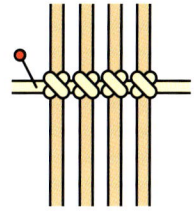

[오른쪽에서 왼쪽으로 매듭을 묶을 경우]

매듭 기호

1 중심끈을 핀으로 꽂은 다음, 그림과 같이 매듭끈을 감는다.

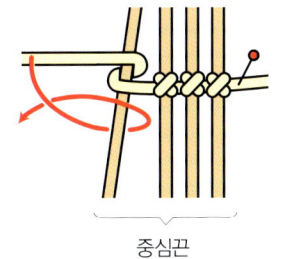

중심끈

2 매듭을 잡아당겨서 조인다.

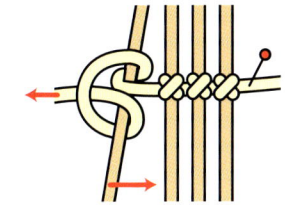

3 완성된 모습이다.

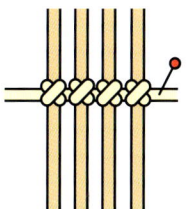

[여러 단을 묶을 경우]

매듭 기호

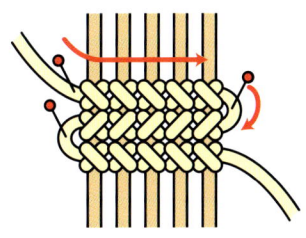

그림과 같이 왼쪽에서 오른쪽, 오른쪽에서 왼쪽으로 번갈아가며 매듭을 묶는다.

memo.

매듭을 묶을 때는 중심끈과 매듭끈을 핀 등으로 고정합니다.

매듭을 깔끔하게 묶는 방법은 '뒷면 가로엮기'는 74쪽의 memo, '뒷면 세로엮기'는 75쪽의 memo를 각각 참고합니다.

이어엮기의 변형 패턴

가로엮기를 응용해 지그재그 모양을 만듭니다.

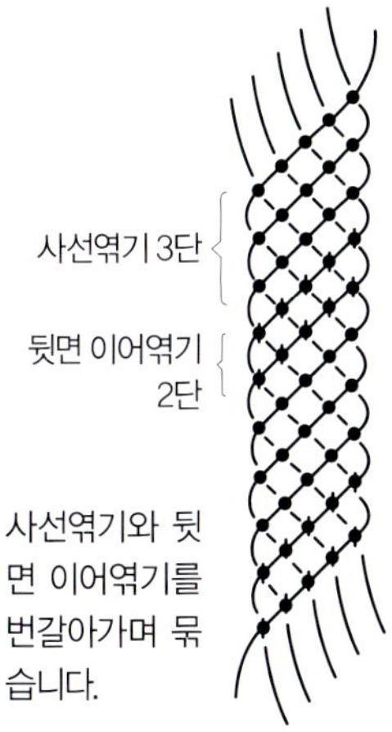

사선엮기 3단

뒷면 이어엮기 2단

사선엮기와 뒷면 이어엮기를 번갈아가며 묶습니다.

뒷면 이어엮기로 V 자 모양을 만들어봅니다.

Knot 46 * 카반돌리 워크

가로엮기와 세로엮기를 사용해 무늬를 만드는 기법입니다.
능숙해지면 원하는 무늬를 자유롭게 만들 수 있습니다.

난이도: ★★★★☆
주요 쓰임새: 미산가 실팔찌, 매트, 태피스트리 등

기호 보는 방법

한 칸이 매듭 한 코를 나타냅니다. 바탕 부분은 가로엮기를 하고, 무늬 부분(다이아몬드 무늬)은 세로엮기를 합니다.

카반돌리 워크(Cavandoli work)는 세로 끈과 가로 끈을 바꾸어 무늬를 만드는 기법입니다. 세로줄로 가로엮기를 하고, 가로줄로 세로엮기를 해서 서로 다른 매듭을 만듭니다. 오른쪽 그림과 같이 다이아몬드 무늬를 만들어봅니다.

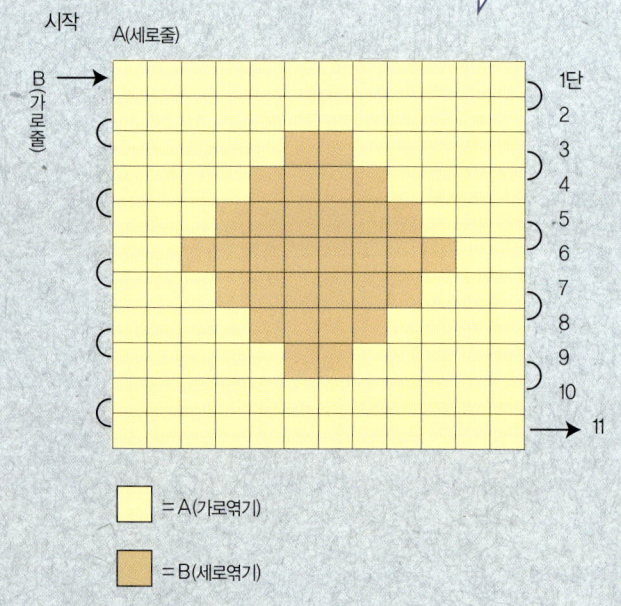

☐ = A(가로엮기)
■ = B(세로엮기)

1 우선 첫 번째 단을 묶는다. 가로엮기(74쪽 참고)를 열두 코 묶는다.

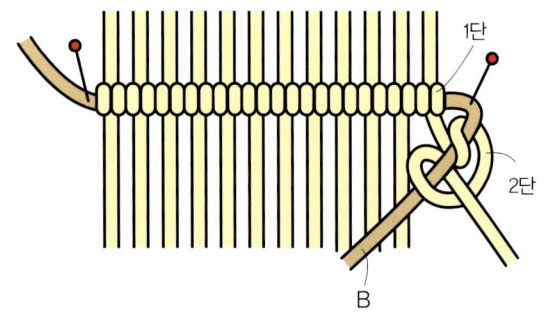

2 중심끈을 접은 후, 두 번째 단도 가로엮기를 열두 코 묶는다.

3 중심끈을 접어 세 번째 단을 묶는다. 우선 가로엮기를 다섯 코 묶는다. 6, 7번째 코는 A를 중심끈으로 삼고 B로 세로엮기를 한다.

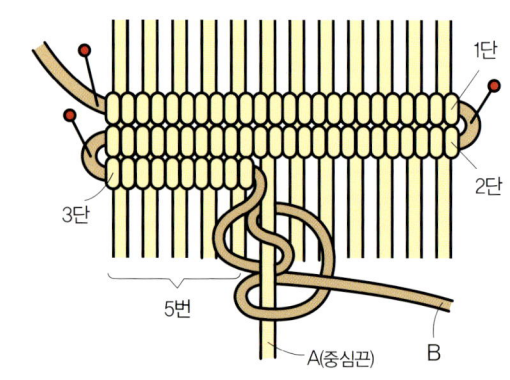

4 다시 가로엮기를 다섯 코 묶어서 세 번째 단을 완성한다.

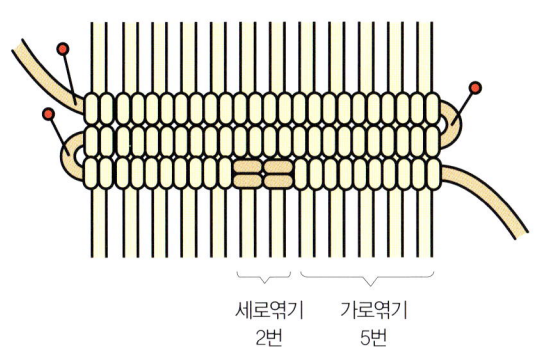

5 나머지 단도 기호와 같이 가로엮기, 세로엮기를 반복한다.

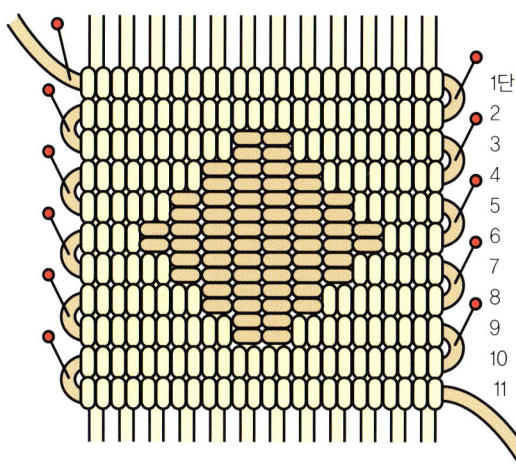

매듭 응용하기

카반돌리 워크를 사용해 미산가 실팔찌 등에 이니셜을 넣을 수 있습니다.

(예)

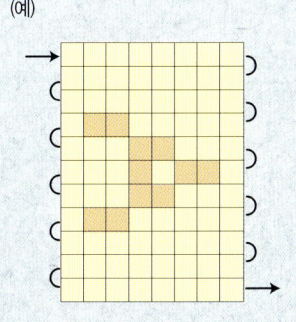

☐ = 가로엮기
▨ = 세로엮기

(예)

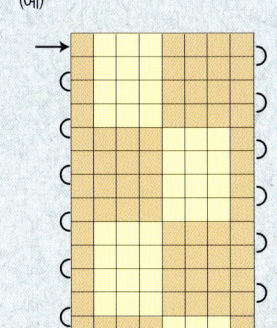

☐ = 가로엮기
▨ = 세로엮기

체크무늬도 손쉽게 만들 수 있습니다.

81

Knot 47 * 조개매듭

조개껍데기처럼 볼록한 모양이 특징입니다.
세로로 계속해서 묶거나 매듭을 여러 번 묶어 넓은 면을 만들면
올록볼록 특징이 잘 나타납니다.

난이도: ★★★★☆
필요한 끈의 길이(1개 분량): 50cm×8줄
주요 쓰임새: 팔찌 등

매듭 응용하기

매듭을 세로로 계속해서 묶어봅니다. 매듭을 묶을 때 왼쪽 네 줄(A~D), 오른쪽 네 줄(E~H)씩 각각 다른 색 끈을 사용하면, 사진과 같이 매듭코의 색깔이 교차하게 됩니다.

1 끈 여덟 줄을 나란히 놓는다. A~D, E~H로 각각 평매듭(32쪽 참고)을 한 번 묶는다.

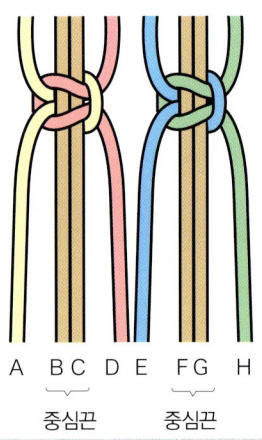

2 D를 중심끈으로 삼고, E로 가로엮기(74쪽 참고)를 한다.

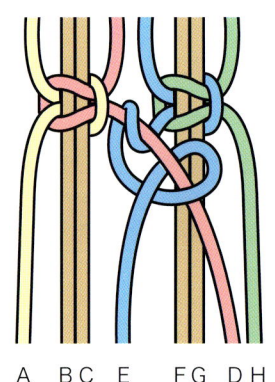

3 마찬가지로 D를 중심끈으로 삼고 F, G, H로 가로엮기를 하면 첫 번째 단이 완성된다. 두 번째 단은 C를 중심끈으로 삼고 2, 3과 같은 방법으로 E~H를 감는다.

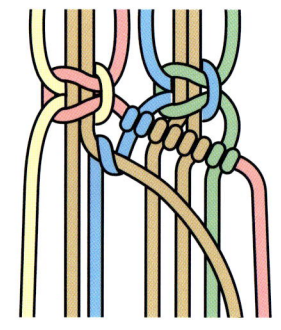

4 이어서 세 번째 단은 B를 중심끈으로, 네 번째 단은 A를 중심끈으로 삼고 2, 3과 같은 방법으로 E~H를 가로엮기한다. 네 번째 단까지 모두 끝나면, A~D, E~H로 각각 평매듭을 한 번 묶는다.

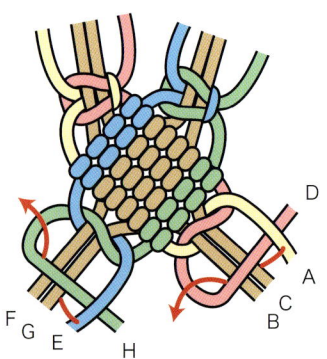

5 끈을 잡아당기면 매듭이 완성된다. 이어엮기를 한 부분이 자연스럽게 올라온다.

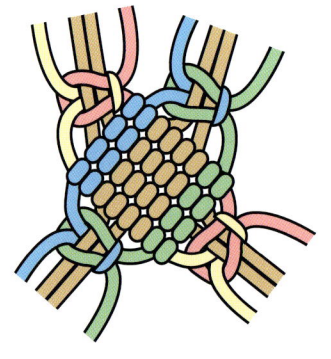

매듭 응용하기

끈 수를 늘리면 넓은 면을 만들 수도 있습니다.

Part 2　장식매듭

이번 장에서 소개하는 장식매듭은 장식을 목적으로 만들어진 매듭 방법입니다. 장식매듭은 중국의 차이니즈 노트, 한국의 매듭, 일본의 하나무스비로 대표되는 동양 매듭에서 서양 매듭에 이르기까지 실로 오랜 역사가 있습니다. 장식매듭의 특징은 특정한 형태를 본뜬 매듭과 화려한 무늬입니다. 단순히 장식으로서의 의미만이 아니라 복의 기원, 주술 등의 의미도 있습니다. 액세서리 외에도 주머니 끈, 스트랩, 장식 버튼 등에 응용할 수 있습니다. '어차피 주머니에 끈을 달 생각이라면, 약간 수고스럽더라도 멋진 장식매듭을 만들어서 달아보자'는 마음으로 일상생활에서 다양한 장식매듭을 활용해봅니다.

Knot 48 * 8자 매듭(세로)

8자 모양의 작은 매듭코가 만들어집니다. 장식이나 이음매 매듭으로 사용됩니다.

난이도: ★☆☆☆☆
주요 쓰임새: 장식, 이음매 매듭

1 원하는 위치에 고리를 만든다. 위에서 고리 안으로 끈을 통과시킨다.

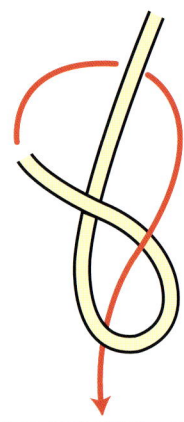

2 위아래로 끈을 잡아당겨서 조인다.

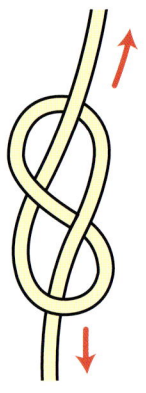

Knot 49 * 뱀매듭

끈 두 줄을 작은 매듭코로 연결하는 방법입니다.
두 끈의 색을 달리해서 연속적으로 매듭을 묶으면 생선 비늘과 같은 모양이 됩니다.

난이도: ★★☆☆☆
주요 쓰임새: 장식, 액세서리 등

매듭 응용하기

뱀매듭을 연속해서 묶어 액세서리를 만듭니다. 납작한 가죽끈으로 매듭을 묶으면 색다른 분위기가 납니다.

1 끈을 가운데에서 반으로 접거나 끈 두 줄을 사용해서 매듭을 묶는다. B를 A의 앞에서 뒤로 감는다.

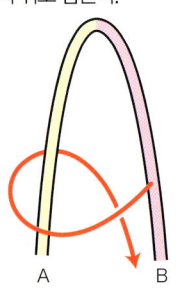

2 A를 B의 뒤에서 앞으로 빼내어 1에서 만든 고리 안으로 통과시킨다.

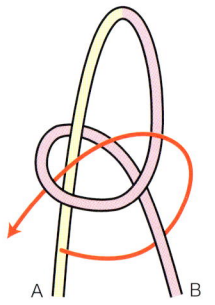

3 원하는 위치에서 A를 먼저 잡아당겨서 조인 후 B를 잡아당긴다.

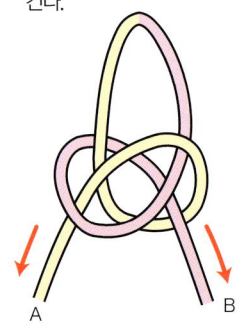

4 뱀매듭이 완성되었다.

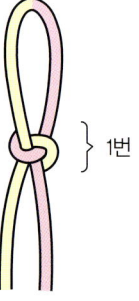

Knot 50 * 도래매듭(세로)

끈 두 줄을 X자 형태의 매듭코로 연결하는 방법입니다.
매듭코가 작으며 쉽게 풀리지 않는 것이 특징입니다.

난이도: ★★☆☆☆
필요한 끈의 길이(1개 분량): 40cm×1줄
주요 쓰임새: 연속해서 묶어 장식끈으로 사용, 액세서리 등

1 끈을 가운데에서 반으로 접거나 끈 두 줄을 사용해서 매듭을 묶는다. A를 B의 앞에서 그림과 같이 감는다.

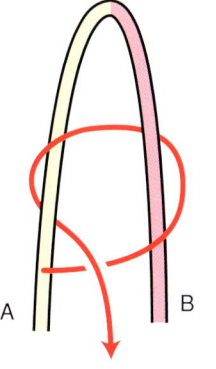

2 B를 A의 뒤에서 그림과 같이 감는다.

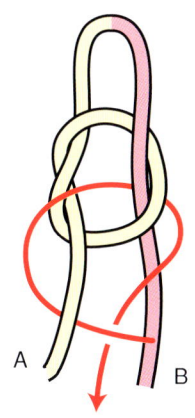

3 B로 만든 고리의 매듭코(★)를 A의 뒤로 통과시켜 왼쪽으로 이동시킨다.

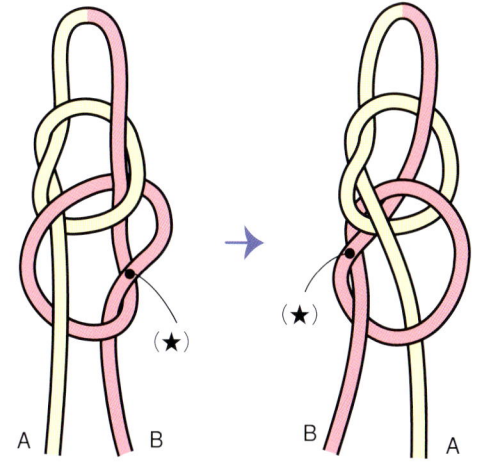

4 A를 오른쪽 아래로 잡아당겨서 조인다.

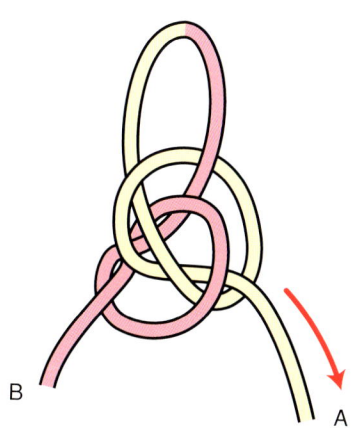

5 B를 왼쪽 아래로 잡아당겨서 조인다.

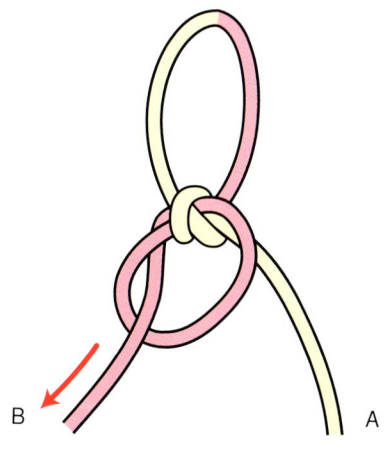

6 도래매듭이 완성되었다.

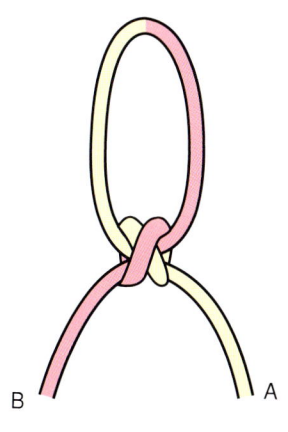

Knot 51 * 도래매듭(가로)

도래매듭(세로)의 방향이 가로로 된 매듭입니다. 모양은 동일하므로, 위아래 매듭 모양이나 끈의 방향 등에 맞춰 사용하도록 합니다.

- 난이도: ★★☆☆
- 필요한 끈의 길이(1개 분량): 40cm×1줄
- 필요한 도구: 핀
- 주요 쓰임새: 연달아 묶어 장식끈으로 사용, 액세서리 등

1 끈을 가운데에서 반으로 접거나 끈 두 줄을 사용해서 매듭을 묶는다. 매듭을 묶고 싶은 위치에 핀을 꽂고, B를 앞에서 뒤로 감아 고리를 만든다.

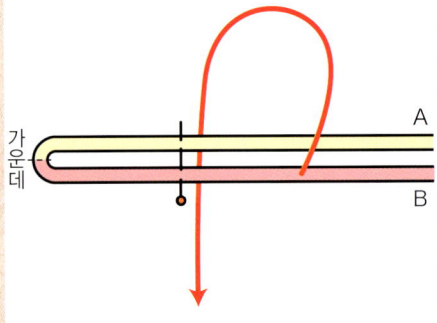

2 B를 고리의 앞에서 뒤로 통과시켜 새로운 고리를 만든다.

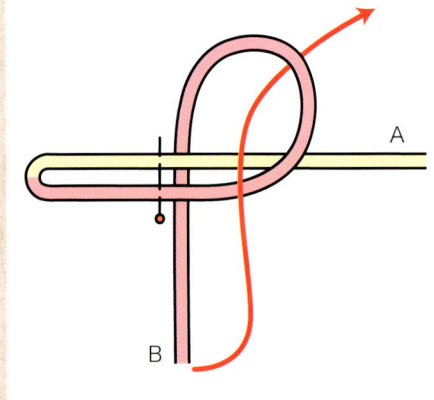

3 화살표 방향으로 B를 잡아당겨 고리(★)를 조인 다음, 핀을 뺀다.

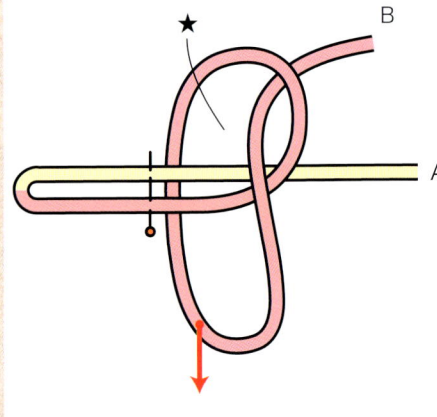

4 B를 오른쪽 아래로 잡아당겨 고리를 작게 만든다.

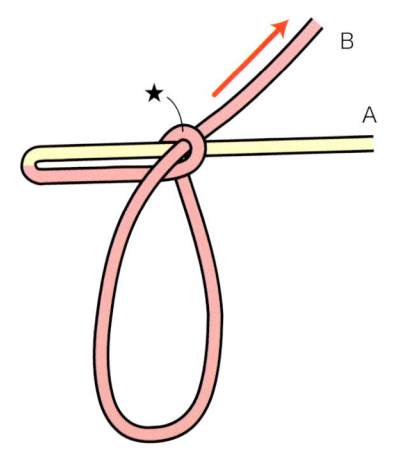

5 A를 앞에서 뒤로 통과시켜 B와 같은 크기의 고리를 만든다.

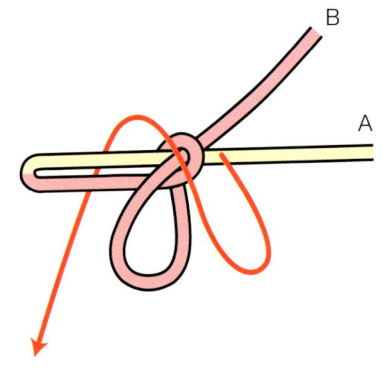

6 A가 고리 두 개를 모두 지나도록 왼쪽에서 오른쪽 방향으로 통과시킨다.

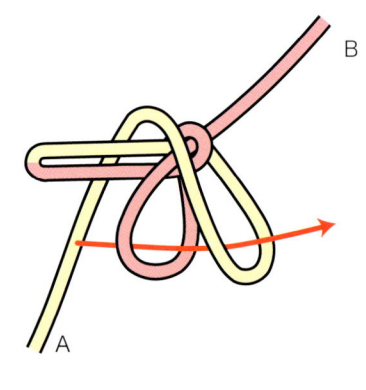

7 B를 오른쪽 위로 잡아당겨 B로 만든 고리를 조인다.

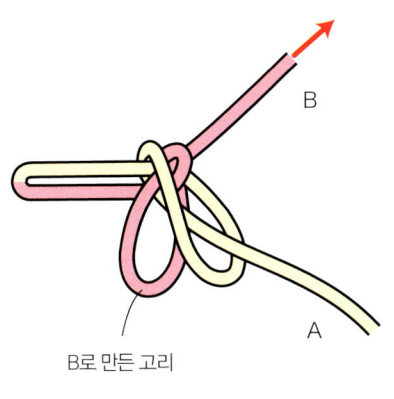

B로 만든 고리

8 A로 만든 고리를 ①~③의 순서대로 잡아당겨서 조인다.

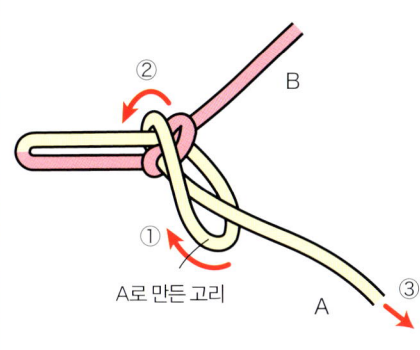

A로 만든 고리

9 매듭이 X자 형태로 겹치도록 모양을 정돈한 다음 끈을 잡아당겨서 조인다.

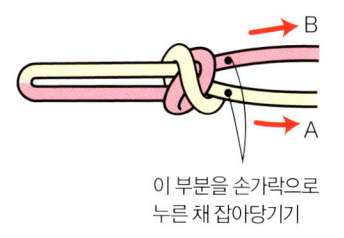

이 부분을 손가락으로 누른 채 잡아당기기

10 도래매듭이 완성되었다.

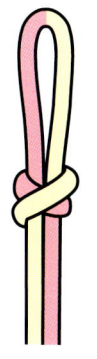

매듭 응용하기

도래매듭(세로)

도래매듭(세로)을 한 번 묶은 다음, 비즈에 끈을 교차하여 통과시킵니다. 이를 번갈아가며 반복합니다.

도래매듭(가로)

도래매듭(가로)을 연속해서 묶으면 두꺼운 줄이 완성됩니다.

Knot 52 * 1줄 구슬매듭

구슬 모양의 매듭을 만드는 방법입니다. 이 매듭은 끈을 한 줄만 사용합니다.
만들려는 작품이나 앞뒤 매듭에 맞춰 2줄 구슬매듭과 구분해서 사용합니다.

난이도: ★★☆☆☆
필요한 끈의 길이: 30cm×1줄
주요 쓰임새: 장식매듭을 만들 때

1 그림과 같이 고리를 만든다.

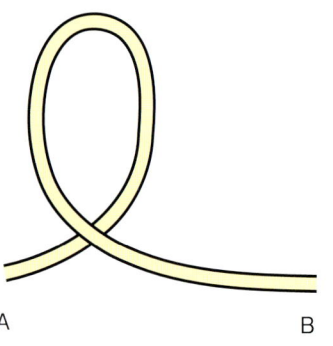

2 B로 같은 크기의 고리를 하나 더 만든다.

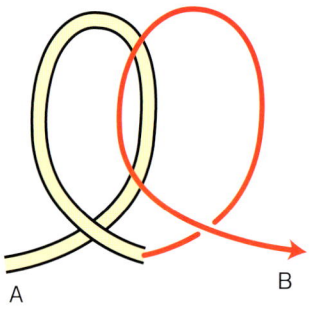

3 B를 앞, 뒤, 앞, 뒤로 두 개의 고리 안으로 통과시킨다.

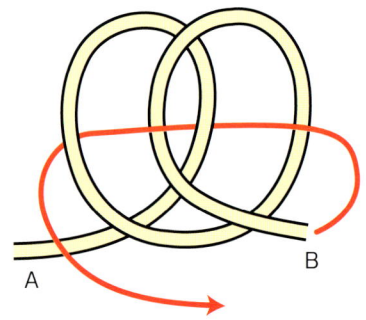

4 그림과 같이 B를 앞, 뒤, 뒤로 통과시킨 다음 마지막에 앞으로 빼낸다.

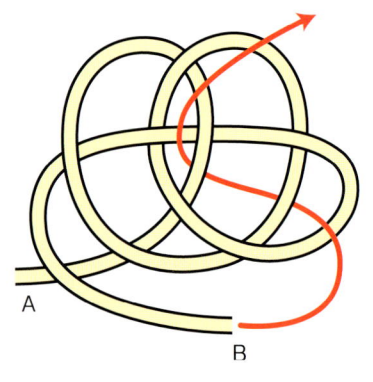

5 끈의 양끝을 잡아당겨서 모양을 다듬는다. 끈이 늘어지는 부분은 끈을 순서대로 보내고 잡아당겨서 조인다.

매듭 응용하기

구슬매듭 사이에 비즈를 끼웁니다. 비즈가 빠지지 않도록 막아주는 동시에 장식적인 효과까지 낼 수 있습니다. 팔찌나 목걸이 등에 사용해봅니다.

Knot 53 * 2줄 구슬매듭

구슬 모양의 매듭을 만드는 방법입니다. 이 매듭을 끈을 두 줄 사용합니다.

난이도: ★★☆☆☆
필요한 끈의 길이: 30cm×1줄
주요 쓰임새: 장식매듭을 만들 때, 차이나 버튼 등

매듭 응용하기

끈을 반으로 접은 다음, 남기는 부분 없이 매듭을 묶기 시작하면 사진과 같은 매듭이 완성됩니다.

1. 끈을 가운데에서 반으로 접거나 또는 끈 두 줄 사용해서 매듭을 묶는다. 우선 B로 고리를 만든다.

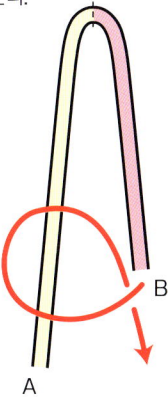

2. A를 고리 아래로 통과시켜 B의 위로 빼낸다.

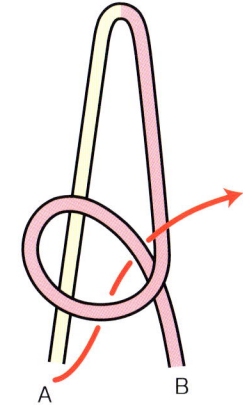

3. A를 그림과 같이 뒤, 앞, 뒤, 앞으로 바느질 하듯이 통과시킨다.

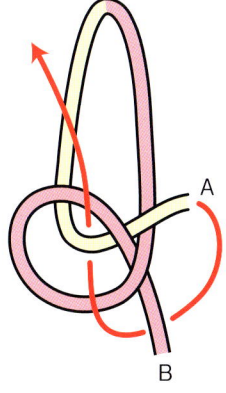

4. 끈을 화살표 방향으로 잡아당겨서 고리 두 개가 같은 크기가 되도록 한다.

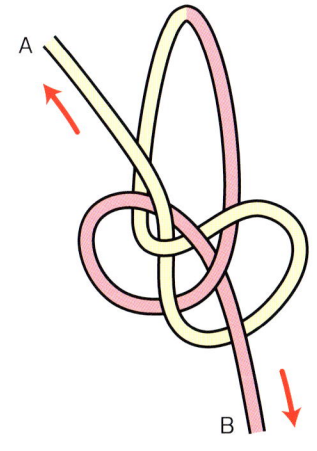

5. A와 B의 끈을 고리(★) 안으로 통과시킨다.

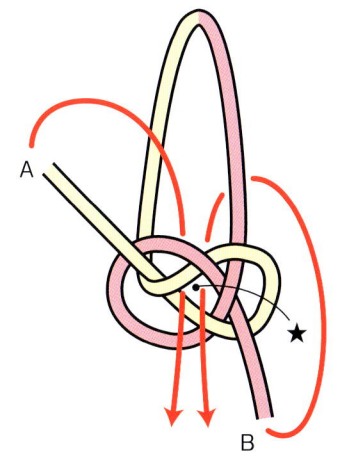

6. 끈을 위아래로 서서히 잡아당겨서 매듭이 구슬 모양이 되도록 조인다.

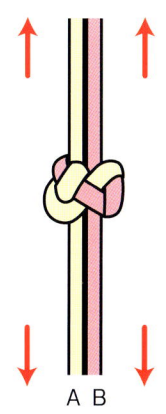

Knot 54 ✱ 석가매듭·석가구슬

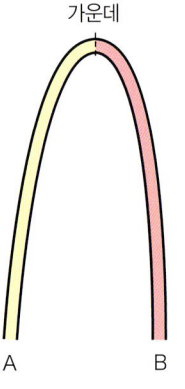

석가매듭
석가구슬

석가매듭을 구슬 모양으로 잡아당겨서 조이면 석가구슬이 됩니다. 소라 모양으로 말린 부처의 머리카락을 닮았다고 하여 석가구슬이라는 이름이 붙여졌습니다.

> 난이도: ★★☆☆☆
> 필요한 끈의 길이: 40cm×1줄
> 주요 쓰임새: 장식, 장식매듭으로 사용

1 끈을 반으로 접는다.

2 A로 고리를 만든다.

3 A를 고리의 뒤로 통과시킨다.

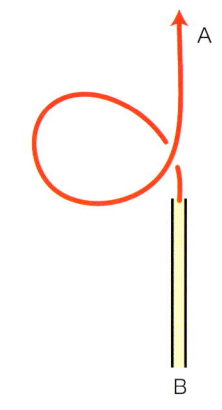
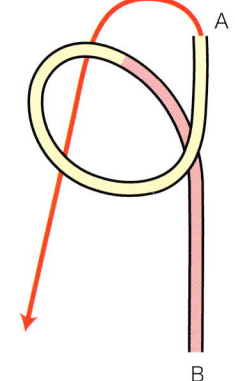

4 B를 그림과 같이 뒤, 앞, 뒤, 앞으로 통과시킨다.

5 이어서 B를 화살표 방향으로 통과시킨다.

6 끈을 잡아당겨서 고리 네 개가 같은 크기가 되도록 한다. 늘어진 부분은 순서대로 끈을 당겨서 조절한다.

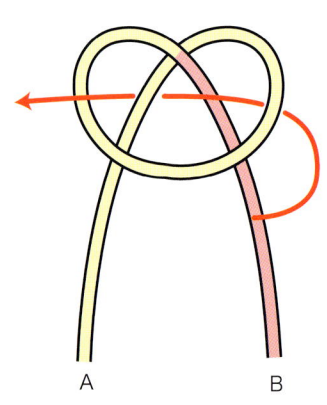
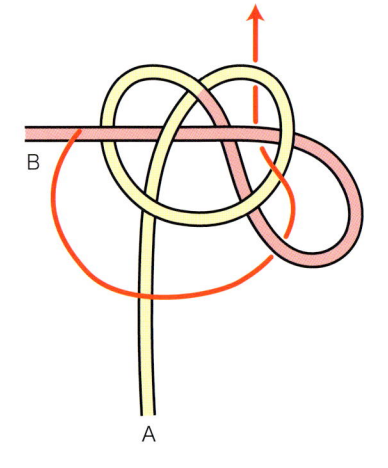
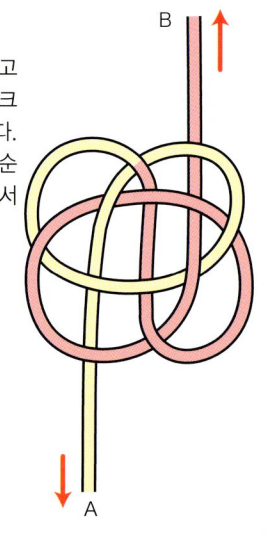

7 석가매듭이 완성되었다.

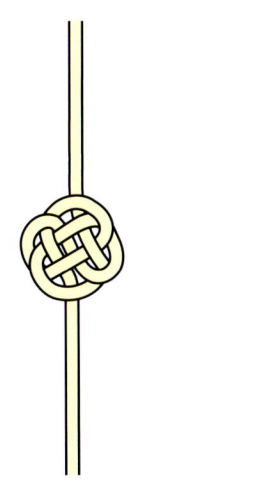

8 끈의 양끝을 매듭의 아래로 내린다.

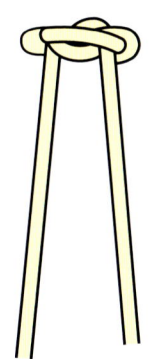

9 매듭 전체가 둥근 모양이 되도록 조금씩 끈을 잡아당겨서 조인다.

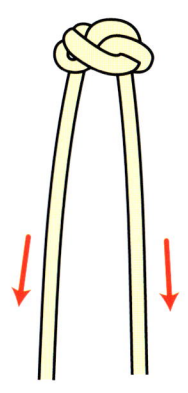

10 석가구슬이 완성되었다.

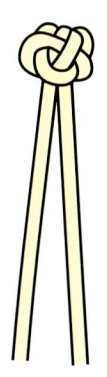

소재 바꾸기

석가구슬을 납작한 가죽끈으로 만들어봅니다.
내추럴한 느낌의 버튼이 완성됩니다.

매듭 응용하기

매듭을 묶는 과정을 한 번 더 반복하면 이중 석가매듭이 됩니다.

이중 석가매듭을 만들 때

화살표 방향으로 끈을 통과시킨 다음, 첫 번째 매듭의 순서에 따라 매듭을 묶습니다.

Knot 55 * 아와지매듭·아와지구슬

전복 모양을 닮았다고 해서 일명 '전복 매듭'으로도 불립니다. 아와지매듭을 잡아당겨서 조이면 아와지구슬이 됩니다.

아와지매듭

아와지구슬

난이도: ★★☆☆☆
필요한 끈의 길이: 아와지매듭 30cm×1줄
　　　　　　　　 아와지구슬 65cm×1줄
주요 쓰임새: 장식, 버튼 등

1 아와지매듭은 끈을 가운데에서 접고, 아와지구슬은 A를 50cm 남긴 지점에서 접는다. B로 고리를 만든다.

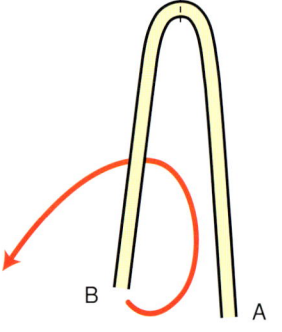

2 A를 고리 위에 두고 두 번째 고리를 만든다.

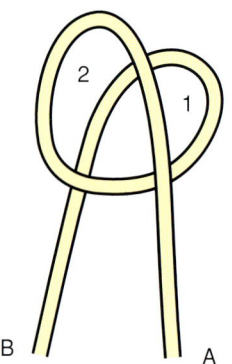

3 A를 화살표 방향으로 B의 아래에서 고리 안으로 통과시켜서 세 번째 고리를 만든다.

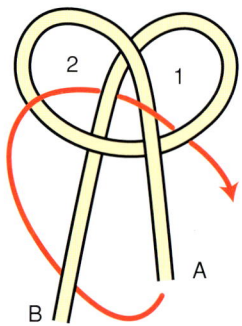

4 아와지매듭이 완성되었다.

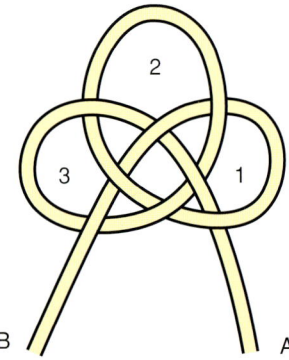

5 오른쪽 끈을 화살표 방향으로 통과시켜서 네 번째 고리를 만든다.

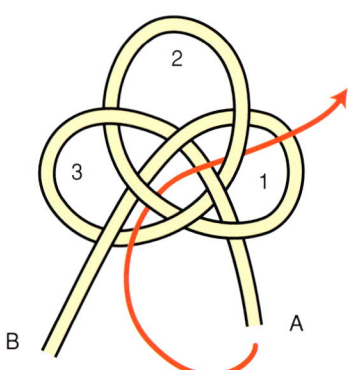

6 끈을 화살표 방향으로 고리 안쪽을 따라 통과시킨다.

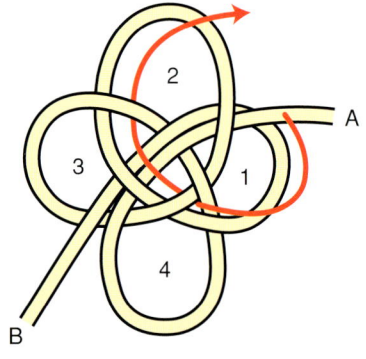

7 같은 방법으로 안쪽을 따라 끈을 통과시킨다.

8 끈이 마지막 고리를 통과하면 뒤쪽으로 빼낸다.

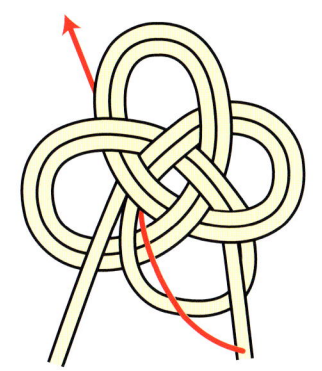

9 끈을 조금씩 시계 방향으로 돌려가며 잡아당겨서 조인다.

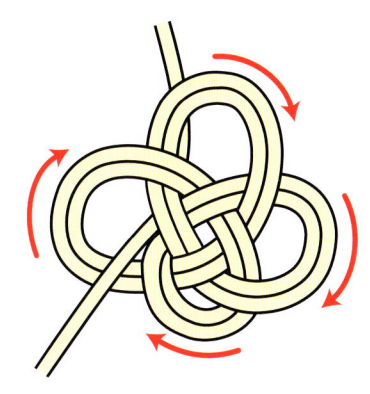

10 구슬 모양이 되도록 끈을 순서대로 잡아당겨서 조인다. 이때 고리 안에 검지를 넣어서 둥근 모양을 만들면 모양이 더욱 잘 잡힌다.

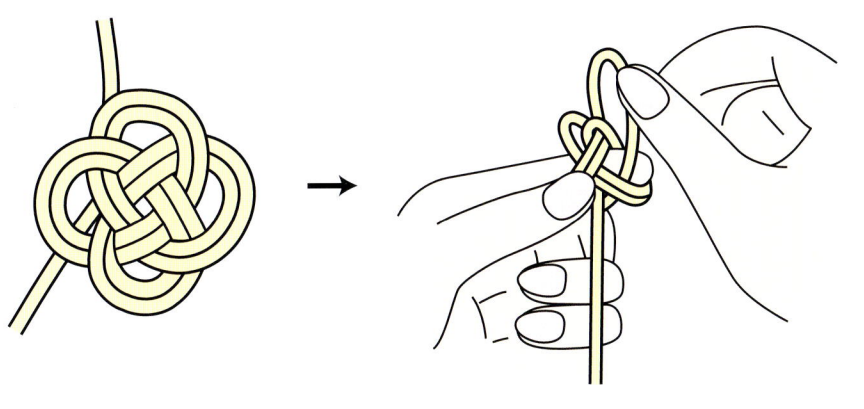

11 끈을 잡아당겨서 아와지구슬을 완성한다.

매듭 응용하기

세로로 아와지매듭을 연속해서 묶어봅니다. 장식 효과가 뛰어난 매듭이 완성됩니다.

가로로 아와지매듭을 연속해서 묶어봅니다. 목걸이나 팔찌를 만들 수 있습니다.

소재 바꾸기

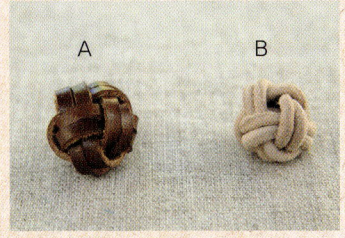

A는 납작한 가죽끈으로, B는 둥근 가죽끈으로 아와지구슬을 만들었습니다. 끝 부분을 접착제로 고정시키고 잘라내면 버튼으로 사용할 수 있습니다.

Knot 56 * 모과꽃매듭

모과꽃 모양의 매듭을 만드는 방법입니다. 지상에 만들어진 새의 둥지와 알을 나타낸 것으로 자손의 번창을 상징합니다.

난이도: ★★☆☆☆
필요한 끈의 길이: 40cm×1줄
주요 쓰임새: 장식

1 B로 고리를 만든다.

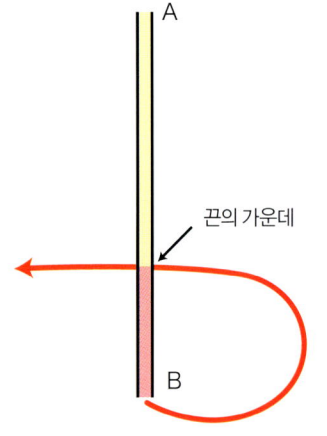

2 두 번째 고리를 만든다.

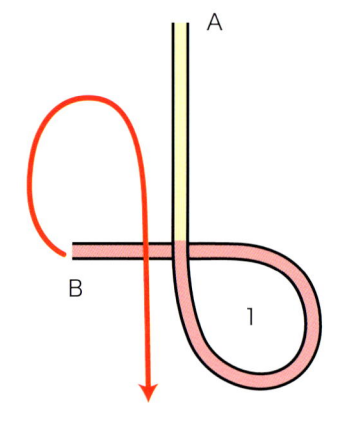

3 세 번째 고리를 만든다.

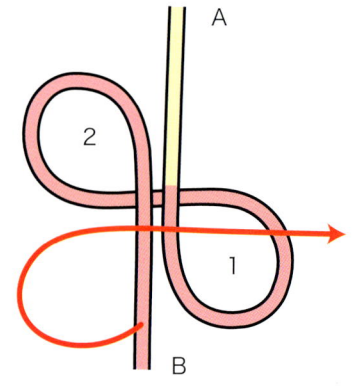

4 A로 네 번째 고리를 만든다.

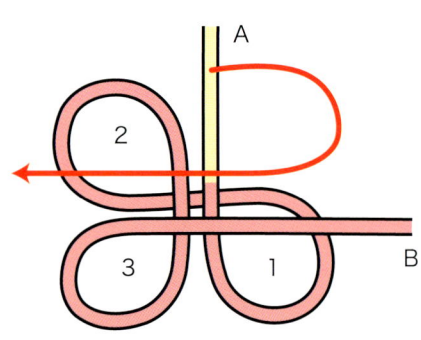

5 A와 B를 각각 고리의 앞에서 뒤로 통과시킨다.

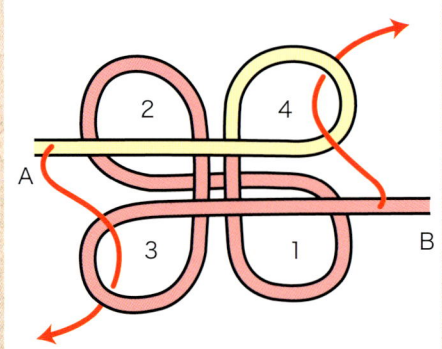

6 끈을 통과시킨 모습이다.

7 좌우의 위치를 바꿔 뒤집는다. A와 B를 교차시키고 잡아당겨서 조인다.

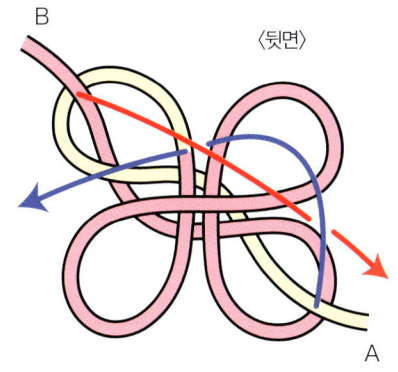

8 묶인 모습이다.

9 다시 앞으로 뒤집는다. 모양을 다듬으면 매듭이 완성된다.

Knot 57 * 가노매듭

앞에서 보면 입 구(口) 자, 뒤에서 보면 열 십(十) 자 모양으로 보여서 일본에서는 이것을 가노(叶) 매듭이라고 부릅니다. 소원이 이루어진다(叶う, '이루어지다'라는 뜻의 일본어 표현-역주)는 의미를 담아 다양한 부분의 장식으로 사용합니다.

> 난이도: ★★☆☆☆
> 필요한 끈의 길이: 40cm×1줄
> 주요 쓰임새: 장식

1 끈을 가운데에서 반으로 접거나 또는 끈 두 줄을 그림과 같이 교차시킨다. B를 화살표 방향으로 A의 아래로 통과시킨다.

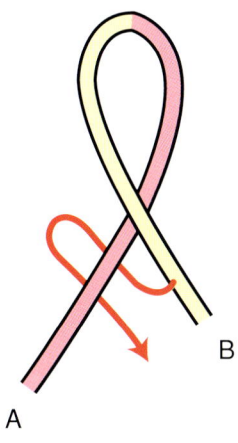

2 A를 화살표 방향으로 두 개의 고리 안으로 통과시킨다.

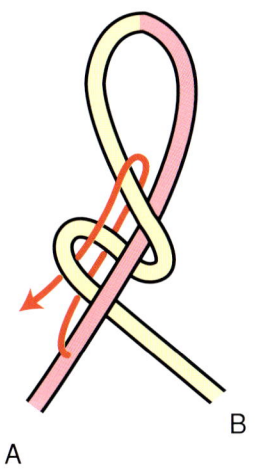

3 위아래를 잡아당겨서 매듭의 모양을 다듬는다.

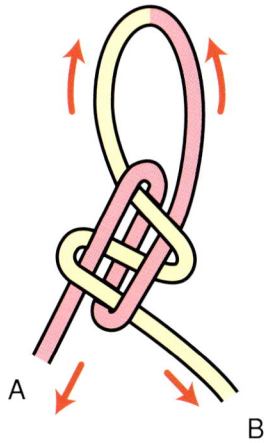

4 가노매듭이 완성되었다.

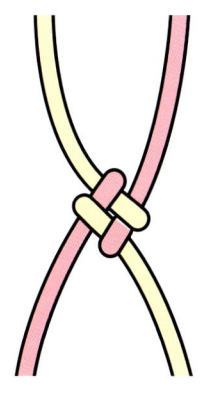

Knot 58 * 이중 가노매듭

복을 부르는 매듭이라 하여 일상의 다양한 부분에 사용됩니다. 가노매듭보다 장식성이 뛰어납니다.

- 난이도: ★★★☆☆
- 필요한 끈의 길이: 70cm×1줄 또는 35cm×2줄
- 주요 쓰임새: 장식

1 끈을 가운데에서 반으로 접거나 또는 끈 두 줄을 사용해서 매듭을 묶는다.

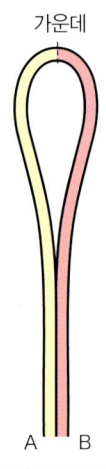

2 끈을 가지런히 모은 다음, 그림과 같이 왼쪽으로 고리를 만든다.

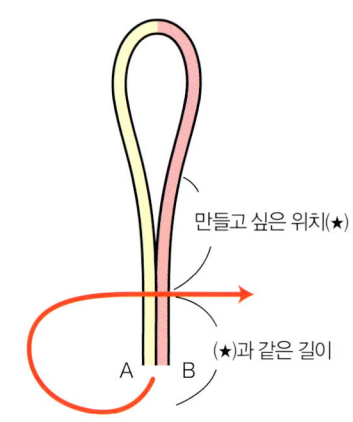

3 점선 부분에서 고리를 위로 접어 올린다.

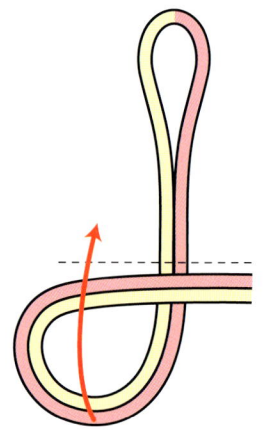

4 끈을 뒤로 접은 다음, 고리의 뒤에서 앞으로 통과시킨다.

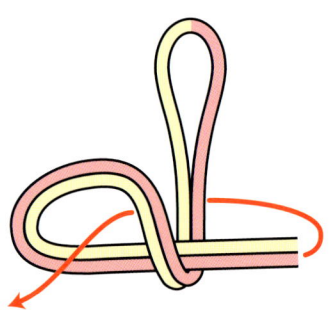

5 끈을 오른쪽으로 접는다.

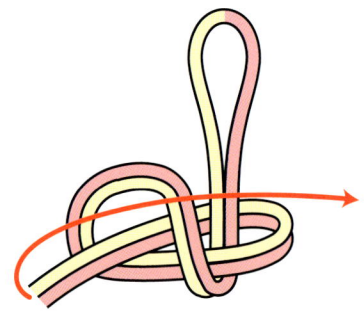

6 오른쪽에 고리를 만들고, 끈을 화살표 방향으로 통과시킨 후 B만 그림과 같이 뒤로 통과시킨다.

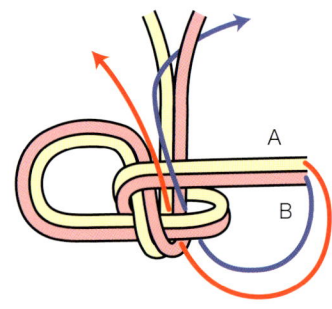

7 끈을 통과시킨 모습이다. 이대로 좌우의 위치를 바꿔서 뒤집는다.

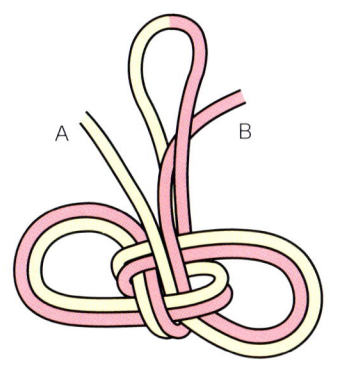

8 매듭을 뒤집은 다음, A와 B를 각각 그림과 같이 통과시킨다.

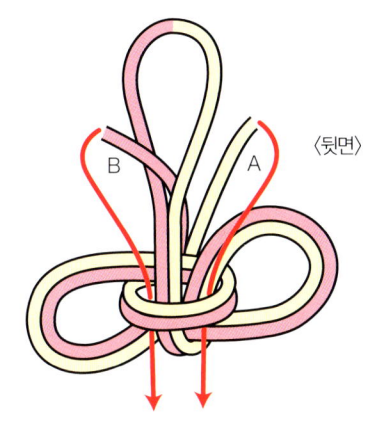

9 좌우의 고리를 바깥쪽으로 잡아당겨서 가운데 부분을 조인 다음, 다시 앞으로 뒤집는다.

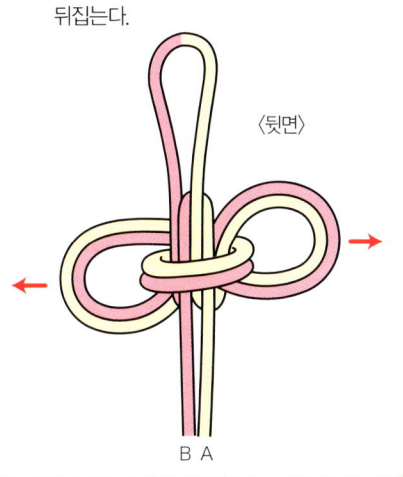

10 가운데 부분의 모양이 흐트러지지 않도록 조심하면서 끈을 순서대로 잡아당겨서 좌우에 있는 고리의 크기를 일정하게 다듬으면, 매듭이 완성된다.

매듭 사용하기

직접 만든 주머니나 소품에 이중 가노매듭을 달면 예쁜 장식이 완성됩니다.

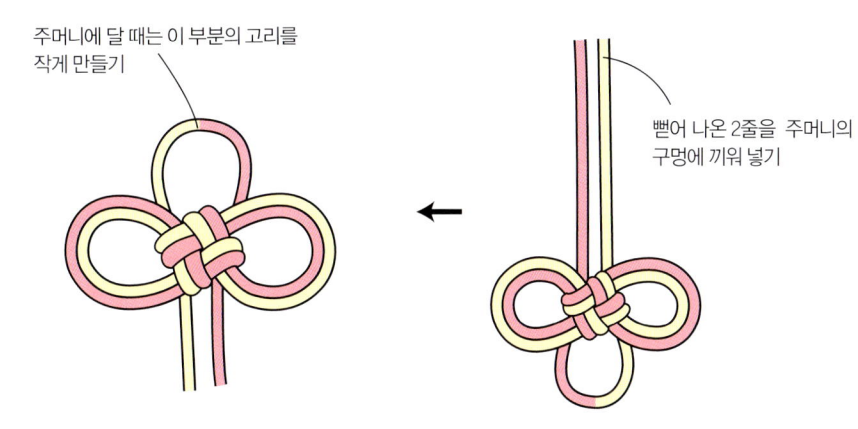

주머니에 달 때는 이 부분의 고리를 작게 만들기

뻗어 나온 2줄을 주머니의 구멍에 끼워 넣기

Knot 59 * 8자 매듭(가로)

끈 한 줄로 8자를 그리듯이 묶는 방법입니다. 나뭇잎 모양을 닮은 섬세한 매듭이 특징입니다.

- 난이도: ★★☆☆☆
- 필요한 끈의 길이: 40cm×1줄 (완성된 매듭의 길이가 2~3cm일 경우)
- 주요 쓰임새: 장식

1 끈의 가운데에 고리를 만든다. B를 고리 안으로 통과시킨다.

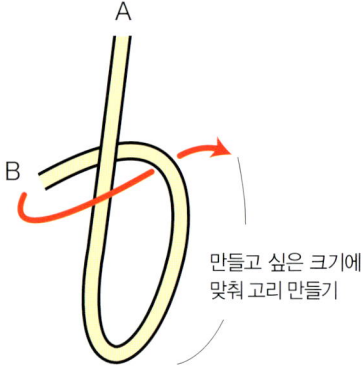

2 8자를 그리듯이 끈을 고리 안으로 통과시킨다. 좌우를 번갈아 통과시키면 매듭 한 번에 해당한다.

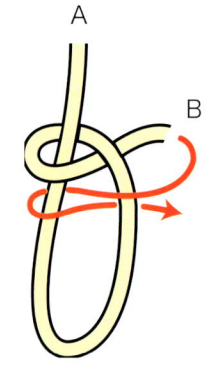

3 2를 반복해서 필요한 횟수만큼 끈을 통과시킨다.

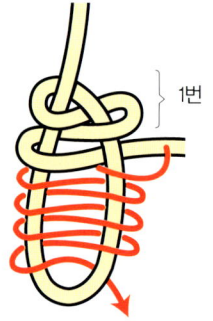

4 8자 부분의 늘어진 실을 조금씩 당겨가며 위아래로 끈을 조여서 타원형으로 모양을 다듬는다.

5 8자 매듭이 완성되었다.

매듭 응용하기

매듭 사이에 비즈를 끼웁니다. 매듭의 섬세한 모양이 액세서리 장식에 잘 어울립니다.

Knot 60 ✱ 벼이삭매듭

벼이삭처럼 세로로 이어지는 매듭이 특징입니다.
'1줄로 3줄 꼬기' 또는 '모노지매듭'이라고도 합니다.

> 난이도: ★★☆☆
> 필요한 끈의 길이(15cm 길이의 매듭): 70cm×1줄
> 주요 쓰임새: 액세서리, 장식끈

1
만들고 싶은 길이의 고리를 만든다.

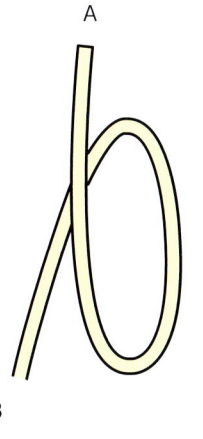

2
고리를 왼쪽으로 비틀어 돌린다.

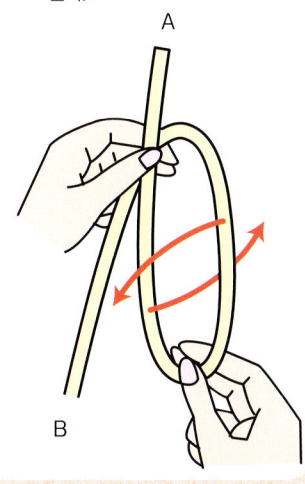

3
B를 고리 안으로 통과시킨다.

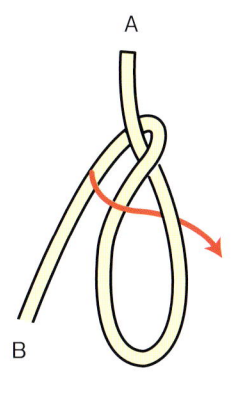

4
고리를 오른쪽으로 비틀어 돌린다.

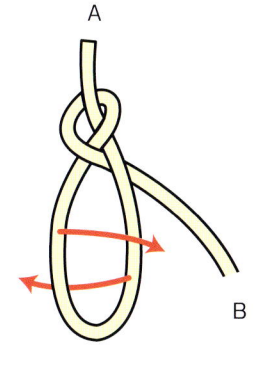

5
B를 고리 안으로 통과시킨다. 고리의 크기에 맞춰 2~5의 과정을 반복한다.

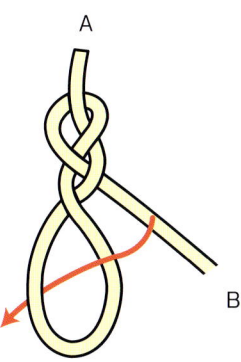

6
마지막으로 B를 고리 안으로 통과시킨다.

7
B를 아래로 잡아당겨서 모양을 다듬으면 매듭이 완성된다.

소재 바꾸기

납작한 가죽끈으로 만들어봅니다.

Knot 61 * 머리장식매듭

머리 장식에 사용되는 매듭입니다. 타원형의 매듭이 완성됩니다.

난이도: ★★★☆☆
필요한 끈의 길이: 50cm×1줄
(완성된 매듭의 길이가 세로 3.5cm일 경우)
주요 쓰임새: 장식, 비녀 등

매듭 응용하기

납작한 가죽끈 두 줄을 겹쳐서 매듭을 묶고 접착제로 고정합니다. 비녀에 끼우면 훌륭한 머리 장식이 됩니다.

1 끈을 반으로 접은 다음, A와 B를 접어 올린다.

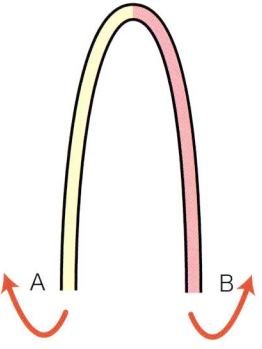

2 A와 B를 교차시킨다.

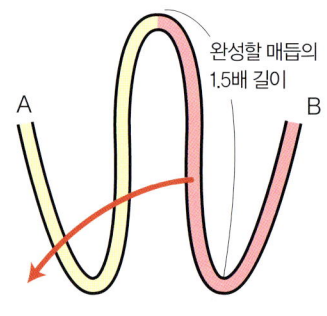

완성할 매듭의 1.5배 길이

3 B를 화살표 방향으로 놓고, A로 만든 고리 안으로 통과시킨다.

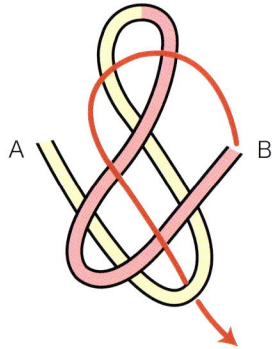

4 A를 화살표 방향으로 앞, 뒤, 앞, 뒤로 통과시킨다.

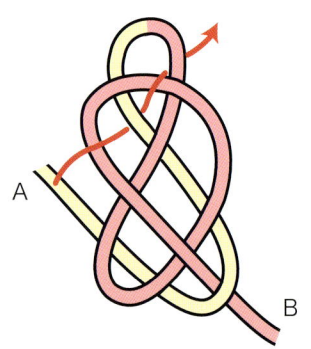

5 이어서 다시 앞, 뒤, 앞, 뒤, 앞으로 통과시킨다.

6 끈을 조금씩 당겨서 조인 다음 모양을 다듬으면 매듭이 완성된다.

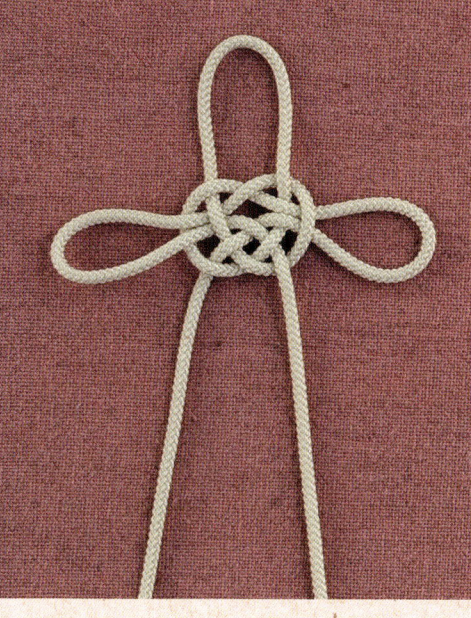

Knot 62 * 화만매듭

원래 불교에서 사용하는 도구인 화만(華鬘)에 드리우는 매듭에 사용되던 방법입니다.

> 난이도: ★★☆☆☆
> 필요한 끈의 길이: 70cm×1줄
> 주요 쓰임새: 장식

1 가운데에서 고리를 한 개 만들고 양쪽 끝에도 각각 고리를 한 개씩 만든다.

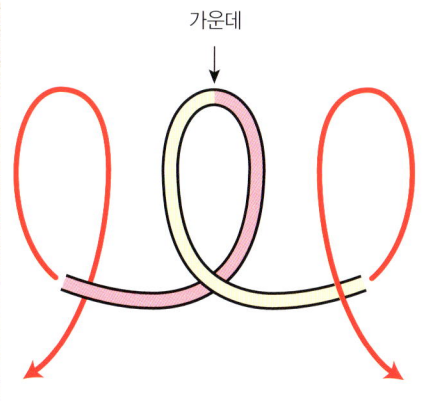

2 가운데에 있는 고리에 좌우의 고리를 교차시킨다.

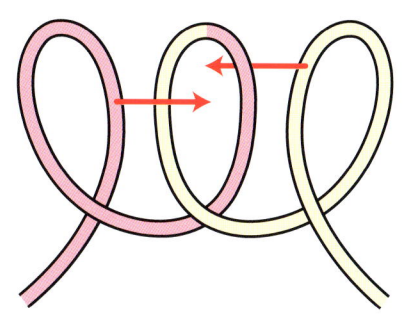

3 화살표 방향으로 가운데에 있는 두 개의 고리를 겹친다. 이때 오른쪽에 있는 고리가 위에 오도록 한다.

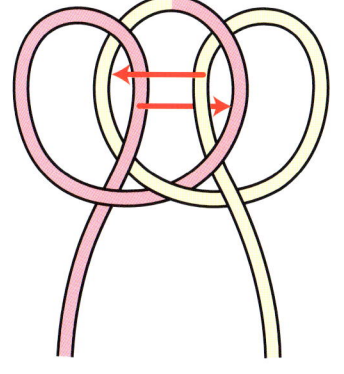

4 겹쳐진 고리를 화살표 방향으로 잡아당긴다.

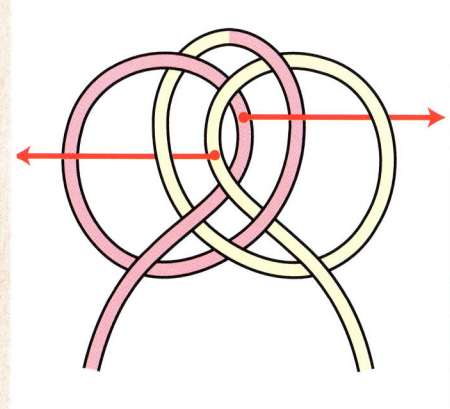

5 모양을 다듬으면 매듭이 완성된다.

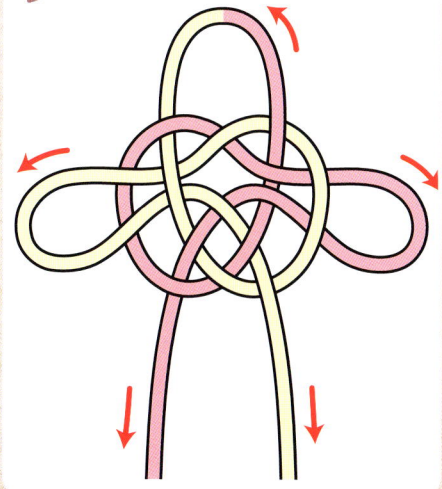

Knot 63 * 거북매듭

거북이의 등껍질을 닮았다고 하여 거북매듭이라는 이름이 붙었습니다.

> 난이도: ★★★☆☆
> 필요한 끈의 길이: 50cm×1줄
> 필요한 도구: 코르크보드, 핀
> 주요 쓰임새: 장식, 구슬 모양의 소품

1 끈을 반으로 접은 다음, A로 고리를 만든다.

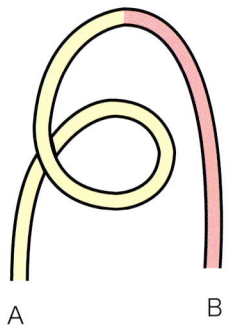

2 B를 A의 고리 위에 놓는다.

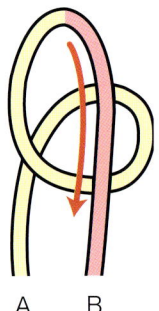

3 B를 화살표 방향으로 통과시켜서 고리를 만든다.

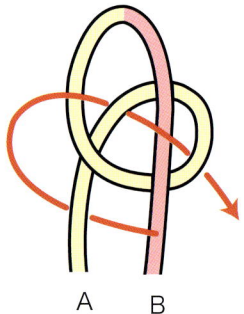

4 아와지매듭이 완성되었다.

5 A를 왼쪽 고리의 뒤로 넘기고 B를 오른쪽 고리의 앞으로 빼낸 다음 각각 핀을 꽂는다.

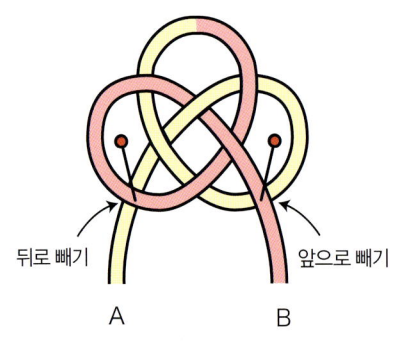

6 A와 B를 교차시킨다.

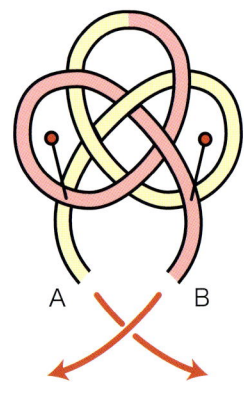

7 A를 화살표 방향으로 통과시킨 다음 오른쪽 핀을 뽑는다.

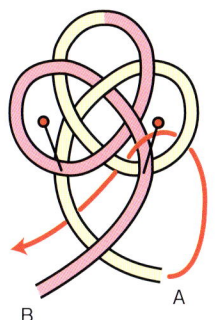

8 B를 화살표 방향으로 통과시킨 다음 왼쪽 핀을 뽑는다.

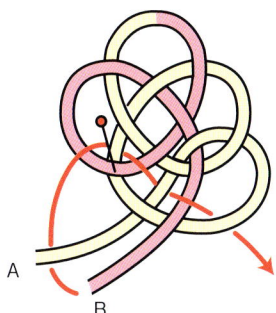

9 끈을 잡아당겨서 모양을 다듬으면 매듭이 완성된다.

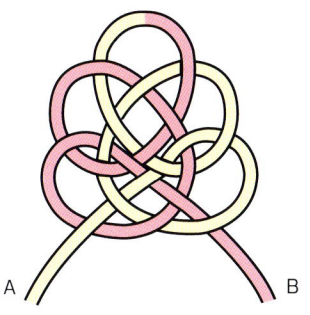

이중 거북매듭

두 번째 끈을 첫 번째 끈을 따라 통과시킵니다. 세 줄 이상을 사용할 때도 같은 방법으로 합니다.

첫 번째 끈을 따라 두 번째 끈을 통과시켜서 이중 거북매듭을 만든 다음, 매듭 안에 비즈를 끼우고 잡아당겨서 조이면 둥근 모양이 됩니다.

첫 번째 끈을 따라 두 번째 끈과 세 번째 끈을 통과시켜서 삼중 거북매듭을 만든 모습입니다. 매듭 안에 방울을 넣으면 깜찍한 방울 장식이 완성됩니다.

매듭 응용하기

거북매듭을 응용해서 거북장식을 만들어봅니다. 두 줄로 이중 거북매듭을 묶으면 실제 거북의 등껍질처럼 입체감이 살아 있는 매듭이 완성됩니다.

끈의 가운데에서 석가매듭(90쪽 참고)을 묶고, 그 상태에서 거북매듭을 묶습니다. A를 그림과 같이 B의 안쪽을 따라 통과시킨 다음, 마지막으로 ★의 고리 안으로 통과시킵니다. B도 A의 바깥쪽을 따라 통과시킨 후 마찬가지로 ★의 고리 안으로 통과시킵니다. 사진처럼 매듭의 뒤쪽에 다리와 꼬리 모양을 만들고, 실로 꿰매어서 고정합니다.

Knot 64 * 10각 가고메매듭

대바구니 무늬를 닮은 매듭입니다.
끈이 교차하는 수에 따라 10각 가고메매듭과 15각 가고메매듭으로 나뉩니다.

> 난이도: ★★☆☆☆
> 필요한 끈의 길이: 40cm×1줄
> 주요 쓰임새: 고리, 장식 등

1 끈의 가운데에서 고리를 만든다.

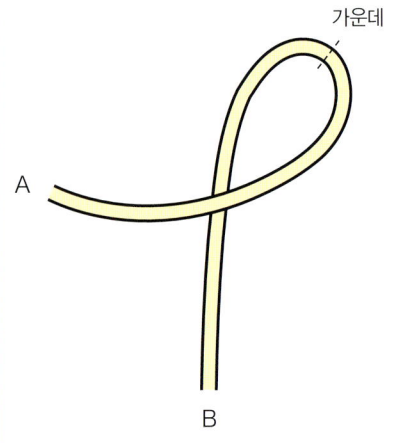

2 A를 화살표 방향으로 고리 위에 놓는다.

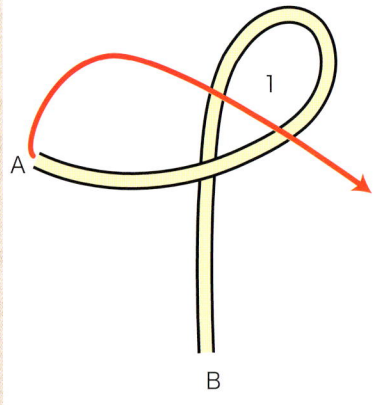

3 두 번째 고리가 완성되었다. A를 화살표 방향으로 통과시킨다.

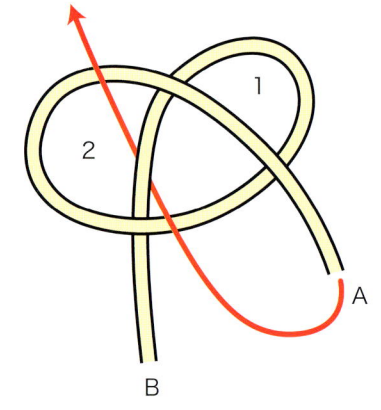

4 세 번째 고리가 완성되었다. A를 화살표 방향으로 통과시킨다.

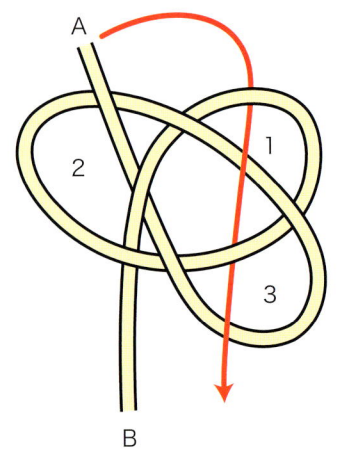

5 네 번째 고리가 완성되었다. 끈을 잡아당겨서 모양을 다듬으면 매듭이 완성된다.

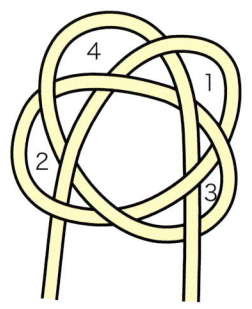

소재 바꾸기

가운데에 대롱 모양의 심을 꽂은 다음 끈을 잡아당겨서 조이면 입체적인 고리 모양이 됩니다. 납작한 끈으로 만들 때는 끈의 뒷면이 반드시 안쪽으로 오도록 묶습니다.

(옆에서 본 모습)

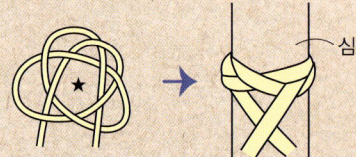

★부분에 대롱 모양의 심을 꽂은 다음 끈을 잡아당기기

매듭 응용하기

첫 번째 끈을 따라 두 번째, 세 번째 아시안 코드를 통과시켜서 구슬을 만들어 머리 비녀의 장식으로 사용해봅니다. 가는 끈을 한 줄 사용하여 포인트를 줄 수 있습니다.

고리 모양으로 만든 이중 가고메매듭으로 가늘게 자른 가죽 다발을 묶어 봅니다. 귀여운 디자인의 술이 완성됩니다.

주머니 끈에 장식을 달아봅니다. 왼쪽 주머니에는 이중 가고메매듭을 납작하게(a), 오른쪽 주머니는 구슬 모양(b)으로 만들었습니다.

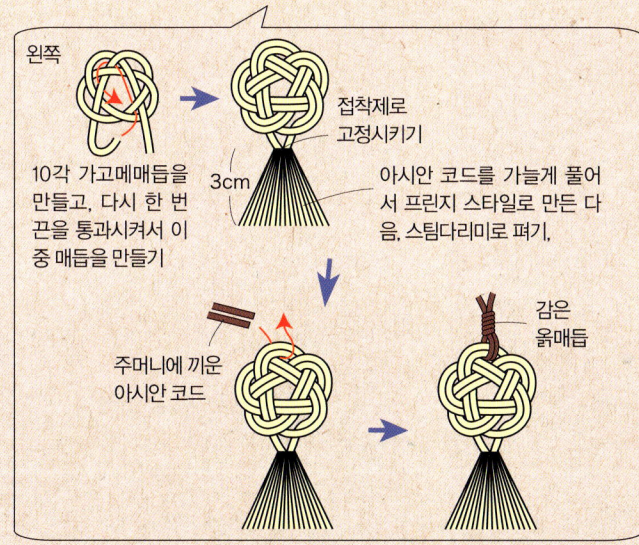

왼쪽

10각 가고메매듭을 만들고, 다시 한 번 끈을 통과시켜서 이중 매듭을 만들기

접착제로 고정시키기

아시안 코드를 가늘게 풀어서 프린지 스타일로 만든 다음, 스팀다리미로 펴기.

주머니에 끼운 아시안 코드

감은 옭매듭

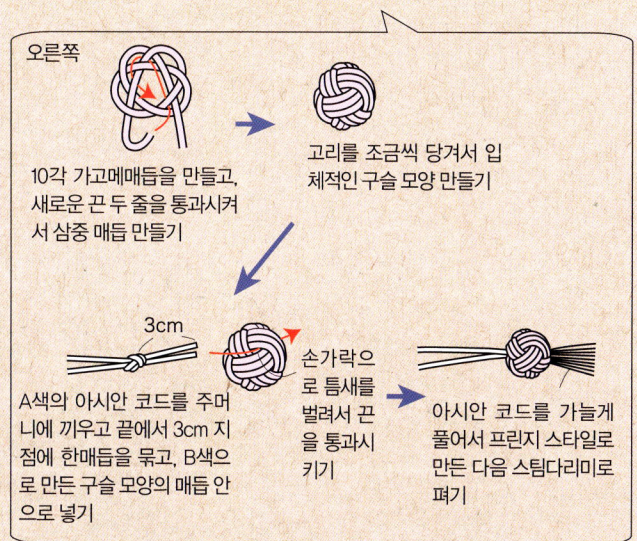

오른쪽

10각 가고메매듭을 만들고, 새로운 끈 두 줄을 통과시켜서 삼중 매듭 만들기

고리를 조금씩 당겨서 입체적인 구슬 모양 만들기

A색의 아시안 코드를 주머니에 끼우고 끝에서 3cm 지점에 한매듭을 묶고, B색로 만든 구슬 모양의 매듭 안으로 넣기

손가락으로 틈새를 벌려서 끈을 통과시키기

아시안 코드를 가늘게 풀어서 프린지 스타일로 만든 다음 스팀다리미로 펴기

Knot 65 ✶ 15각 가고메매듭

10각 가고메매듭보다도 끈이 교차하는 횟수가 많습니다. 납작한 가죽끈으로 묶거나, 이중 매듭을 묶으면 공 모양으로 변해서 다양한 용도로 사용할 수 있습니다.

- 난이도: ★★★☆☆
- 필요한 끈의 길이: 50cm×1줄
- 주요 쓰임새: 장식 등

1 A를 5cm 정도 길게 잡고 고리를 만든다. 화살표 방향으로 통과시킨다.

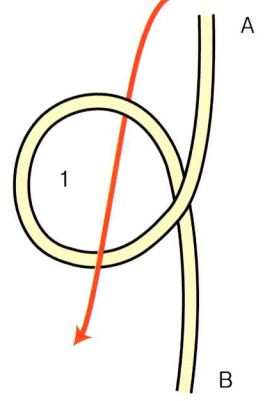

2 두 번째 고리가 완성되었다. B를 화살표 방향으로 통과시킨다.

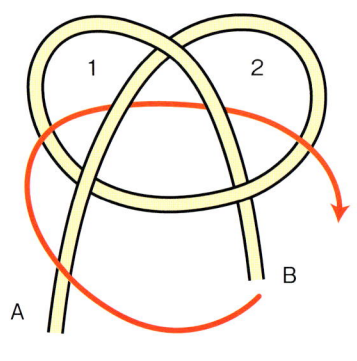

3 세 번째 고리가 완성되었다. A를 화살표 방향으로 통과시킨다.

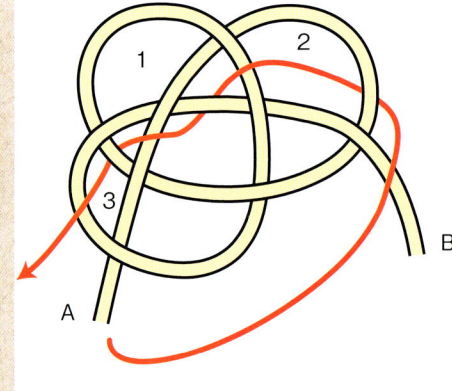

4 네 번째 고리가 완성되었다. 끈을 잡아당겨서 모양을 다듬으면 매듭이 완성된다.

이중 가고메매듭
첫 번째 끈을 따라 두 번째 끈을 통과시킵니다.

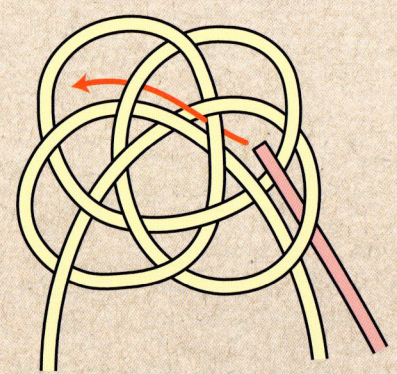

Knot 66 * 파인애플매듭

파인애플처럼 생긴 원통형 모양이 특징입니다.

난이도: ★★★★☆
필요한 끈의 길이: 60cm×1줄
필요한 도구: 코르크보드, 핀, 집게
주요 쓰임새: 장식, 주머니 끈 등

매듭 응용하기

다른 매듭과 조합해 주머니 끈이나 핸드폰 줄을 만들어봅니다.

1 끈을 반으로 접은 다음, A로 고리를 두 개 만든다.

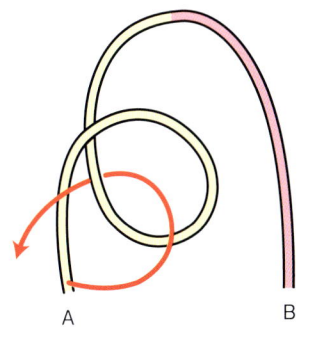

2 화살표 방향으로 B를 A의 고리 안으로 통과시킨다.

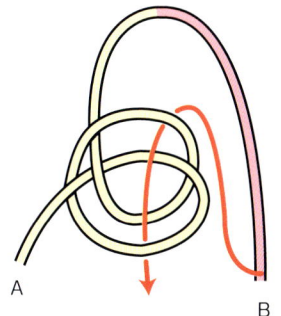

3 이어서 B를 화살표 방향으로 통과시킨다.

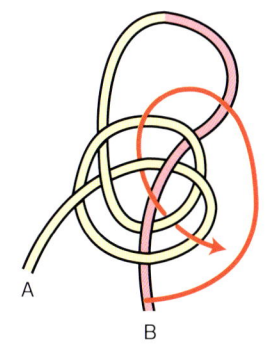

4 화살표 방향으로 B를 3에서 만든 고리 안으로 통과시킨다.

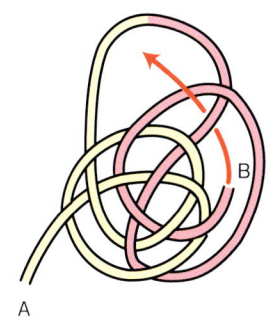

5 이어서 화살표 방향으로 B를 가운데 고리 안으로 통과시킨다.

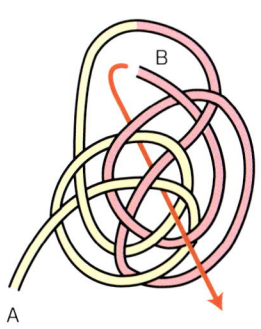

6 화살표 방향으로 A를 가운데 고리 안으로 통과시킨다.

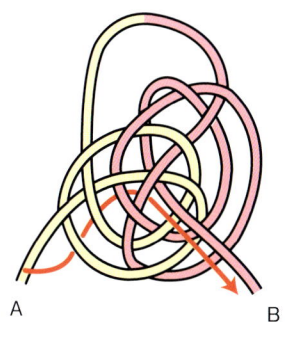

7 끈이 늘어진 부분을 조금씩 잡아당기면서 양쪽 끈을 조인다. ★이 위에 오도록 모양을 다듬는다.

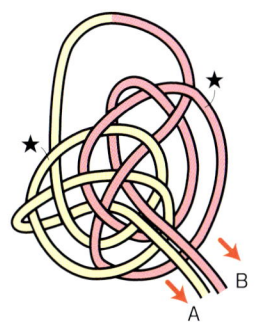

8 원통형으로 모양을 다듬고 끈을 잡아당기면 매듭이 완성된다.

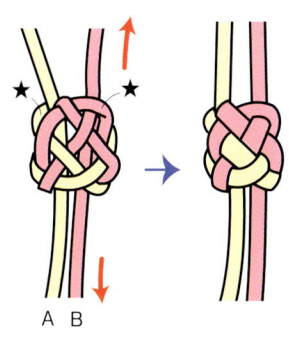

Knot 67 ✳ 가사매듭

끈 한 줄을 사용해 고리 모양으로 땋는 방법입니다.
승려의 가사 장식에도 사용될 만큼 오랜 전통이 있는 매듭 가운데 하나입니다.

난이도: ★★★★☆
필요한 끈의 길이: 120cm×1줄
필요한 도구: 핀
주요 쓰임새: 장식, 매트, 컵받침 등

1 끈의 가운데에서 고리를 만든 후, B를 고리 아래로 통과시킨다.

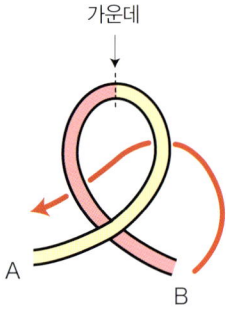

2 A를 화살표 방향으로 통과시킨다.

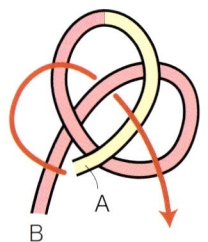

3 A, B를 화살표 방향으로 통과시킨다.

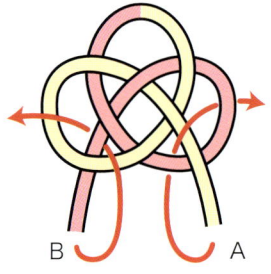

4 B는 고리의 아래, A는 고리의 위에 둔다.

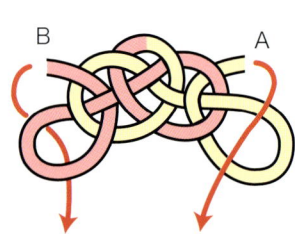

5 A, B를 화살표 방향으로 통과시킨다.

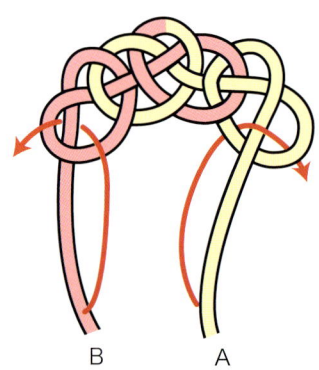

6 B는 고리의 아래, A는 고리의 위에 둔다.

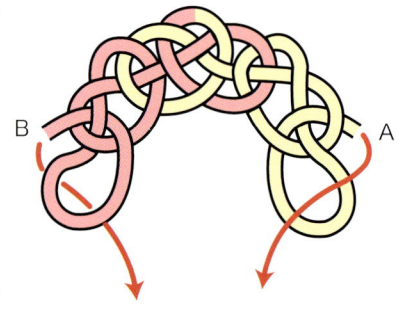

7 5, 6을 다시 한 번 반복한 다음, 핀을 사이에 꽂아 고정한다. 좌우의 끈을 교차시킨다.

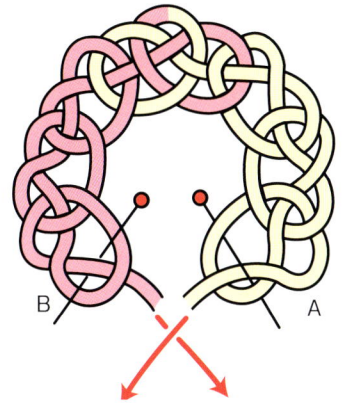

8 B를 화살표 방향으로 통과시킨다.

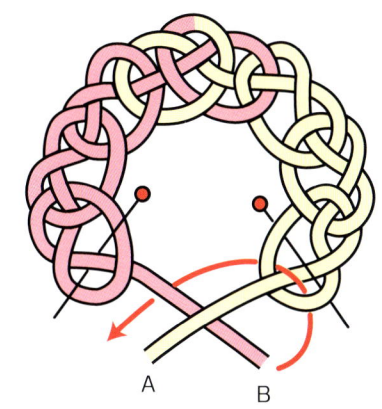

9 A를 화살표 방향으로 통과시킨다.

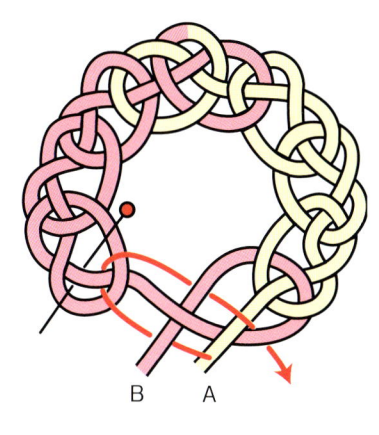

10 끈을 조금씩 당기고 아래로 잡아당겨서 조인다.

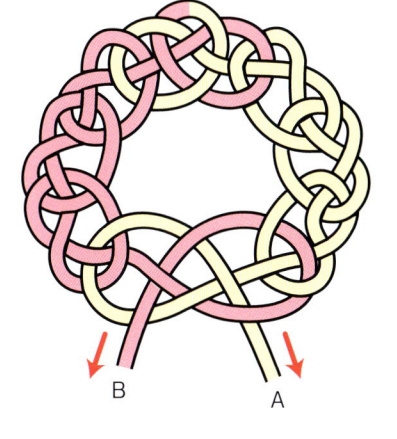

11 모양을 다듬으면 매듭이 완성된다.

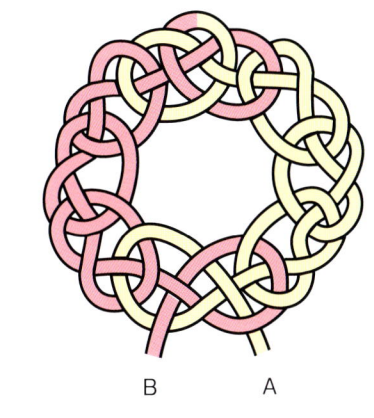

매듭 응용하기

첫 번째 줄을 따라 두 번째 끈을 통과시키면 이중 가사매듭이 완성됩니다.

가사매듭의 형태를 살린 내추럴한 분위기의 컵받침입니다. 헴프 로프로 이중 매듭을 묶은 다음, 끝 부분을 비즈로 고정하면 근사한 컵받침이 완성됩니다.

Knot 68 ＊ 매트매듭

뱃사람들이 로프로 간단한 매트를 만든 것이 시초라고 합니다. 긴 끈을 위아래로 땋아서 만들므로, 처음부터 모양을 잘 다듬고 매듭을 묶어나갑니다.

난이도: ★★★☆☆
필요한 끈의 길이: 140cm×1줄 (사진에 나온 것처럼 4cm×4cm일 경우)
필요한 도구: 코르크보드, 핀, 집게
주요 쓰임새: 컵받침, 깔개 등

1 만들고 싶은 크기(★)의 대각선 길이에 맞춰 B를 위로 하여 고리를 만들고 핀으로 고정한다.

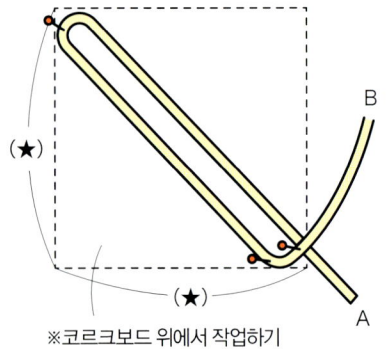

※코르크보드 위에서 작업하기

2 B로 고리①를 만든 다음, 가장 처음 만든 고리의 아래에서 위로 통과시킨다.

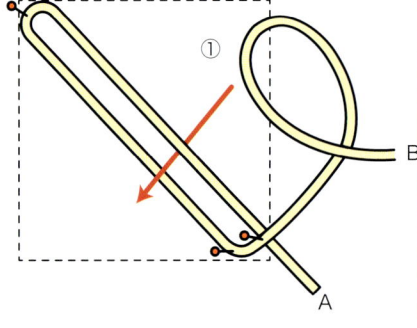

3 ①의 고리를 넓혀 모양을 다듬는다.

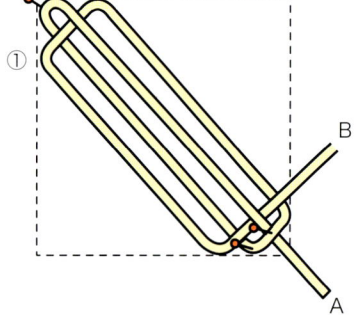

4 이어서 B로 고리②를 만들고 2, 3과 마찬가지로 고리 안으로 통과시킨다.

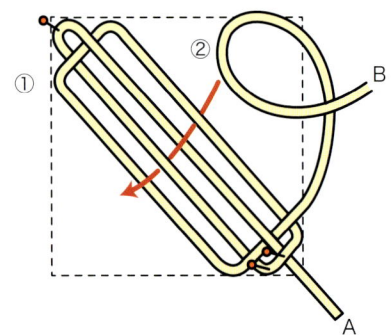

5 ②의 고리를 넓혀 모양을 다듬는다. 끈이 잘 통과하지 않으면 집게를 사용한다.

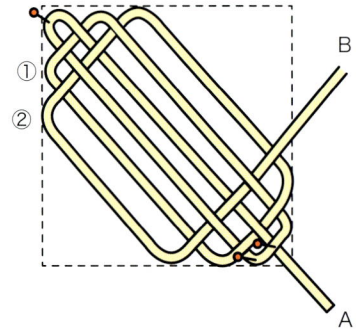

6 이어서 B로 고리③를 만들어 4, 5와 마찬가지로 고리 안으로 통과시킨 다음, 고리를 넓혀 모양을 다듬는다. 같은 방법으로 정해진 횟수만큼 반복한다.

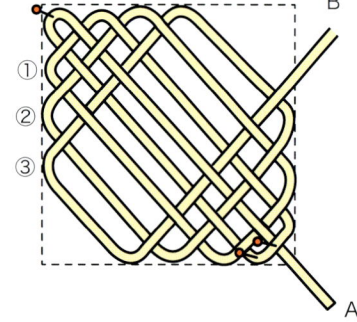

7
네 번 반복한 모습이다. 고리를 모두 통과시키고 나면 B의 끝을 화살표 방향으로 통과시킨다.

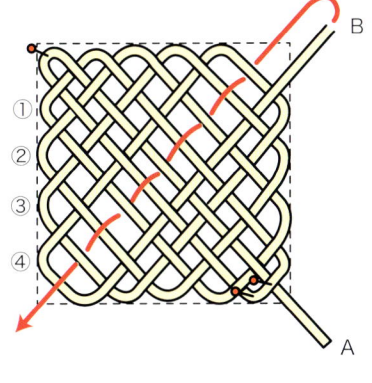

8
끈을 잡아당겨서 조이고 모양을 다듬는다.

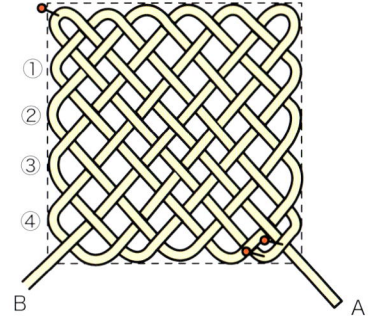

9
핀을 뽑으면 매듭이 완성된다.

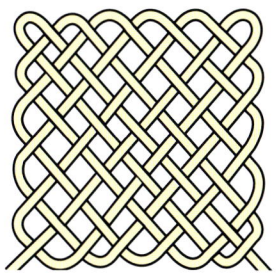

끈의 끝마무리

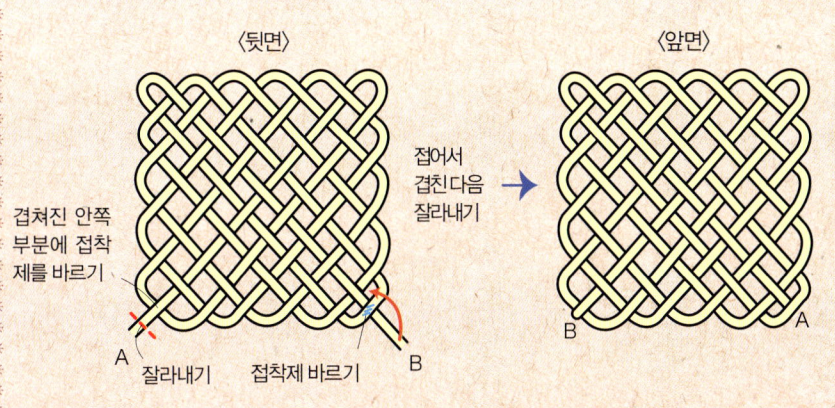

〈뒷면〉　　　　〈앞면〉

겹쳐진 안쪽 부분에 접착제를 바르기

접어서 겹친다음 잘라내기

잘라내기　접착제 바르기

매듭 응용하기

끈 두 줄로 매트매듭을 묶어 컵받침을 만듭니다. 매듭을 묶고 남은 끝 부분 중 한쪽은 접착제를 바른 다음 잘라내고(왼쪽 일러스트 참고), 다른 한쪽은 이중 구슬 매듭을 묶은 다음 한매듭을 묶습니다.

이중 매트매듭

8까지 끝낸 다음 A의 바깥쪽을 따라 두 번째 끈을 통과시킵니다. ※돗바늘이나 집게를 이용하면 더욱 편리합니다.

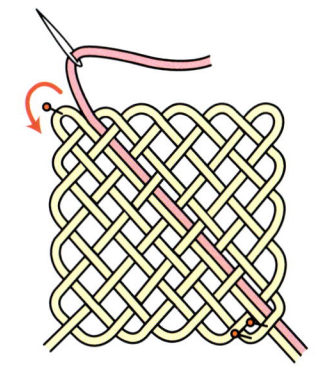

Knot 69 ✳ 기초매듭

봄에 피는 괭이밥의 잎 모양을 닮은 매듭입니다.

> 난이도: ★★★☆☆
> 필요한 끈의 길이: 40cm×1줄
> 주요 쓰임새: 장식

1 끈을 반으로 접은 다음, 가운데에서 2~3cm 아래 지점에 A로 고리를 만든다.

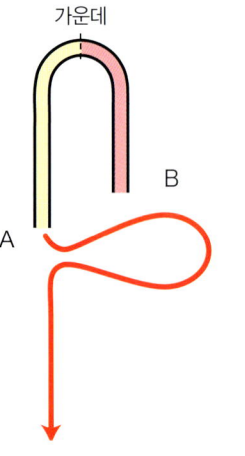

2 고리를 만든 모습이다.

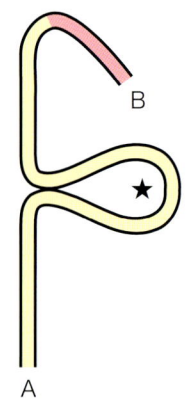

3 A를 고리의 앞에서 뒤로 통과시켜서 고리 1을 만든다.

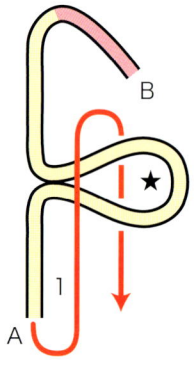

4 잡아당겨서 조인다.

5 B로 고리를 만들어 ★의 고리 안으로 통과시킨 다음, 고리 2를 만든다.

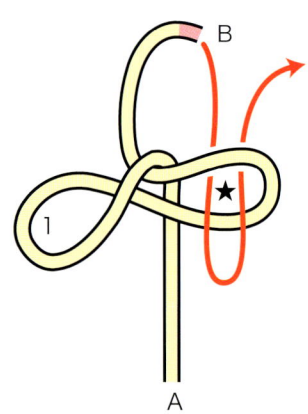

6 통과시킨 모습이다.

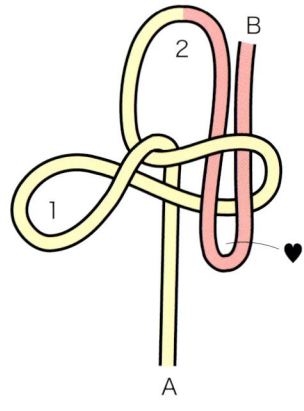

7 B를 ♥의 고리에서 고리 1 안으로 통과시킨다.

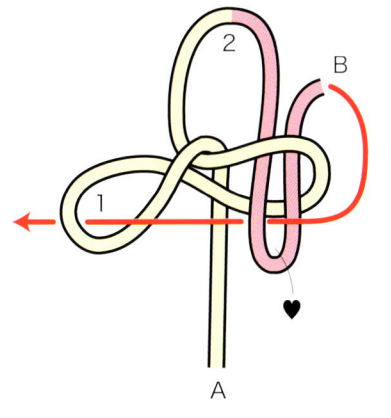

8 고리 3이 완성되었다.

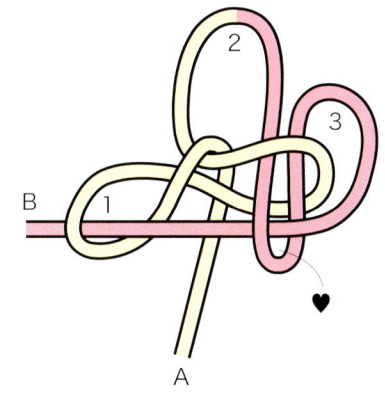

9 B를 A의 아래에서, ♥의 고리 안으로 통과시킨다.

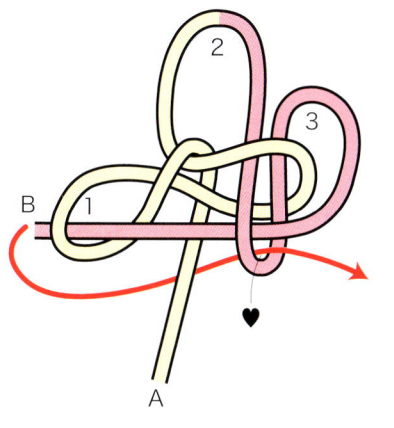

10 통과시킨 모습이다.

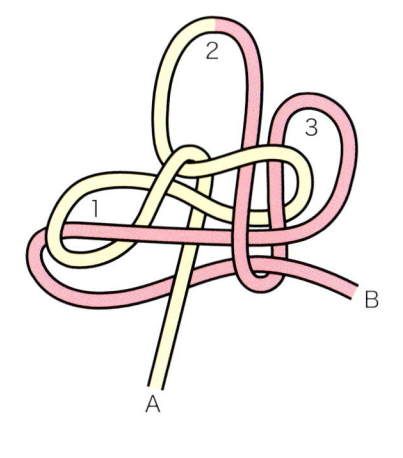

11 화살표 방향으로 끈을 잡아당겨서 조인다.

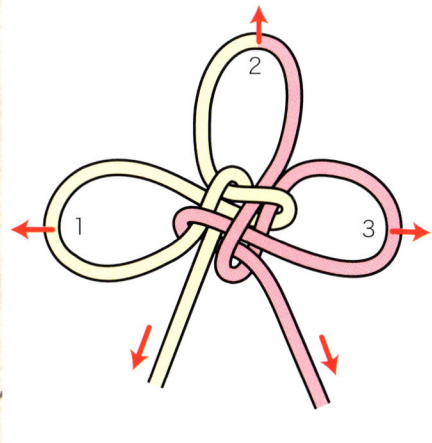

12 고리 세 개의 크기가 일정해지도록 끈을 순서대로 잡아 당겨서 조이면 매듭이 완성된다.

매듭 응용하기

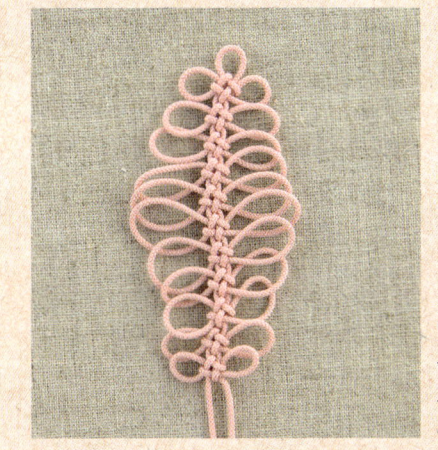

기초매듭을 세로로 11번 연달아 묶어봅니다. 매듭을 묶을 때마다 좌우로 뻗은 고리의 길이에 변화를 주면 새로운 형태가 나타납니다.

좌우의 끈을 마주보게 한 다음, 각각 기초매듭을 한 번씩 묶습니다. 그런 다음 위아래로 세 번씩 뱀매듭을 묶습니다.

113

Knot 70 * 동심결매듭

고리를 만든 다음 이를 접어서 땋는 매듭입니다. 고리의 크기에 따라 매듭의 분위기가 달라집니다. 매듭을 땋는 방향을 바꾸면 '국화매듭'이 됩니다.

> 난이도: ★★☆☆☆
> 필요한 끈의 길이: 70cm×1줄
> 필요한 도구: 코르크보드, 핀
> 주요 쓰임새: 장식

1 끈을 반으로 접는다.

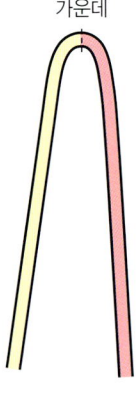

2 같은 크기의 고리를 세 개 만든 다음, 가운데 부분에 핀을 꽂는다. A의 고리를 C의 고리 위로 접는다.

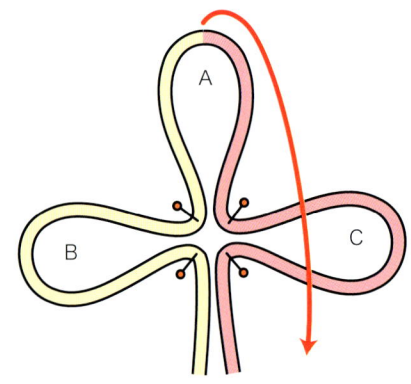

3 C의 고리가 A의 고리 위를 통과하도록 왼쪽 앞으로 접는다.

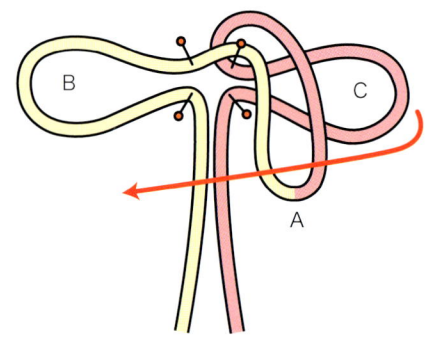

4 아래에 놓인 끈의 끝 부분을 C, B의 고리 위로 접는다.

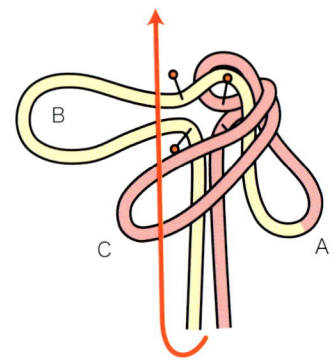

5 B의 고리를 화살표 방향으로 고리 안으로 통과시킨다.

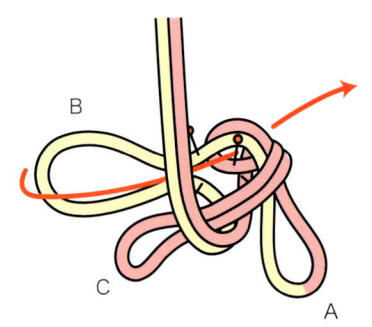

6 끈을 잡아당겨서 조이고 핀을 뽑는다.

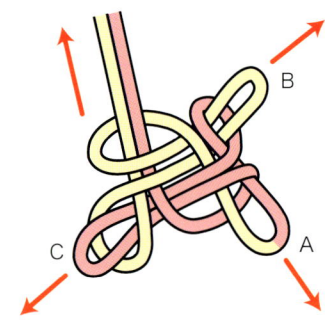

7 위에 놓인 끈을 C의 고리 위로 접는다.

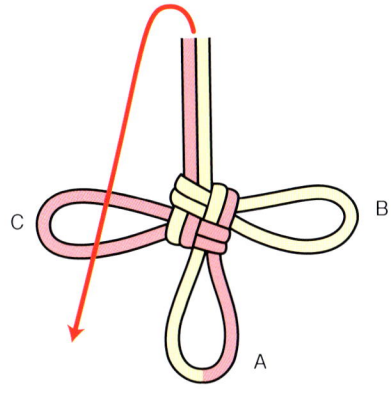

8 C의 고리를 끈 끝과 A의 고리 위로 통과시키고 오른쪽 앞으로 오도록 접는다.

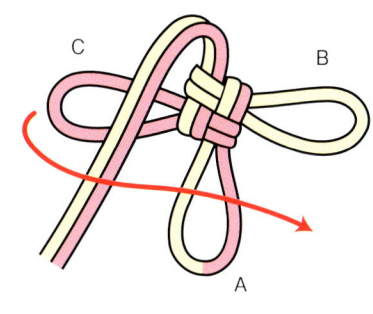

9 A의 고리를 C, B의 고리 위로 접는다.

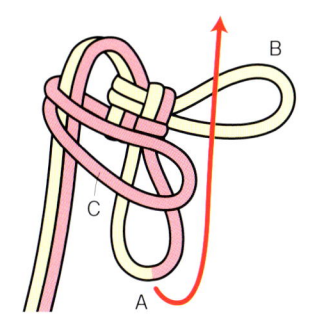

10 B의 고리를 A의 위로 통과시킨 다음, 화살표 방향으로 통과시킨다.

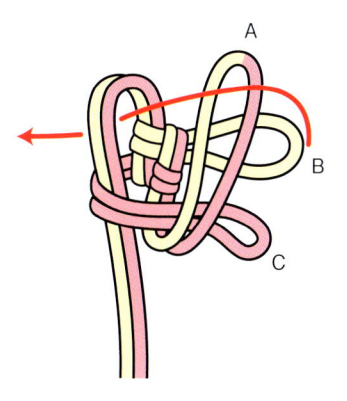

11 끈을 잡아당겨서 조인다.

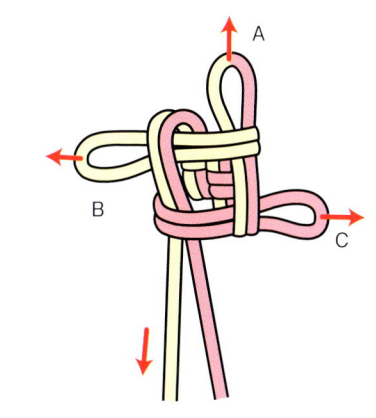

12 작은 고리를 빼낸다.

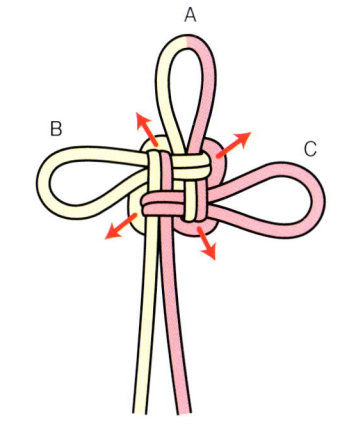

13 고리의 크기를 다듬으면 매듭이 완성된다.

매듭 응용하기

동심결매듭에서는 '2~6을 시계 방향, 7~11을 반시계 방향'으로 묶는데, '2~6과 7~11을 모두 시계 방향'으로 묶으면 사진과 같은 매듭이 완성됩니다.

소재 바꾸기

둥근 가죽끈으로 만들어봅니다.
뒷면이 앞으로 오게 사용해도 됩니다.

Knot 71 * 간단한 매화매듭

매화꽃 모양의 귀여운 매듭입니다.
일반적인 매화매듭보다 쉽고 간편하게 만들 수 있습니다.

```
난이도: ★★☆☆☆
필요한 끈의 길이: 60cm×1줄
필요한 도구: 코르크보드, 핀
주요 쓰임새: 장식
```

1 끈을 그림과 같이 T자 모양으로 접은 다음, 아래로 뻗은 두 줄을 나란히 하여 위로 접어 올린다.

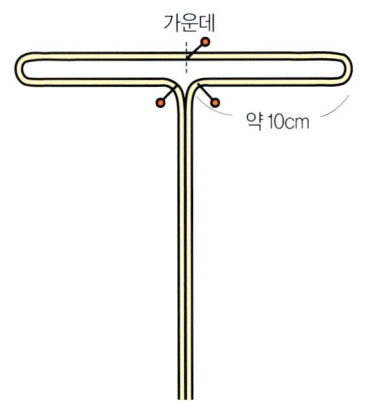

2 오른쪽 고리를 왼쪽 앞으로 접는다.

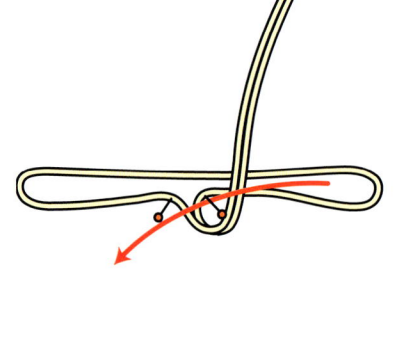

3 왼쪽 고리를 오른쪽 앞으로 접은 다음, 가운데에 고리 안으로 통과시킨다.

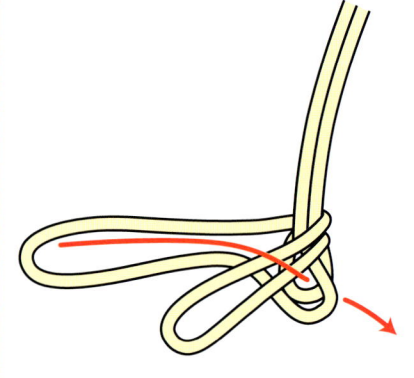

4 분홍색으로 표시된 고리를 화살표 방향을 향해 펼친다.

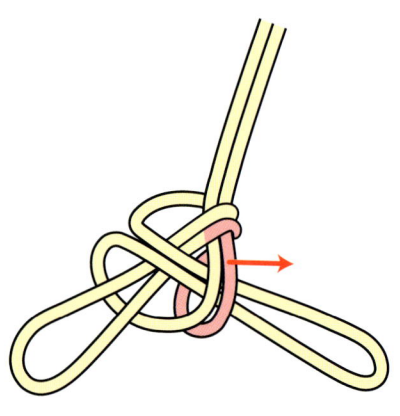

5 위의 두 줄을 아래로 접는다.

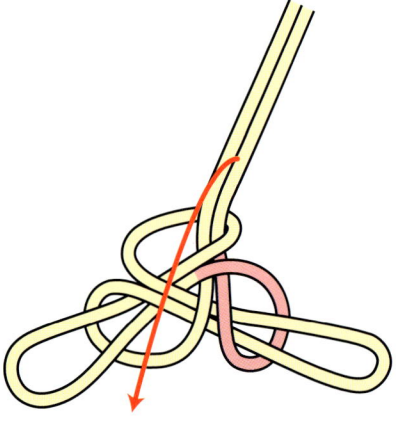

6 왼쪽에 놓인 고리를 오른쪽으로 접는다.

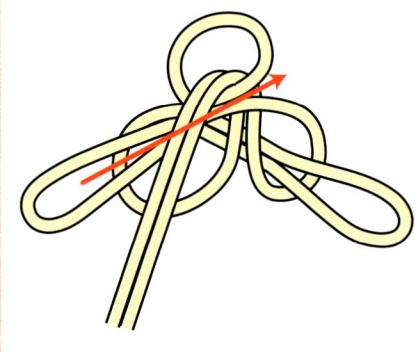

7 오른쪽 고리를 화살표 방향으로 통과시킨다.

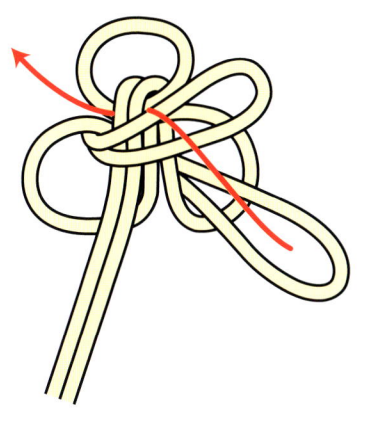

8 끈을 잡아당겨서 모양을 다듬는다.

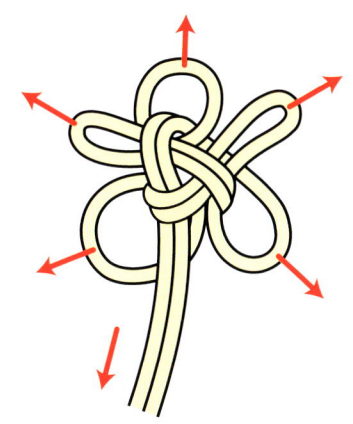

9 매듭이 완성되었다.

memo.
매듭의 어느 쪽을 앞으로 해도 상관없습니다.

변형 패턴

고리의 크기를 달리하면 나비 모양이 됩니다.

매듭 응용하기

내추럴한 느낌의 가죽끈으로 매듭을 묶어서 천으로 만든 소품에 달면 근사하고 세련된 마감 장식이 됩니다.

Knot 72 * 매화매듭

매화꽃 모양의 매듭입니다. 간단한 매화매듭보다 매듭 방법이 복잡합니다.

난이도: ★★★★☆
필요한 끈의 길이: 90cm×1줄
필요한 도구: 코르크보드, 핀, 집게
주요 쓰임새: 장식

매듭 응용하기

고리 부분을 조금만 잡아당겨서 조이면 사진과 같은 매듭이 완성됩니다. 매듭 사이에 비즈를 끼워서 세로로 연결합니다.

---

1 끈을 반으로 접은 다음, A를 그림과 같이 접어서 오른쪽 아래에 두 번째 고리를 만든다.

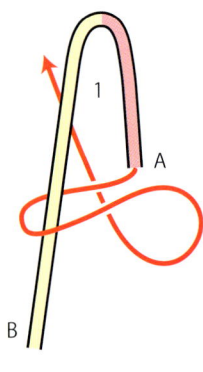

2 다시 A를 화살표 방향으로 접어서 아래쪽에 세 번째 고리를 만든다. 끈이 교차하는 지점은 핀을 꽂아서 고정한다.

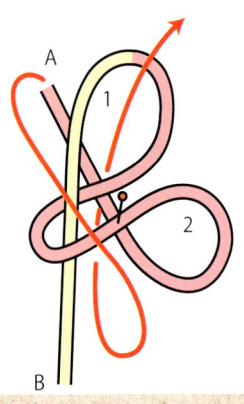

3 A를 앞으로 접는다.

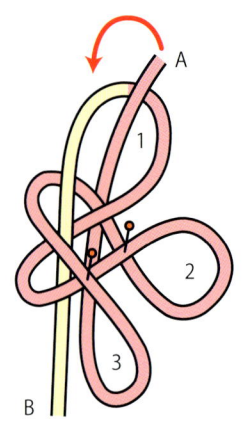

4 B를 화살표 방향으로 접는다.

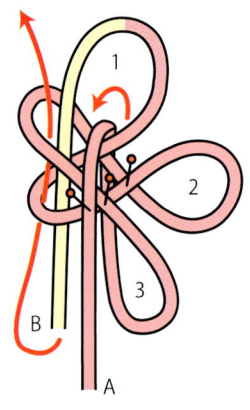

5 B를 화살표 방향으로 통과시켜서 네 번째 고리를 만든다.

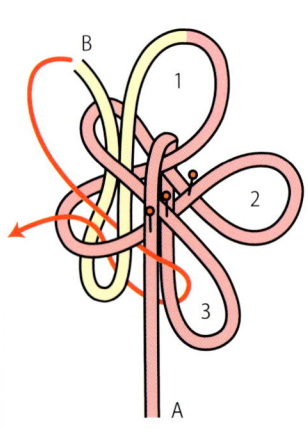

6 다시 B를 화살표 방향으로 통과시켜서 다섯 번째 고리를 만든다.

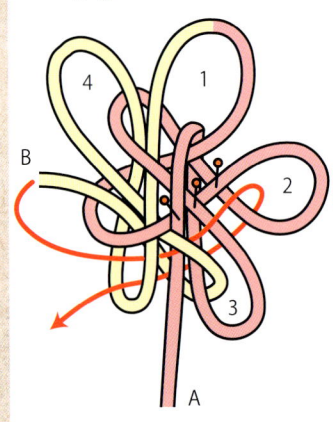

7 핀을 뽑은 다음, 화살표 방향으로 끈을 잡아당겨서 조인다.

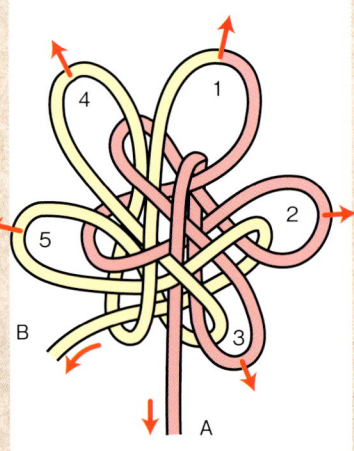

8 매듭코를 눌러가며 끈을 잡아당겨서 조이면 매듭이 완성된다.

Knot 73 ✳ 양하매듭

양하(생강과의 여러해살이풀-역주) 모양을 닮은 독특한 형태의 매듭입니다. 차이나 버튼이나 액세서리 등에 사용됩니다. 끈을 감는 횟수에 따라 매듭의 크기가 달라집니다.

난이도: ★★★☆☆
필요한 끈의 길이: 40cm×1줄(3번 감을 경우)
주요 쓰임새: 장식, 차이나 버튼

소재 바꾸기

① 둥근 가죽끈으로 만들어봅니다(5번 감기).
② 타이 실크 코드로 만들어봅니다(4번 감기).

1 끈을 B 쪽에 10cm 정도를 남기고 반으로 접는다. A로 고리를 만든다.

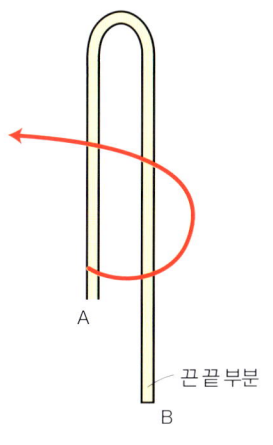

2 윗부분을 A로 튼튼하게 감는다.

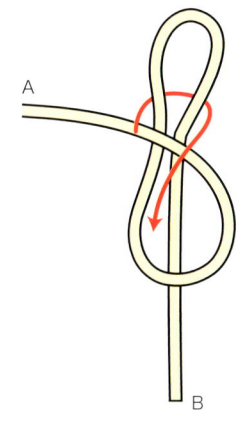

3 첫 번째 고리를 따라 안쪽에 두 번째 고리를 만든다.

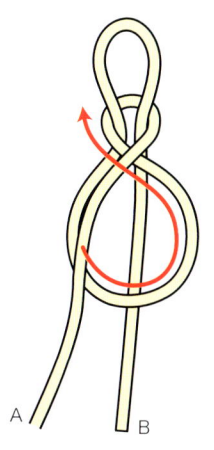

4 더 이상 공간이 남지 않을 때까지 2~3의 과정을 반복한다. 그림은 세 번 감은 모습이다.

5 마지막으로 가운데에 있는 구멍 안으로 끈을 통과시킨다.

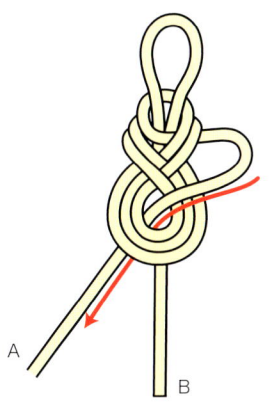

6 뒷면을 접착제로 고정하고, 남은 끈을 잘라낸다.

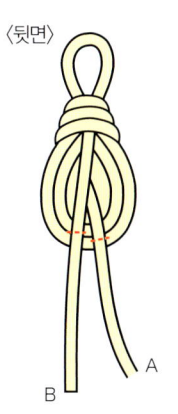

7 양하매듭이 완성되었다.

memo.

빈틈이 보이지 않는 깔끔한 매듭코를 만들고 싶다면, 그림과 같이 감고 싶은 횟수만큼 끈을 감아서 미리 표시해둡니다. 표시에 맞춰 1의 고리를 만들면 됩니다.

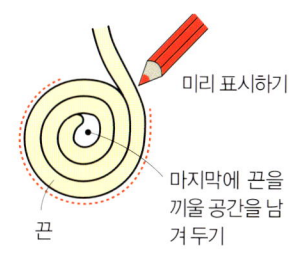

미리 표시하기
마지막에 끈을 끼울 공간을 남겨 두기
끈

Knot 74 * 원숭이주먹매듭

둥근 구슬 모양의 매듭으로, '원숭이매듭'이라고도 합니다.
감는 횟수에 따라 구슬의 크기가 달라집니다.

> 난이도: ★★★★☆
> 필요한 끈의 길이: 120cm×1줄(4번 감을 경우)
> 필요한 재료 및 도구: 비즈 등 둥근 모양의 심, 핀
> 주요 쓰임새: 장식, 버튼 등

1 검지와 중지에 끈을 대고 감는다.

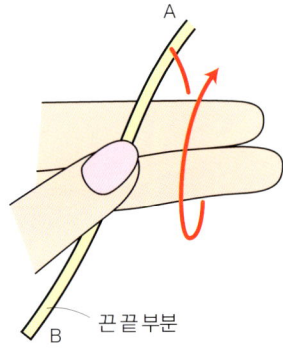

2 끈을 네 번 감는다.

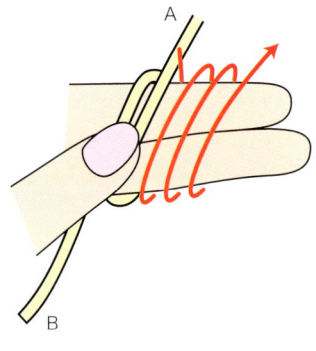

3 A의 끝은 위로 올린다.

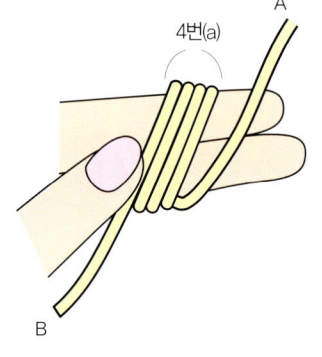

4 감은 부분을 엄지로 잡고, 고리를 나란히 붙인다.

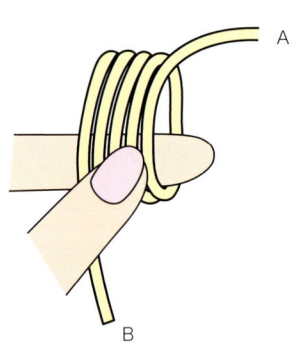

5 고리의 윗부분을 핀으로 고정한다. 고리의 모양이 흐트러지지 않도록 조심하면서 A를 아래쪽으로 네 번 감는다.

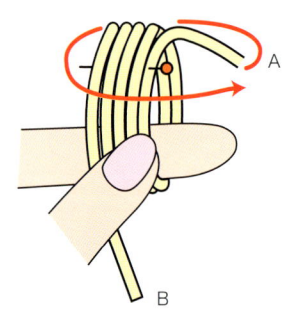

6 네 번 감은 모습이다.

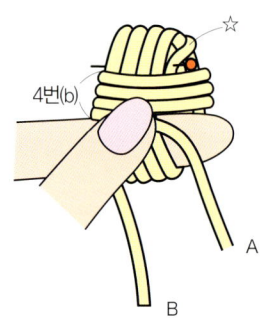

7 손가락을 빼고, 매듭 안에 비즈 등 둥근 심을 넣은 다음 핀을 뽑는다.

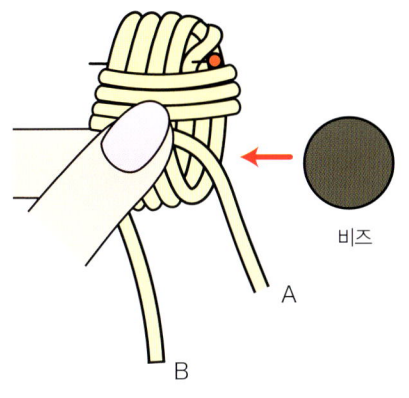

비즈

8 A의 방향을 바꿔서 끝 부분을 고리 안으로 통과시킨다.

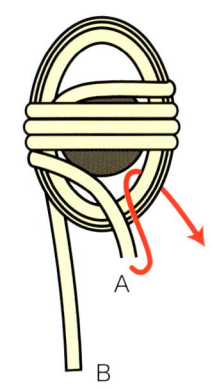

9 A를 앞쪽으로 감는다.

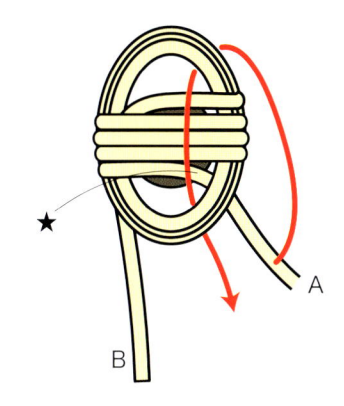

10 네 번 감은 모습이다.

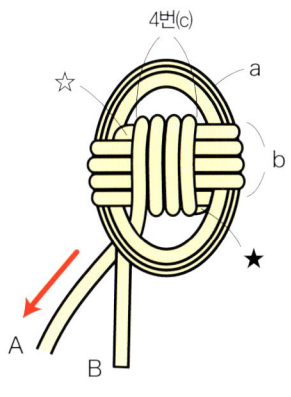

〈끈을 당기는 방법〉

1. a 부분을 감기 시작하면 순서대로 끈을 조금씩 잡아당겨서 조인다.

2. ☆의 모서리 부분에 있는 끈을 일단 밖으로 끄집어내고, b 부분을 잡아당겨서 조인다.

3. ★의 모서리 부분 역시 일단 밖으로 끄집어낸 후, c 부분을 잡아당겨서 조인다.

※B의 끝은 그대로 두고, A의 끝을 잡아당기면서 끈을 조인다.
※☆★ 부분은 안쪽에 숨어 있는 경우가 많으므로 송곳 등을 이용해서 끄집어낸다.

11 원숭이주먹매듭이 완성되었다.

소재 바꾸기

가죽끈을 사용하면 심플한 스타일의 매듭이 완성됩니다.

매듭 응용하기

끈의 가운데 부분에서 원숭이주먹매듭을 묶은 다음, 비즈를 끼우고 끈의 양쪽 끝에 옭매듭(22쪽 참고)을 묶습니다.

Knot 75 * 안경매듭

사각형 모양의 매듭으로 안경매듭이라고 합니다.

난이도: ★★★☆☆
필요한 끈의 길이: 50cm×1줄
주요 쓰임새: 장식

1 끈을 반으로 접은 다음, 교차시켜서 묶는다.

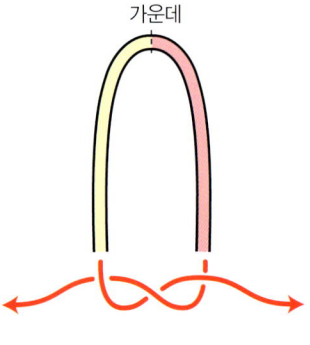
가운데

2 같은 방법으로 다시 한 번 묶는다.

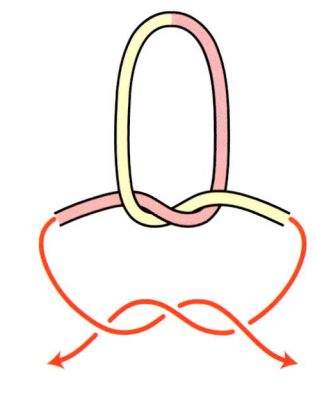

3 매듭코의 크기가 일정하도록 주의하며, 두 번 더 묶는다.

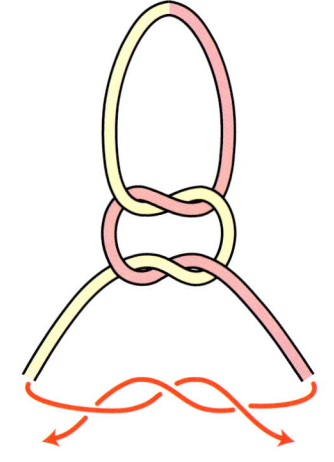

4 오른쪽 끈을 화살표 방향으로 통과시킨다.

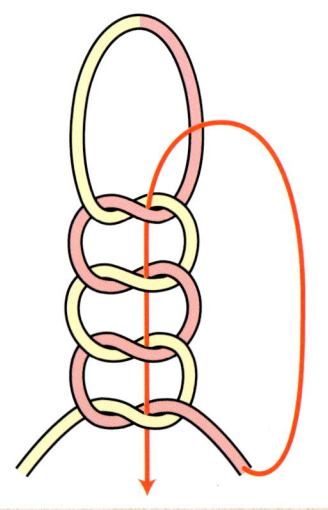

5 왼쪽 끈을 화살표 방향으로 통과시킨다.

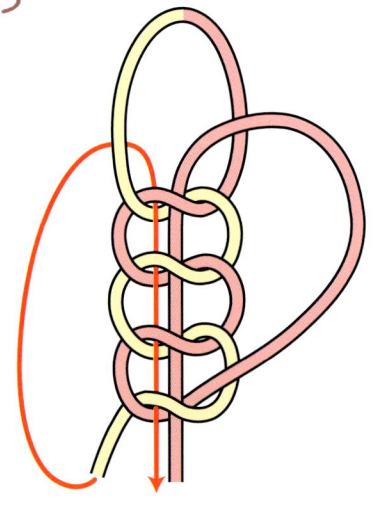

6 두 끈을 나란히 모아서 아래로 잡아당긴다.

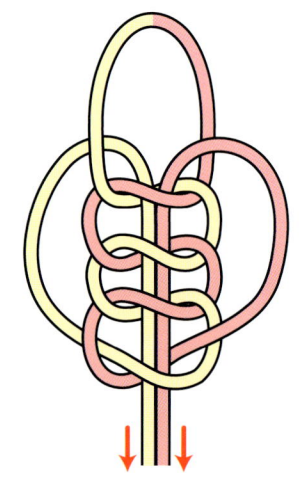

7 가장 아래에 있는 고리를 좌우로 끄집어 낸다.

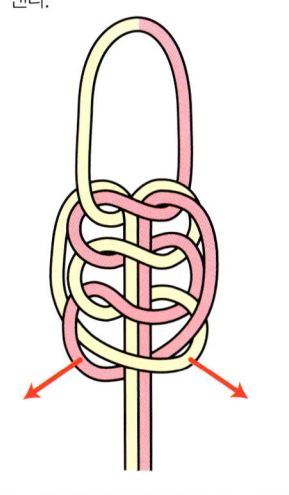

8 오른쪽 아래에 있는 A를 고리를 앞쪽에서 왼쪽 위로 접는다.

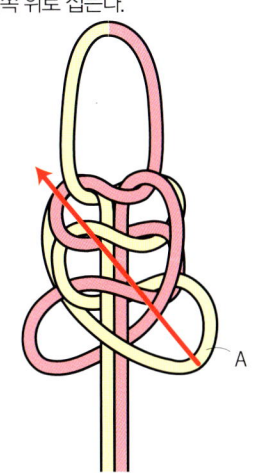

9 왼쪽 아래에 있는 B의 고리를 뒤로 접는다.

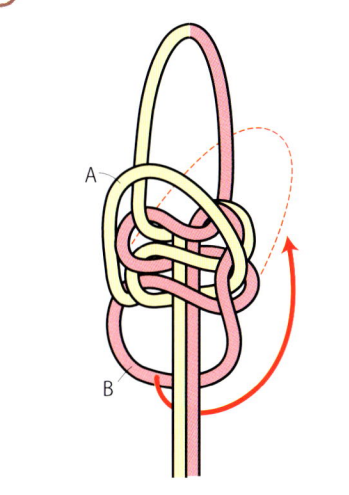

10 끈 두 줄을 나란히 모아서 아래로 잡아 당긴다.

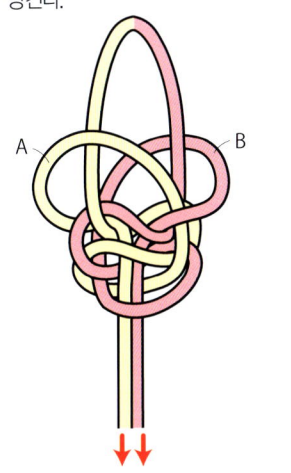

11 7과 마찬가지로 가장 아래에 있는 고리를 좌우로 끄집어낸다.

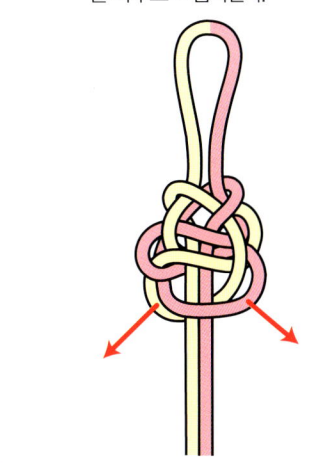

12 8과 마찬가지로 오른쪽 아래에 있는 고리를 왼쪽 위로 접는다.

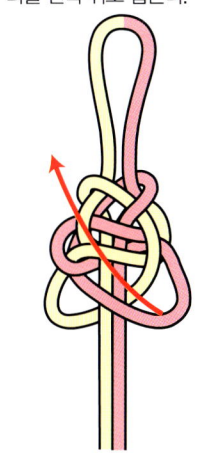

13 9와 마찬가지로 왼쪽 아래에 있는 고리를 뒤로 접는다.

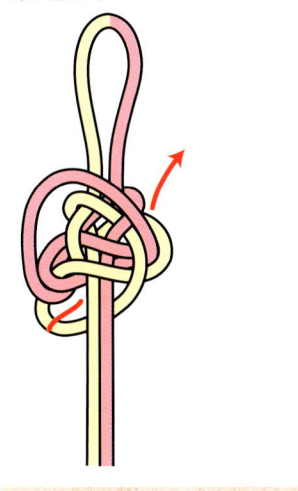

14 끈을 순서대로 조금씩 잡아당기면서 늘어진 부분을 조인다.

15 모양을 다듬으면 매듭이 완성된다.

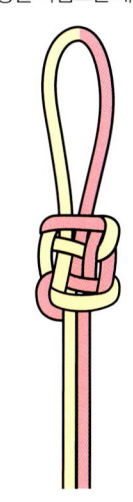

Knot 76 * 잠자리매듭[사람 인(人) 모양]

잠자리 모양의 매듭을 만드는 방법입니다.

난이도: ★★☆☆☆
필요한 끈의 길이: 45cm×1줄
주요 쓰임새: 장식

1. 끈을 반으로 접은 다음, B로 고리를 만들고 화살표 방향으로 통과시킨다.

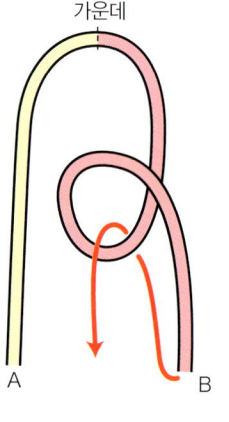

2. A를 고리 안으로 통과시킨다.

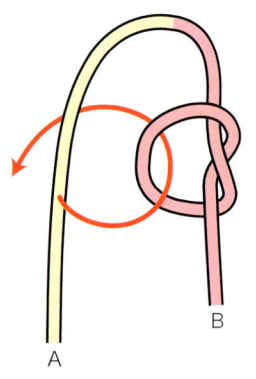

3. 화살표 방향으로 끈을 통과시킨 다음, 양쪽 고리의 크기를 맞춘다.

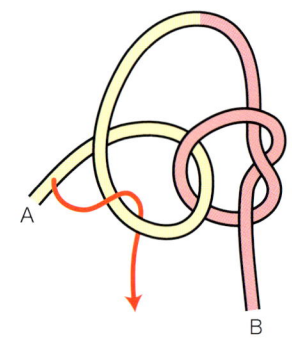

4. 교차된 고리를 화살표 방향으로 통과시키고 좌우로 당긴다.

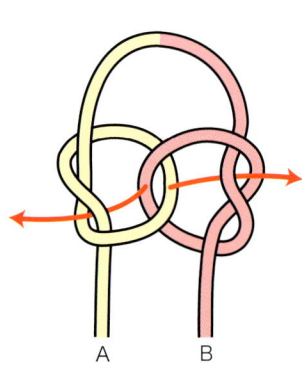

5. 상하좌우 방향으로 끈을 잡아당겨서 모양을 다듬는다.

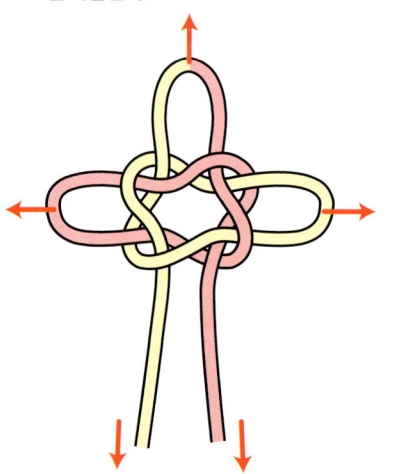

6. 잠자리매듭이 완성되었다.

Knot 77 ✱ 잠자리매듭[들 입(入) 모양]

사람 인(人) 모양의 잠자리매듭과 반대로 매듭코가 들 입(入) 모양으로 되어 있습니다.

난이도: ★★☆☆☆
필요한 끈의 길이: 45cm×1줄
주요 쓰임새: 장식

1 끈을 반으로 접은 다음, A로 고리를 만들고 화살표 방향으로 통과시킨다.

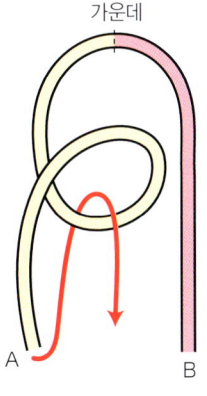

2 B를 고리 안으로 통과시킨다.

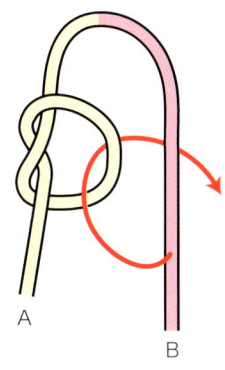

3 화살표 방향으로 끈을 통과시킨 다음, 양쪽 고리의 크기를 맞춘다.

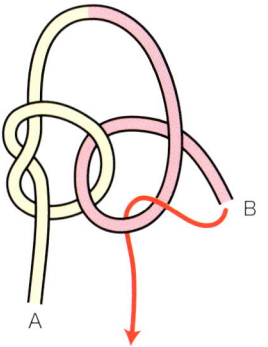

4 교차된 고리를 화살표 방향으로 통과시키고 좌우로 당긴다.

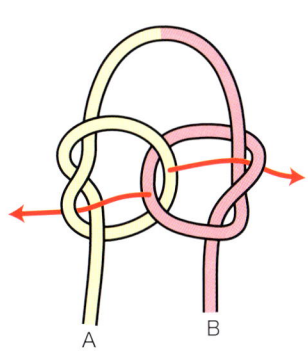

5 상하좌우 방향으로 끈을 잡아당겨서 모양을 다듬는다.

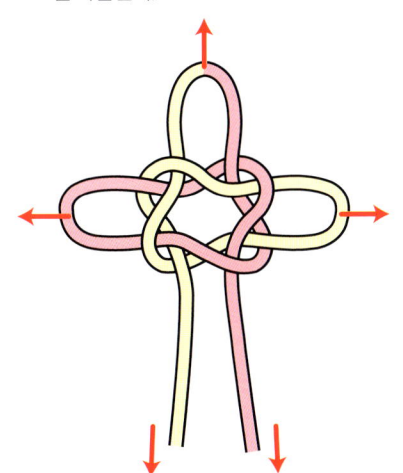

6 잠자리매듭이 완성되었다.

Knot 78 * 야사카몬매듭

일본 교토의 야사카(八坂) 신사에서 사용하는 매듭입니다.
매화꽃을 본뜬 아름다운 모양이 특징입니다.

> 난이도: ★★★★★
> 필요한 끈의 길이: 150cm×1줄
> 필요한 도구: 코르크보드, 핀, 집게
> 주요 쓰임새: 장식

1 끈을 가운데에서 반으로 접은 다음 A, B 두 줄을 나란히 모아서 왼쪽 대각선 위 방향으로 접어 올린다. 그런 다음 화살표 방향으로 통과시켜 ①의 고리를 만든다.

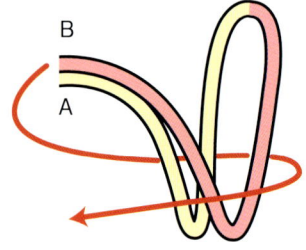

2 끈의 끝 부분을 ①의 고리 아래로 통과시켜 ②의 고리를 만든다. 핀을 꽂아서 고정한다.

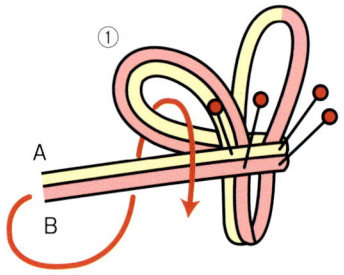

3 끈의 끝 부분을 ②의 고리 아래로 통과시켜 ③의 고리를 만든다.

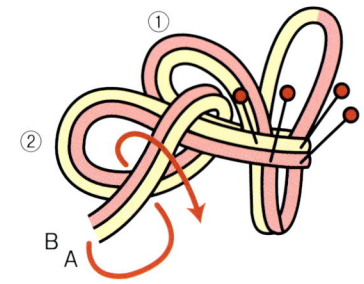

4 끈의 끝 부분을 가운데에 있는 고리 안으로 통과시키고, ③의 고리의 아래로 통과시킨다.

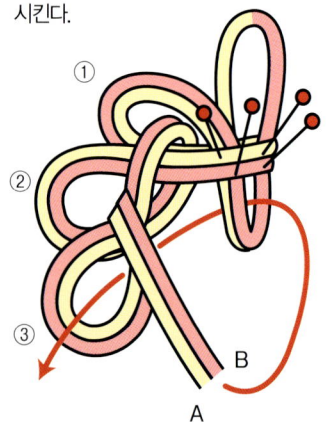

5 끈의 끝 부분을 접어서 올린 다음, 가운데 고리 안으로 통과시킨다. 오른쪽 아래에 ④의 고리가 생긴다.

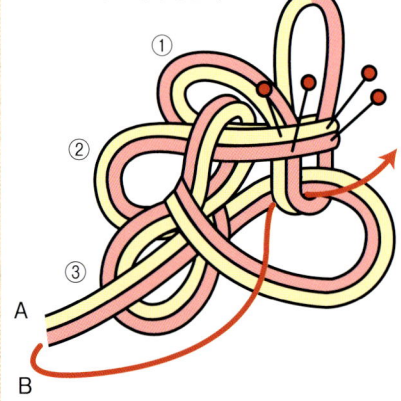

6 핀을 뽑고, 끈의 끝 부분을 접어 올린 다음 화살표 방향으로 통과시킨다.

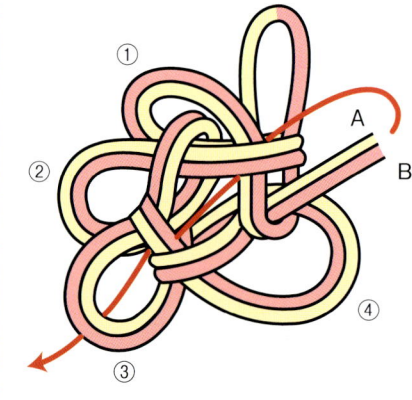

7 끈을 모두 통과시킨 모습이다. ⑤의 고리가 생긴다.

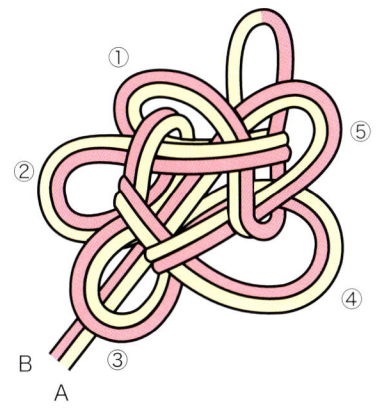

8 매듭을 뒤집고, 끈을 A, B로 나눈다. B를 화살표 방향으로 통과시킨다.

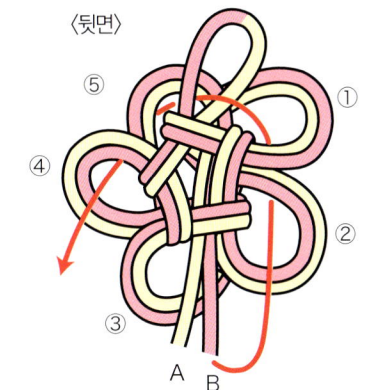

9 B를 A의 아래로 통과시킨 다음 처음 만들어진 고리 안으로 통과시킨다.

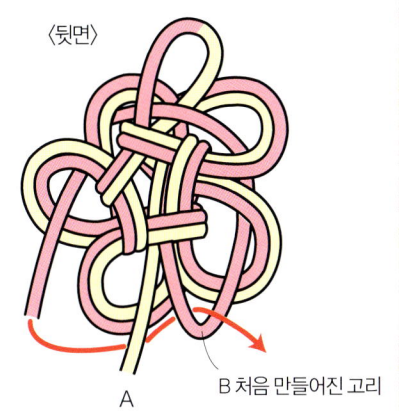

10 A를 화살표 방향으로 통과시킨다. ※B와 반대 방향으로 통과시킨다.

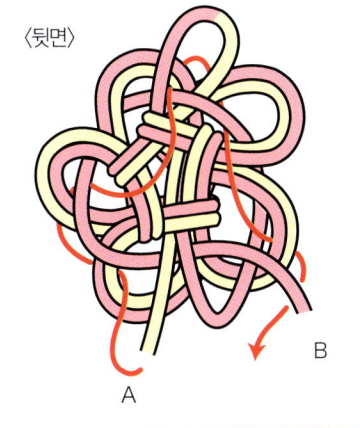

11 A를 왼쪽 아래의 고리 아래로 통과시킨 다음, 처음 만들어진 고리 안으로 통과시킨다.

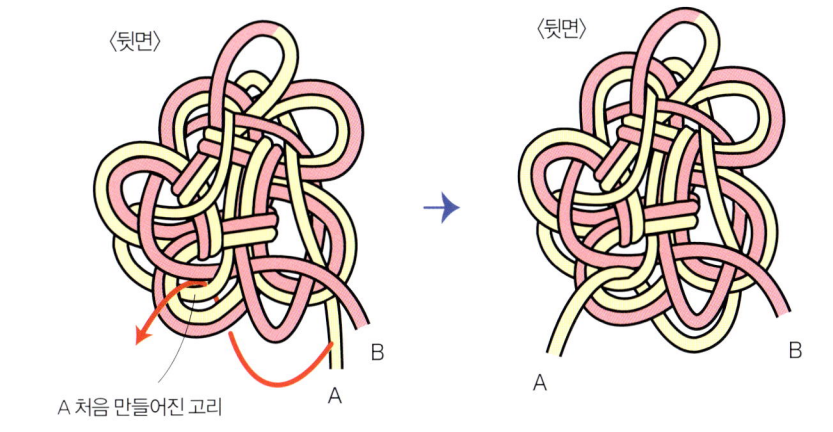

12 매듭을 다시 앞으로 뒤집은 다음, 끈을 순서대로 조금씩 잡아당겨서 조인다. 모양을 다듬으면 매듭이 완성된다.

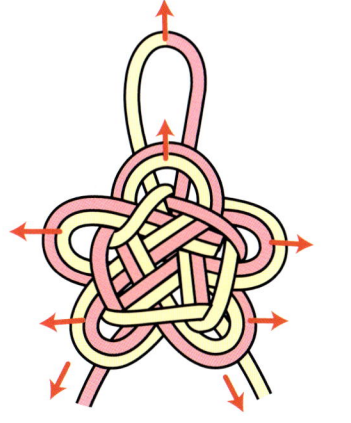

Knot 79 * 야에기쿠매듭

화려한 모양의 매듭입니다. 매듭을 완성하고 나면 모양을 다듬기 어려우므로, 처음부터 끈의 길이를 잘 맞춰가며 매듭을 묶습니다.

*야에기쿠: 16개의 잎으로 이루어진 국화(八重菊)로, 일본에서는 황실을 상징하는 문장입니다.

난이도: ★★★★☆
필요한 끈의 길이: 120cm×1줄
필요한 도구: 코르크보드, 핀
주요 쓰임새: 장식, 마감 장식 등

1 끈을 가운데에서 반으로 접은 다음, 핀을 꽂아서 고정한다.

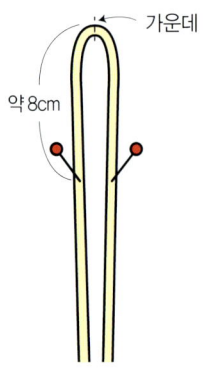

2 양쪽 끈으로 같은 크기의 고리를 4개 만든다. 이때 모든 길이가 일정해야 한다. 아래쪽에 놓인 끈 두 줄은 고리 두 개를 건너뛰어 위쪽을 향하도록 느슨하게 접는다.

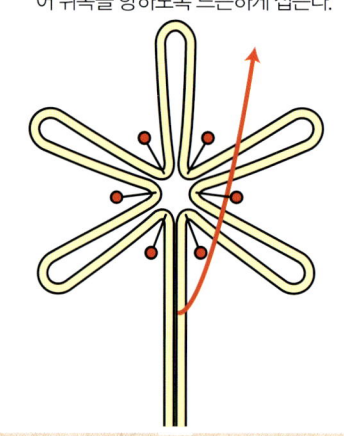

3 오른쪽 아래에 있는 고리도 마찬가지로 고리 두 개를 건너뛰어 위를 향하도록 접는다.

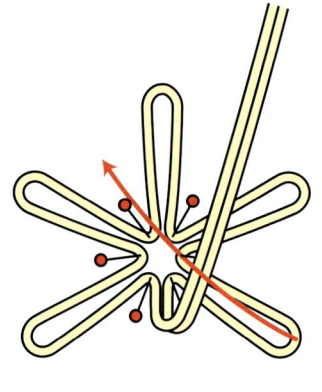

4 같은 방법으로 ①, ②의 순서대로 접는다.

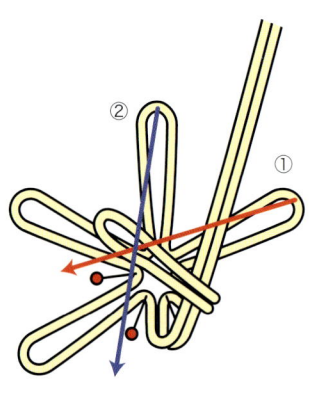

5 이어서 왼쪽 위에 있는 고리는 그림과 같이 2에서 꺾은 고리 안으로 통과시킨다.

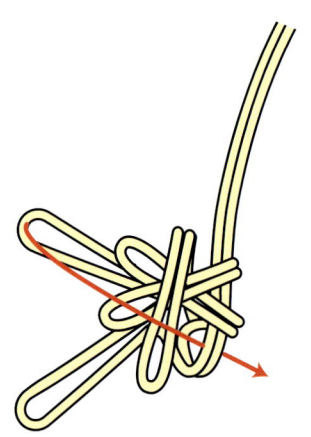

6 마지막으로 남아 있는 고리를 화살표 방향으로 2, 3에서 접은 고리 안으로 통과시킨다.

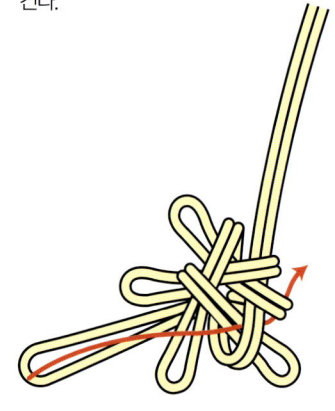

7
핀을 뽑고, 화살표 방향으로 끈을 잡아당겨서 조인다.

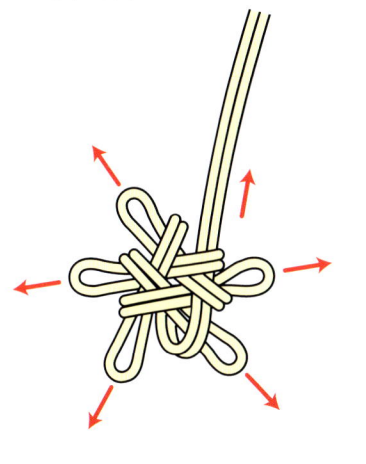

8
다시 한 번 고리를 접는다. 아래에 놓인 고리를 화살표 방향으로 두 개의 고리를 건너뛰어 접는다.

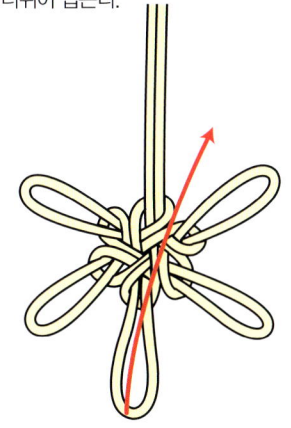

9
①, ②, ③의 순서대로 접는다.

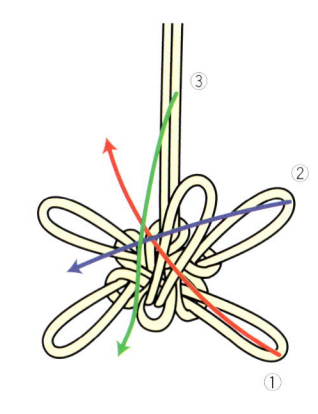

10
왼쪽 위에 놓인 고리를 화살표 방향으로 8에서 접은 고리 안으로 통과시킨다.

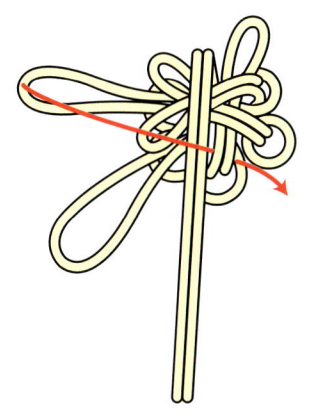

11
마지막으로 남아 있는 고리를 화살표 방향으로 8에서 접은 고리와 9-①에서 접은 고리 안으로 통과시킨다.

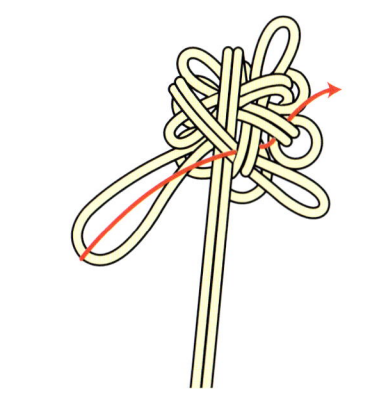

12
화살표 방향으로 끈을 잡아당겨서 조인다.

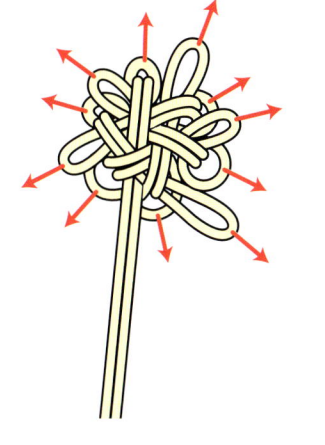

13
모양을 다듬으면 매듭이 완성된다.

매듭 응용하기

매듭에서 한 개 고리만 길게 해서 묶으면 끈처럼 됩니다. 왼쪽, 오른쪽에서 묶어서 마감 장식으로 사용할 수 있습니다. 코트, 가방 등의 마감 장식으로 사용해봅니다.

Knot 80 * 나비매듭

나비 모양을 본뜬 아름다운 매듭입니다. 머리 장식이나 여성의 옷 장식에 잘 어울립니다.

난이도: ★★★★★
필요한 끈의 길이: 150cm×1줄
필요한 도구: 코르크보드, 핀, 집게
주요 쓰임새: 장식

※코르크보드에 끈을 핀으로 세심하게 고정해가며 매듭을 묶습니다.

1 끈을 반으로 접은 다음, 가운데보다 조금 아래에 있는 지점에 A로 고리를 만든다. 그런 다음 그보다 조금 더 아래에 있는 지점에 다시 한 번 A로 고리를 만든다.

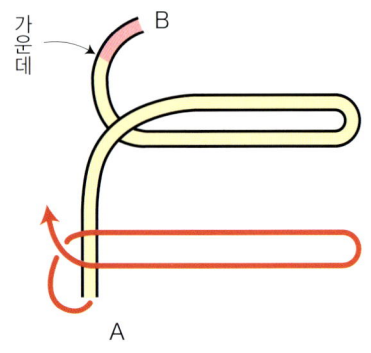

2 A를 아래에 있는 고리에 화살표 방향으로 통과시킨다.

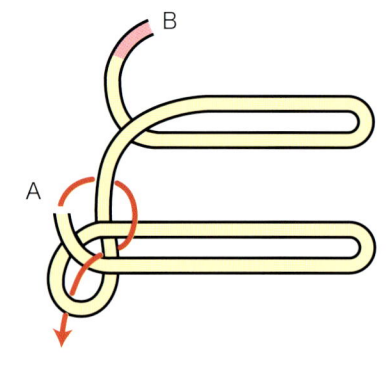

3 이어서 A를 두 개의 고리를 끼우듯이 통과시킨다.

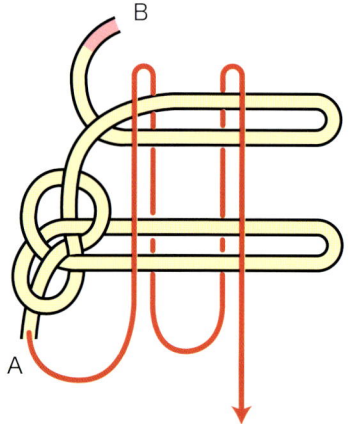

4 B를 반으로 접고 그림과 같이 통과시킨 다음, 오른쪽 위에 새로운 고리를 만든다.

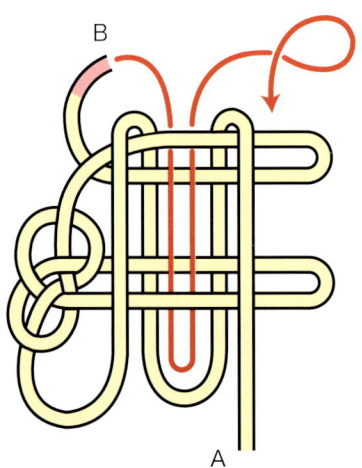

5 화살표 방향으로 B를 위아래 고리에 통과시킨다.

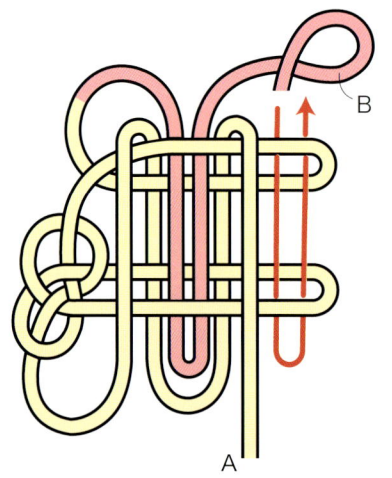

6 B를 오른쪽 위에 있는 고리에 그림과 같이 통과시킨다.

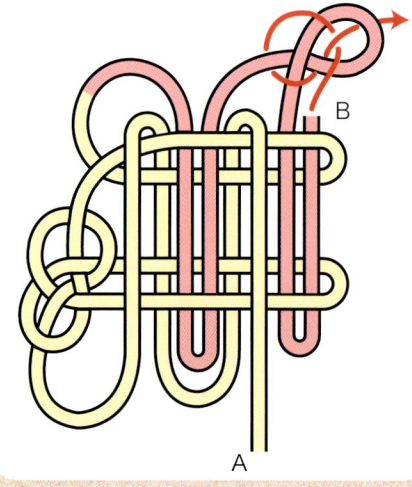

7 B를 화살표 방향으로 통과시킨다. 위아래 방향을 틀리지 않도록 주의한다.

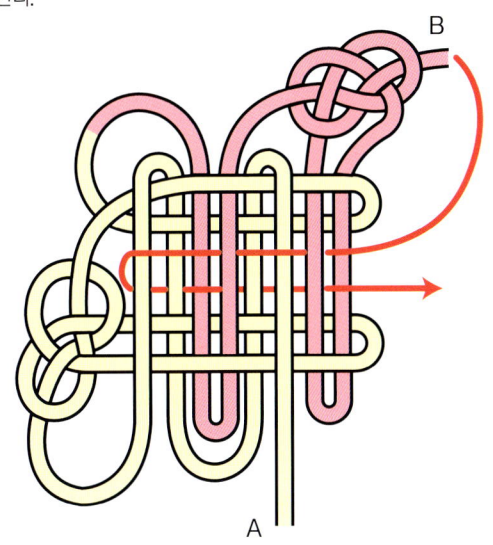

8 이어서 B를 화살표 방향으로 통과시킨다.

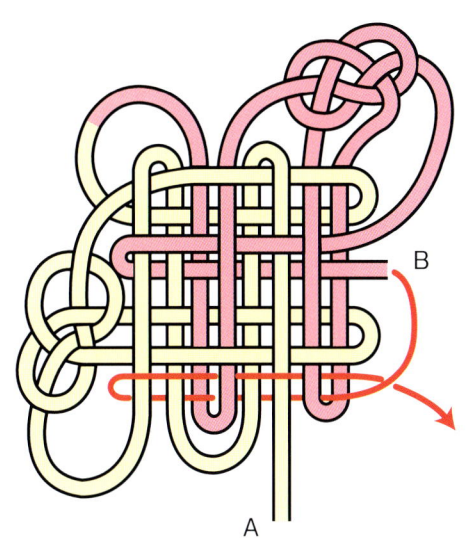

9 매듭의 가장자리 부분을 잡고 화살표 방향으로 잡아당겨서 조인다. 매듭이 느슨한 부분은 순서대로 조금씩 당겨가며 모양을 다듬는다.

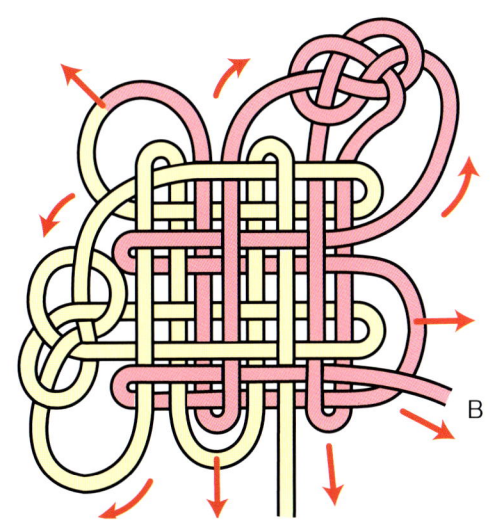

10 나비매듭이 완성되었다.

매듭 응용하기

펜던트나 참으로 사용해도 멋스럽습니다. 끈의 끝 부분에 비즈를 끼운 다음, 코일매듭(23쪽 참고)으로 마무리합니다.

Knot 81 * 별매듭

별매듭(star knot)은 고대 켈트인이 사용했던 셀틱 매듭 가운데 하나입니다.
끈 다섯 줄로 별 모양의 매듭을 만드는 방법입니다.

난이도: ★★★★★
필요한 끈의 길이: 30cm×5줄
필요한 도구: 집게, 접착제
주요 쓰임새: 장식, 버튼 등

1 끈 다섯 줄을 나란히 놓고, 끝 부분을 한매듭으로 묶어서 임시로 한 다발을 만든다.

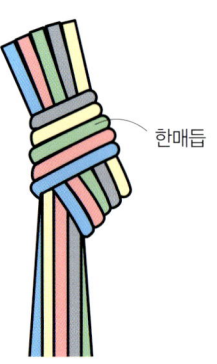

2 다섯 줄을 그림과 같이 넓게 펼친다. A로 고리를 만들고 B 위에 걸친다.

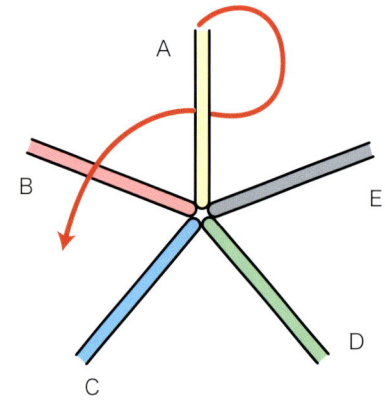

3 B로 고리를 만들고 C 위에 걸친다.

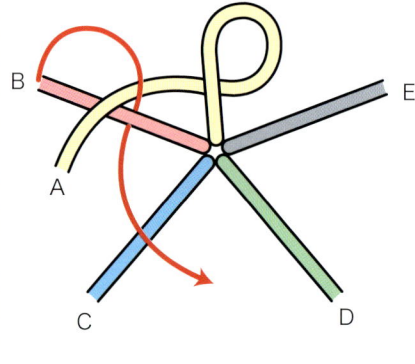

4 같은 방법으로 C, D, E도 각각 고리를 만들고, 마지막으로 E는 A의 고리 안으로 통과시킨다.

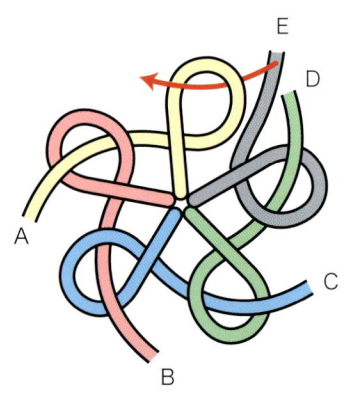

5 이어서 E를 화살표 방향으로 접는다.

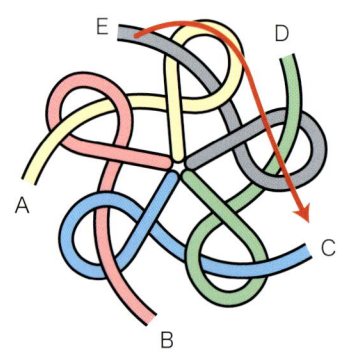

6 E와 같은 방법으로 D, C, B를 나열한 순서대로 접는다.

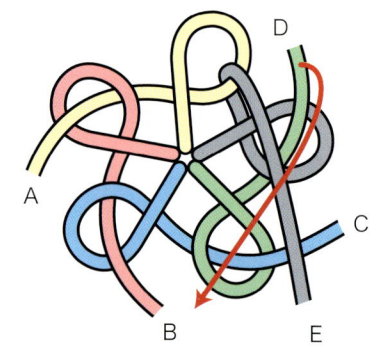

7 5에서 E를 접을 때 생긴 고리 안으로 A를 화살표 방향으로 통과시킨다.

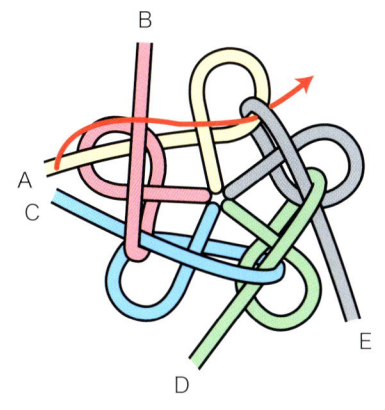

8 화살표 방향으로 B를 접은 고리와 바깥쪽 고리 안으로 통과시킨다.

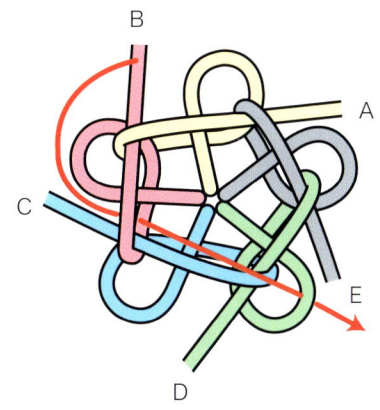

9 B와 같은 방법으로 C, D, E, A를 나열한 순서대로 통과시킨다.

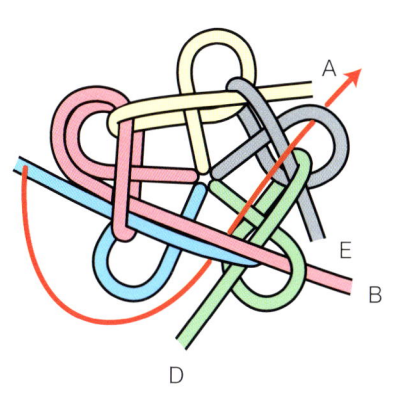

10 끈을 살짝 잡아당겨서 조이고 모양을 다듬는다.

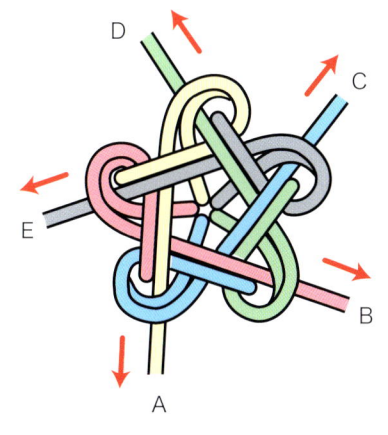

11 매듭코를 뒤집은 다음, C를 화살표 방향으로 통과시킨다.

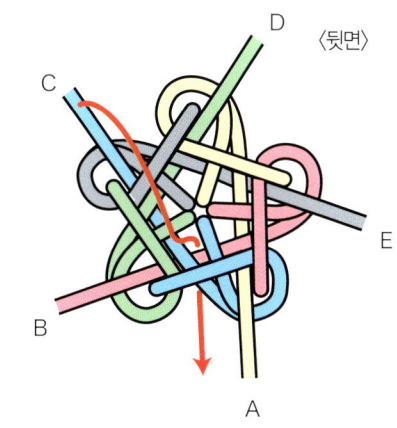

12 C와 같은 방법으로 B, A, E, D를 나열한 순서대로 통과시킨다.

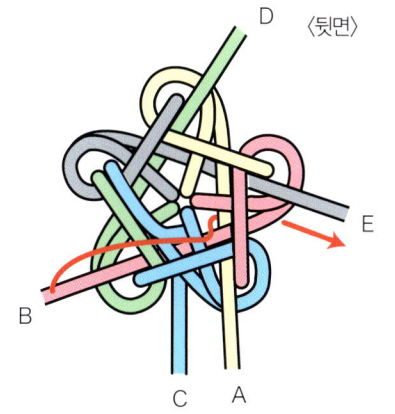

13 매듭을 앞으로 다시 뒤집는다. 끈 A~E를 화살표 방향으로 통과시킨다.

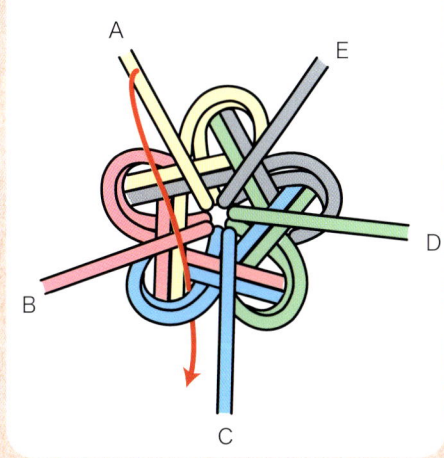

14 끈을 모두 통과시키면 끈을 조금씩 잡아당겨서 조인다.

15 1에서 묶은 매듭을 푼다. 아래로 내려온 끈(매듭의 바깥쪽 5줄)을 접착제로 고정한 후 자르면 매듭이 완성된다.

Knot 82 * 국화매듭

일곱 개의 고리가 달린 마름모꼴 매듭입니다. 매듭을 묶는 방법이 복잡하므로, 끈을 코르크보드에 핀으로 단단히 고정해가며 정성껏 만듭니다.

- 난이도: ★★★★★
- 필요한 끈의 길이: 150cm×1줄
- 필요한 도구: 코르크보드, 핀, 집게
- 주요 쓰임새: 장식

※ 코르크보드에 끈을 핀으로 세심하게 고정해가며 매듭을 묶습니다.

1 끈을 가운데에서 접은 다음 화살표 방향으로 통과시킨다.

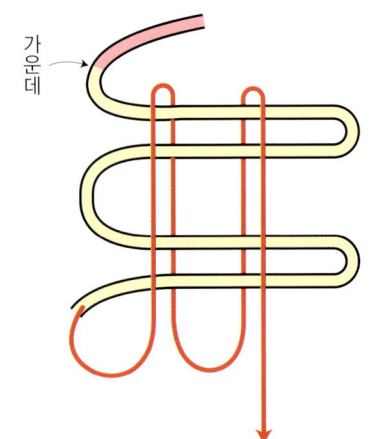

2 끈의 나머지 절반 부분도 화살표 방향으로 통과시킨다.

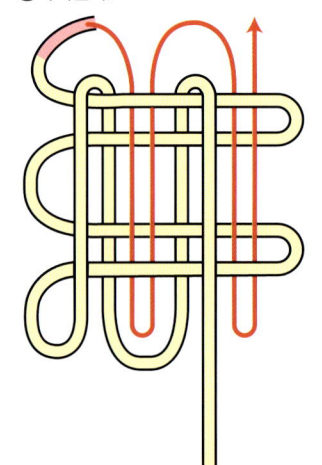

3 이어서 끈을 화살표 방향으로 통과시킨다. 이때 위아래 방향이 바뀌지 않도록 주의한다.

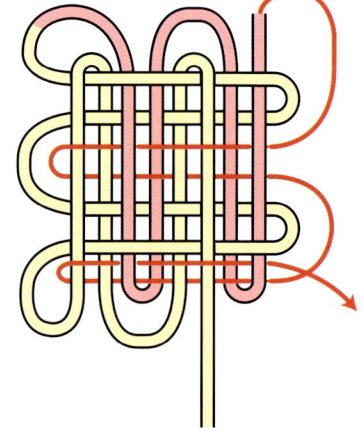

4 가장자리를 잡고 화살표 방향으로 끈을 잡아당겨서 조인다.

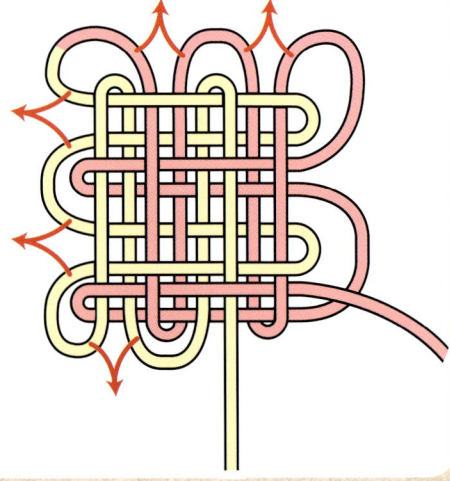

5 가운데 형태를 다듬은 후, 끈이 늘어진 부분은 조금씩 순서대로 당겨서 조이면 매듭이 완성된다.

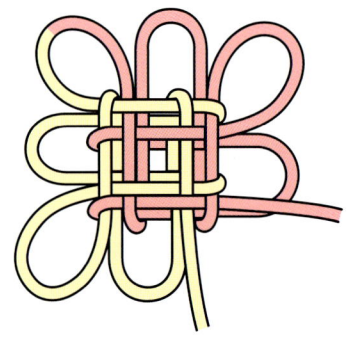

매듭 응용하기

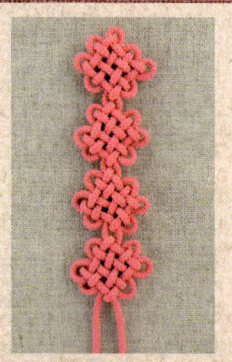

매듭의 고리를 작게 만들어서 세로로 연속으로 매듭을 묶습니다. 다른 매듭을 함께 넣거나 가장자리의 길이를 조절해서 다양한 형태의 매듭을 만들 수 있습니다.

Part 3 응용편

82가지의 끈매듭과 장식매듭을 모두 익혔다면, 이제는 응용해봅니다. 여러 가지 매듭을 조합한 패턴과 실생활에 사용되는 다양한 아이템을 소개합니다. 다양한 매듭을 하나씩 만들어보는 것도 재미있지만, 다른 매듭과 조합해보고 이를 아이템에 활용하면 매듭 공예의 재미가 몇 배로 커집니다. 매듭을 조합하거나 아이템에 활용하는 방법은 실로 무궁무진합니다. 다양한 매듭의 가능성을 직접 즐겨봅니다.

매듭의 복합 패턴

이번에는 여러 가지 매듭을 복합적으로 사용한 응용 패턴을 소개합니다.
매듭을 어떻게 조합하느냐에 따라 실로 다양한 패턴을 만들 수 있습니다.
조금 복잡한 패턴도 있지만, 매듭 하나하나를 정성껏 만들어봅니다.
마음에 드는 패턴을 발견하면 팔찌나 벨트 등에 활용해봅니다.

pattern * a

pattern * b

pattern * c

pattern * d

pattern * e

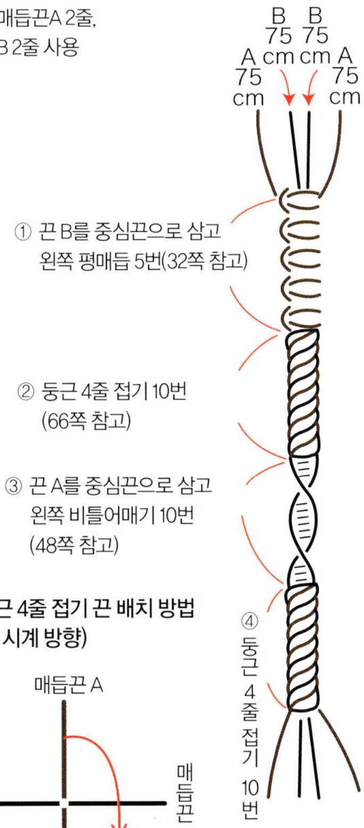

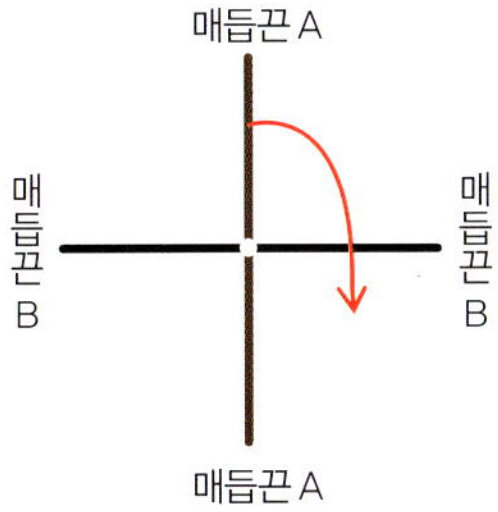

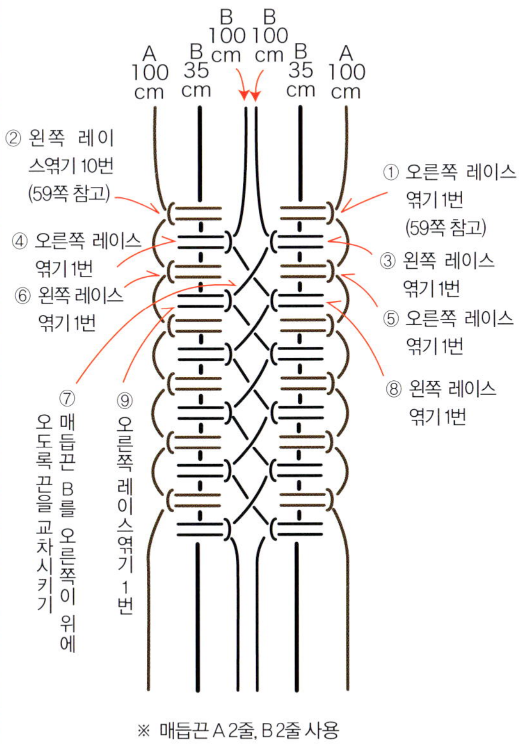

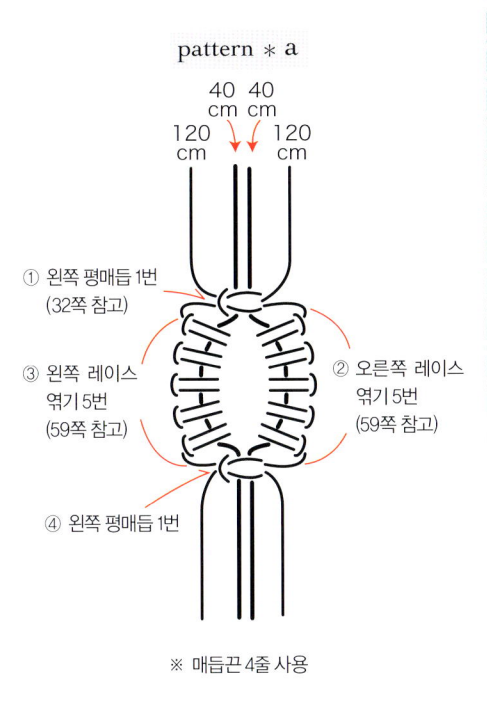
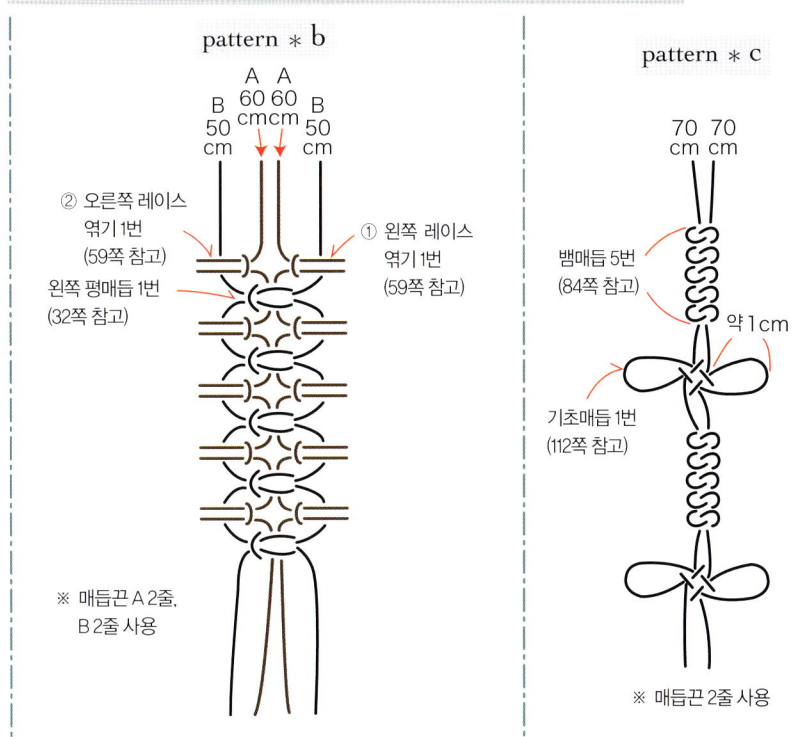
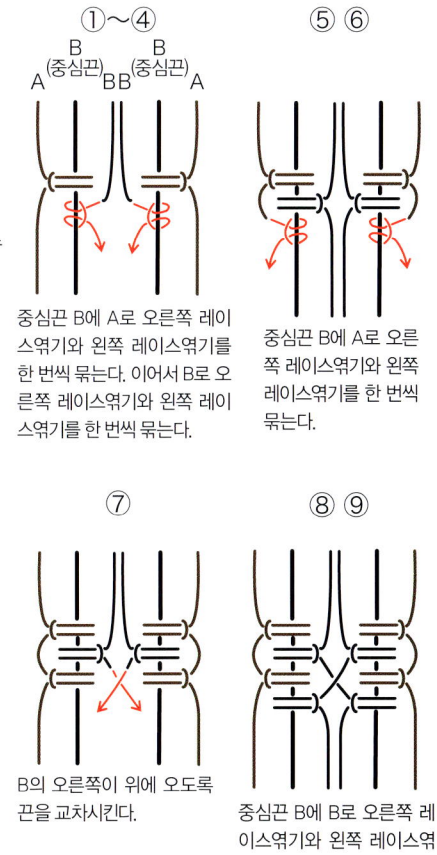

pattern * f

pattern * g

pattern * h

pattern * i

pattern * j

pattern * f

90cm

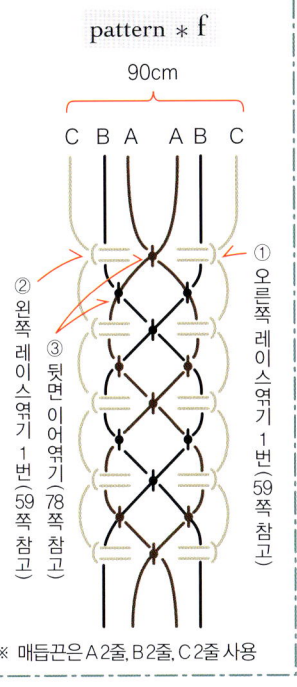

② 왼쪽 레이스엮기 1번(59쪽 참고)
③ 뒷면 이어엮기(78쪽 참고)
① 오른쪽 레이스엮기 1번(59쪽 참고)

※ 매듭끈은 A2줄, B2줄, C2줄 사용

※ 연결 방법
패턴 두 장을 겹친 다음, 위쪽에 있는 패턴을 아래에 놓인 패턴의 고리(☆)에 순서대로 통과시킵니다.
고리 안으로 통과시킬 때마다 패턴의 위아래가 바뀌므로, 그때마다 위쪽에 놓인 패턴을 고리 안으로 통과시킵니다.

pattern * g

패턴 A(매듭끈 A)   패턴 B(매듭끈 B)
90 30 90 30 90   90 30 30 90
cm cm cm cm cm   cm cm cm cm

 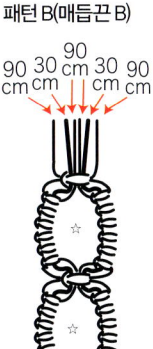

① 중심끈 4줄로 왼쪽 평매듭 1번(32쪽 참고)
② 중심끈 1줄로 왼쪽 평매듭 6번
③ 중심끈 1줄로 왼쪽 평매듭 6번
④ 중심끈 4줄로 왼쪽 평매듭 1번

※ 일러스트에서 사용되는 끈의 길이(cm)는 매듭 15cm를 만드는 데 필요한 길이입니다.
끈은 헴프 트와인 중간 사이즈를 사용했습니다.

패턴 A와 같은 방법으로 매듭을 묶는 대신, 고리를 한 개 적게 만든다.

※ 매듭끈 A 6줄, B 6줄 사용

pattern * h

※ 매듭끈 5줄 사용

120cm
가로엮기(74쪽 참고)
120cm
세로엮기(75쪽 참고)

pattern * j

A 100cm   B 100cm   B 35cm

세로엮기(75쪽 참고)

※ 매듭끈 A 1줄, B 4줄 사용

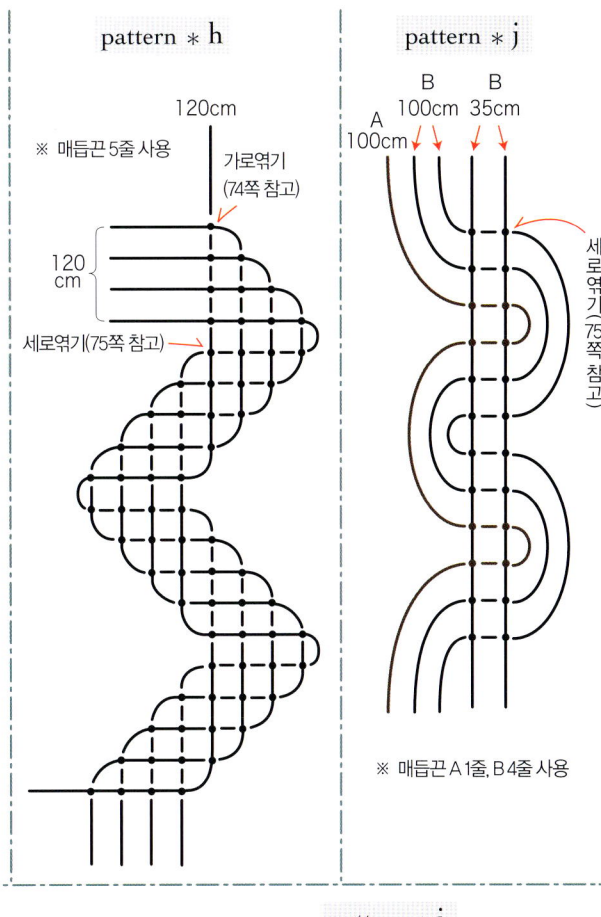

---

①~③

A B A B A

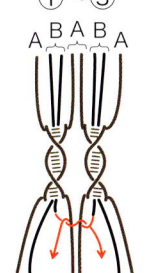

B를 중심끈으로 삼고, A로 오른쪽은 오른쪽 비틀어매기, 왼쪽은 왼쪽 비틀어매기를 열 번 묶는다. 가운데에 있는 끈 A를 중심끈으로 삼고, 가운데에 있는 B 두 줄로 왼쪽 평매듭을 한 번 묶는다.

⑧

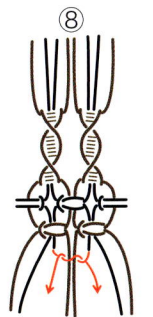

가운데에 있는 A 두 줄을 중심끈으로 삼고, 가운데에 놓인 B 두 줄로 왼쪽 평매듭을 한 번씩 묶는다. 평매듭과 레이스엮기를 번갈아가며 다섯 단을 묶는다.

④⑤

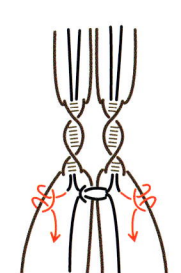

양쪽 끝에 놓인 A를 각각 중심끈으로 삼고, 오른쪽은 오른쪽 B로 왼쪽 레이스엮기, 왼쪽은 왼쪽 B로 오른쪽 레이스엮기를 한 번씩 묶는다. 첫 번째 단이 완성되었다.

⑥⑦

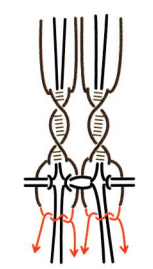

좌우 네 줄씩 나눈 다음, B 두 줄을 중심끈으로 삼고 좌우에 왼쪽 평매듭을 한 번씩 묶는다.

⑨⑩

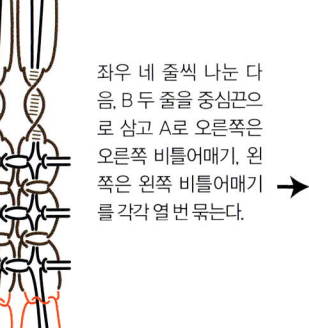

좌우 네 줄씩 나눈 다음, B 두 줄을 중심끈으로 삼고 A로 오른쪽은 오른쪽 비틀어매기, 왼쪽은 왼쪽 비틀어매기를 각각 열 번 묶는다.

①~⑧의 과정을 반복한다.

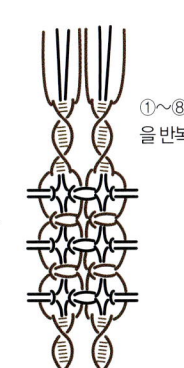

pattern * i

B 60cm   A 80cm   B 60cm
A 80cm   A 80cm

① 오른쪽 비틀어매기 10번(49쪽 참고)
② 왼쪽 비틀어매기 10번(48쪽 참고)
③ 왼쪽 평매듭 1번(32쪽 참고)
④ 왼쪽 평매듭 1번
⑤ 오른쪽 레이스엮기 1번(59쪽 참고)
⑥ 왼쪽 레이스엮기 1번
⑦ 왼쪽 평매듭 1번
⑧ 왼쪽 평매듭 1번
⑨ 오른쪽 레이스엮기 1번(59쪽 참고)
⑩ 왼쪽 비틀어매기 10번
평매듭과 레이스엮기를 번갈아 가며 반복

※ 매듭끈 A 4줄, B 4줄 사용

pattern * k

pattern * l

pattern * m

pattern * n

pattern * o

※ 일러스트에서 사용한 끈의 길이(cm)는 매듭 15cm를 만드는 데 필요한 길이입니다.
끈은 헴프 트와인 중간 사이즈를 사용했습니다.

pattern ✽ k

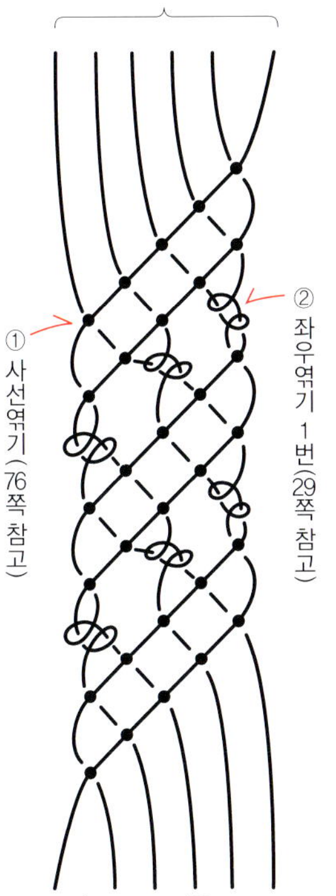

① 사선엮기 (76쪽 참고)
② 좌우엮기 1번 (29쪽 참고)

※ 매듭끈 6줄 사용

pattern ✽ l

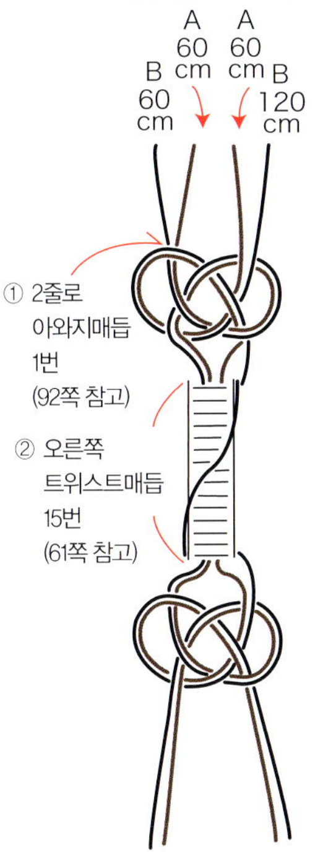

A 60cm A 60cm
B 60cm B 120cm

① 2줄로 아와지매듭 1번 (92쪽 참고)
② 오른쪽 트위스트매듭 15번 (61쪽 참고)

※ 매듭끈 A 2줄, B 2줄 사용

pattern ✽ m

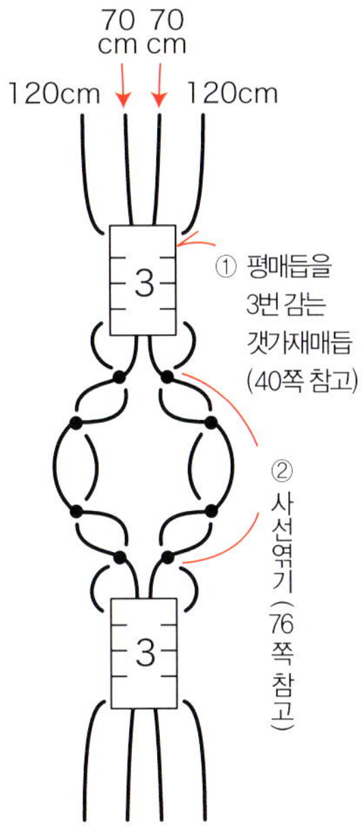

70cm 70cm
120cm 120cm

① 평매듭을 3번 감는 갯가재매듭 (40쪽 참고)
② 사선엮기 (76쪽 참고)

※ 매듭끈 4줄 사용

pattern ✽ n

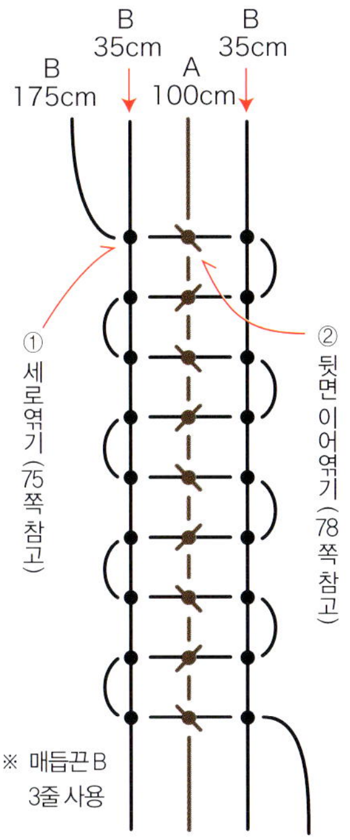

B 35cm B 35cm
B 175cm A 100cm

① 세로엮기 (75쪽 참고)
② 뒷면 이어엮기 (78쪽 참고)

※ 매듭끈 B 3줄 사용
※ 매듭끈 A는 헴프 트와인 가는 타입 3줄 (다크 브라운 2줄, 퓨어 1줄)을 함께 사용

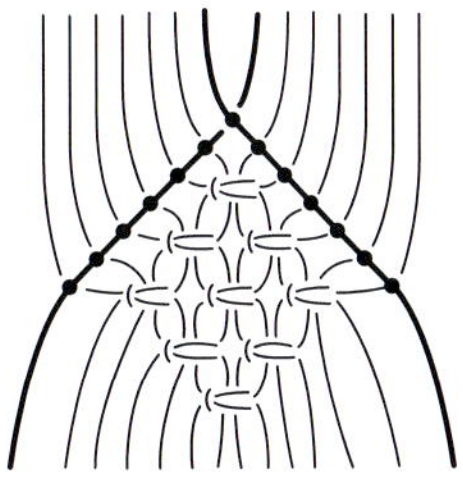

pattern ✽ o

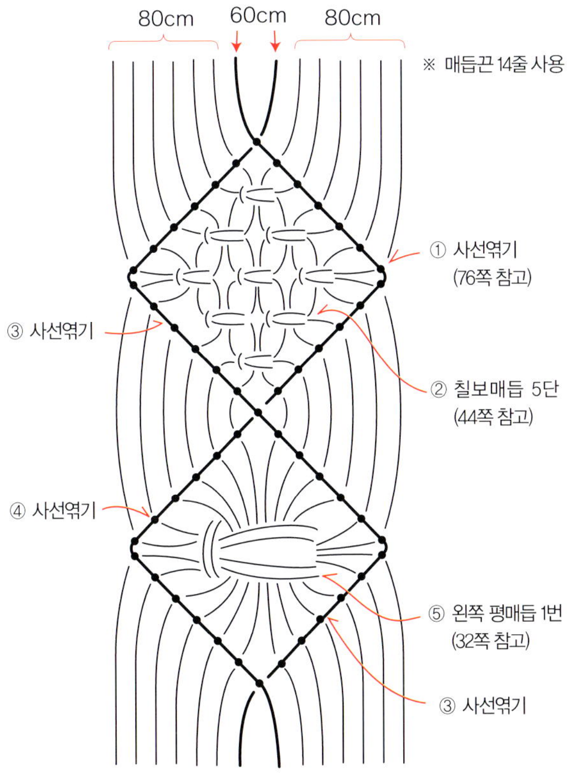

80cm 60cm 80cm

※ 매듭끈 14줄 사용

① 사선엮기 (76쪽 참고)
② 칠보매듭 5단 (44쪽 참고)
③ 사선엮기
④ 사선엮기
⑤ 왼쪽 평매듭 1번 (32쪽 참고)
③ 사선엮기

① ②
산 모양으로 사선엮기를 묶은 다음, 그림과 같이 안쪽에 칠보매듭을 다섯 단 묶는다.

③ 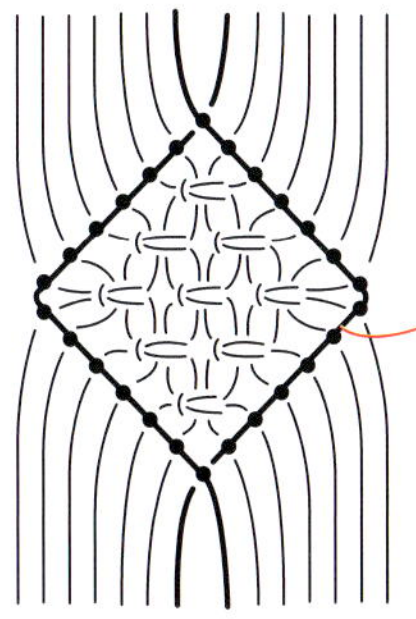
칠보매듭을 둘러싸듯이 아래쪽을 사선엮기로 묶는다.

④ ⑤
걸치기 걸치기
좌우의 끈을 맞은 편에 걸치며 산 모양으로 사선엮기를 묶는다. 그림과 같이 가운데에 놓인 끈 여덟 줄 중 심끈으로 삼고, 두 줄로 왼쪽 평매듭을 한 번 묶는다.

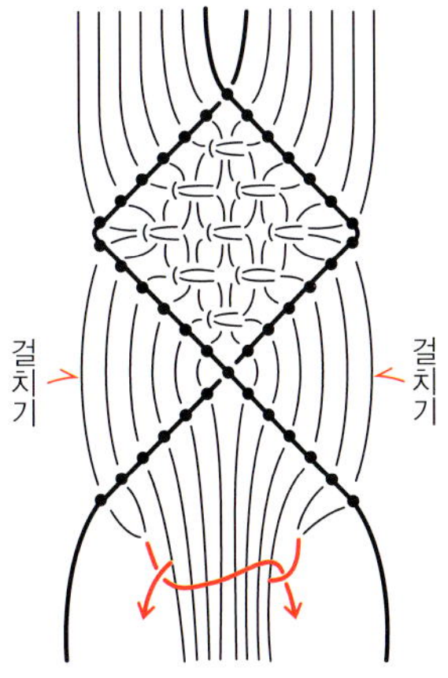

⑥ 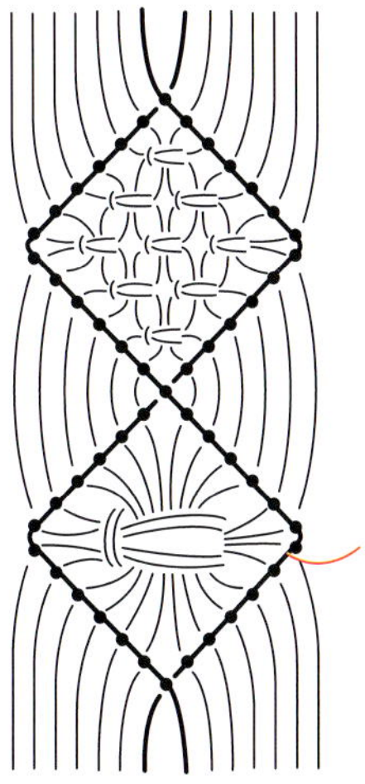
평매듭을 둘러싸듯이 아래쪽을 사선엮기로 묶는다.

응용 작품

매듭은 액세서리를 만들거나 소품에 포인트를 줄 때처럼
실생활에서 다양하게 활용할 수 있습니다. 매듭을 응용한 구체적인 사례를 소개합니다.

목걸이

1은 기초매듭이나 도래매듭 등 다양한 매듭을 사용하여 만든 목걸이입니다.
세심하게 하나하나 매듭을 묶어서 만들어봅니다.
2는 비틀어매기를 주로 사용한 목걸이입니다. 부담 없이 착용할 수 있는 내추럴한 색감이 특징입니다.

4가지 기초매듭을
조합해 10자 모양의
모티브 만들기

✸ 만드는 방법 1···152쪽 참고
2···154쪽 참고

팔찌

매듭을 활용한 대표적인 아이템인 팔찌입니다.
3, 4는 이중 비틀어매기를 사용했고 5, 6은 평매듭 사이에 우드비즈와 파워스톤을 끼웠습니다.

✽ 만드는 방법 155쪽 참고

가방과 같은 색상의 헴프 로프로 칠보매듭을 묶은 다음, 가방에 실로 꿰매어 답니다. 가방과 잘 어울리는 색상으로 매듭을 묶어봅니다.

7

✽ 만드는 방법 157쪽 참고

똑같은 가방에 두 종류의 손잡이를 달아서 각기 다른 분위기를 연출해봅니다.

가방 손잡이

끈 여러 줄로 매듭을 땋거나 꼬면 강도가 높아지므로, 가방에 어울리는 튼튼한 손잡이를 만들 수 있습니다. 직접 만든 가방에 손잡이를 만들어서 달거나, 시중에 판매되는 가방에 자신만의 취향에 맞춰 손잡이를 바꿔 달아봅니다.

8

가죽끈을 6줄 땋기로 길게 땋아 만든 가방끈을 달아서 숄더백으로 변신시켰습니다. 같은 가죽끈으로 만든 마감 장식 또한 가방에 포인트를 줍니다.

✽ 만드는 방법 158쪽 참고

✻ 만드는 방법 156쪽 참고

9

가죽끈으로 4줄 꼬기를 해서 만든 가방 손잡이입니다. 금속 구멍 등이 있는 가방은 이처럼 끈을 통과시켜서 접은 다음 다른 끈으로 로프매듭을 묶으면 간편하게 손잡이를 달 수 있습니다.

벨트

흰색 마크라메용 실로 묶은 컨트리 스타일의 벨트입니다.
이어엮기와 칠보매듭으로 섬세한 무늬를 만들어봅니다.

10

✻ 만드는 방법 159쪽 참고

주머니 끈 장식

아주 작은 노력만으로 평범한 주머니 끈을 깜찍하게 바꿀 수 있습니다. 여러 명이 똑같은 디자인의 주머니를 사용할 경우, 끈만 바꿔 달아도 자신만의 포인트가 될 수 있습니다.

✻ 만드는 방법 160쪽 참고

장식끈 & 핸드폰 줄

끈 한 줄로 만들 수 있는 장식 끈과 핸드폰 줄입니다. 파우치나 휴대전화 등에 달거나 여러 가지 소품에 사용할 수 있습니다. 끈의 색상을 바꾸거나 마음에 드는 부재료를 함께 사용해봅니다.

✻ 만드는 방법 13…160쪽 참고
　　　　　　 14…156쪽 참고

✻ 만드는 방법 15·16…161쪽 참고
17·18…162쪽 참고

15

16

17

18

차이나 버튼

전통적인 차이나 버튼도 장식매듭으로 만들 수 있습니다.
옷뿐만 아니라 각종 소품이나 가방의 마감 장식 등으로도 사용할 수 있습니다.

버튼

19~22는 동그랗고 귀여운 모양의 아와지구슬로 만든 버튼입니다.
23·24는 별매듭으로 만든 꽃잎 모양의 버튼입니다. 아시안 코드나 가죽끈 등
사용하는 소재에 따라 저마다 다른 분위기를 낼 수 있습니다.

21

23

19

20

22

24

✻ 만드는 방법 163쪽 참고

※ 만드는 방법 25·28…165쪽 참고
26·27…164쪽 참고

25

26

27

28

테두리 장식

다양한 매듭을 길게 묶어서 레이스나 프릴처럼 테두리 장식으로 사용할 수 있습니다. 끈의 두께에 따라 매듭의 크기가 달라지므로, 사용할 아이템에 어울리는 소재를 선택합니다.

손수건부터 옷, 인테리어 등 일상생활에서 쓰이는 각종 아이템에 사용해봅니다. 매듭을 달 때는 눈에 잘 띄지 않는 색상의 실로 꿰맵니다.

파워스톤 그물망의 다양한 패턴

가장 인기가 많은 패턴을 모았습니다. 29·30·32는 불규칙적인 형태의 돌에 사용할 수 있는 기본 스타일입니다. 31은 카보숑 타입의 파워스톤에 적합한 프레임 스타일을 사용했습니다. 선호하는 파워스톤을 팔찌나 목걸이 등 액세서리로 만들어 착용하면 매력적입니다.

29는 파워스톤을 꺼낼 수 있도록 되어 있습니다. 취향이나 기분에 따라 파워스톤을 바꿀 수 있어 편리합니다.

✽ 만드는 방법 29·30·31···166쪽 참고
32···167쪽 참고

파워스톤 그물망의 두 가지 기본 패턴

가장 인기가 많은 기법을 소개합니다.
마음에 드는 파워스톤을 넣어서 만들어봅니다.

파워스톤 그물망 A (베이직 스타일)

둥근 모양이나 불규칙적인 형태 등 모든 형태의 파워스톤을 넣을 수 있습니다.

1 끈 네 줄의 가운데 부분을 나란히 붙이고, 셀로판테이프 등으로 고정한다.

2 가운데 끈 두 줄을 중심끈으로 삼고, 좌우에 놓인 끈으로 평매듭(32쪽 참고)을 한 번 묶는다.

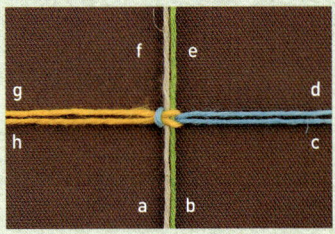

3 테이프를 떼고, 끈을 사진처럼 놓는다. 이를 각각 a~h로 분류한다.

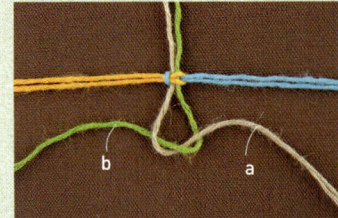

4 a, b로 맞매듭(23쪽 참고)을 묶는다. a, b를 사진처럼 묶는다.

5 다시 한 번 사진처럼 묶는다.

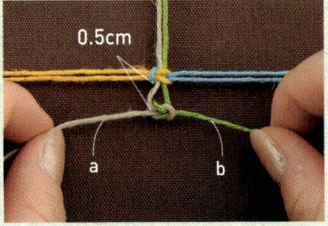

6 a, b를 좌우로 잡아당겨서 조인다. 여기까지가 맞매듭 한 번에 해당한다. 매듭코의 간격에 따라 그물코의 구멍 크기가 달라진다. 가장 일반적인 크기는 0.5cm 정도다.

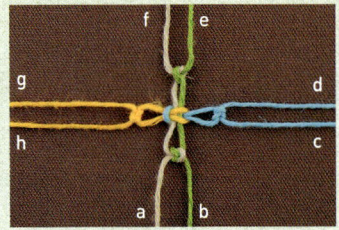

7 같은 방법으로 c와 d, e와 f, g와 h로 맞매듭을 묶는다. 이것으로 첫 번째 단이 완성되었다.

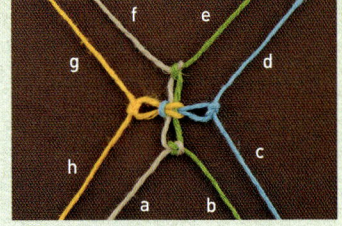

8 사진처럼 끈을 놓고 두 번째 단을 묶기 시작한다.

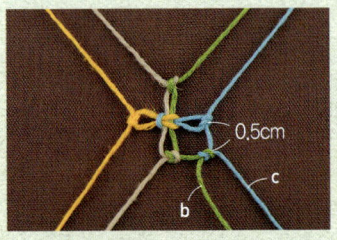

9 이어서 매듭을 묶는 끈의 조합을 바꾸고 b와 c로 맞매듭을 한 번 묶는다.

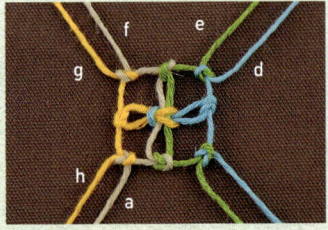

10 같은 방법으로 d와 e, f와 g, h와 a로 맞매듭을 묶는다. 이것으로 두 번째 단이 완성되었다.

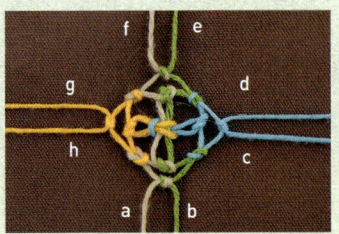

11 세 번째 단도 같은 방법으로 끈의 조합을 바꾸고 맞매듭을 묶는다.

12 파워스톤이 들어갈 만큼 어느 정도 매듭이 완성되면, 그물망 안에 파워스톤을 넣는다. 그런 다음 파워스톤의 모양에 맞춰 같은 방법으로 계속 맞매듭을 묶는다.

13 파워스톤을 완전히 감쌀 때까지 매듭을 묶은 다음 모양을 다듬는다.

14 사진처럼 끈 여섯 줄을 중심끈으로 삼고, 나머지 두 줄로 평매듭을 한 번 묶는다.

15 단단하게 매듭을 묶은 다음 끈을 잡아당겨서 조이면 파워스톤 그물망이 완성된다.

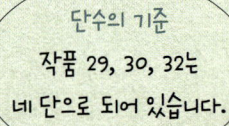

단수의 기준
작품 29, 30, 32는 네 단으로 되어 있습니다.

파워스톤 그물망 B (프레임 스타일)

카보숑 타입의 파워스톤에 적합합니다.

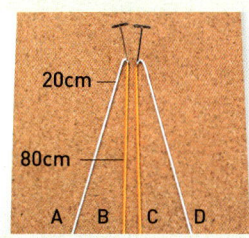

1 끈 두 줄을 각각 20cm(A, D)와 80cm(B, C)가 되도록 접는다. A와 D를 바깥쪽에 고정한다.

※알아보기 쉽도록 두 가지 색의 끈을 사용했습니다. 치수는 작품 31을 만들 때의 길이입니다.

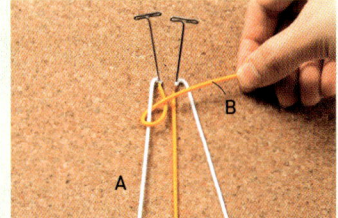

2 A를 중심끈, B를 매듭끈으로 삼고 오른쪽 레이스엮기(59쪽 참고)를 한 번 묶는다.

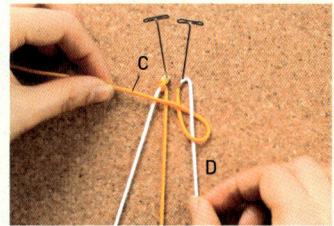

3 D를 중심끈, C를 매듭끈으로 삼고 왼쪽 레이스엮기(59쪽 참고)를 한 번 묶는다.

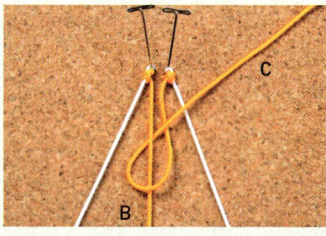

4 이어서 B와 C로 좌우엮기(29쪽 참고)를 한다. B를 중심끈으로 삼고, C를 위에서 아래로 통과시킨다.

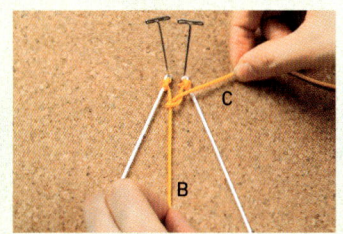

5 끈을 잡아당겨서 조인다.

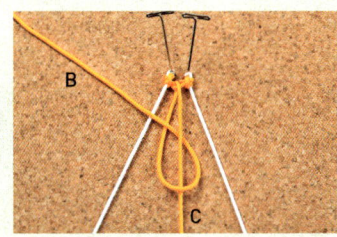

6 C를 중심끈으로 삼고, B를 위에서 아래로 통과시킨다.

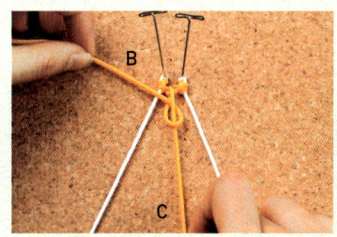

7 끈을 잡아당겨서 조인다. 여기까지가 좌우엮기 한 번에 해당한다.

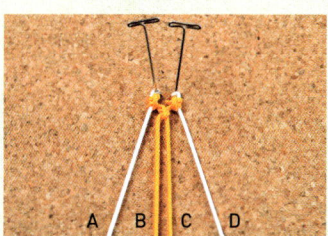

8 오른쪽 레이스엮기 한 번, 왼쪽 레이스엮기 한 번, 좌우엮기 한 번을 묶으면 한 단이 완성된다.

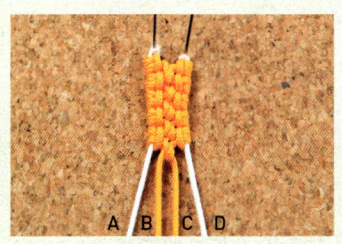

9 2~7의 과정을 반복하여 다섯 단을 완성한 모습이다.

10 파워스톤의 둘레와 길이가 같아질 때까지 매듭을 묶는다. 이 면이 앞면이 된다. (작품 31은 약 7cm)

11 코르크보드에서 매듭을 떼어낸 후, 매듭의 시작 부분에 있는 고리에 핀을 통과시켜 끈 한 줄이 들어갈 정도의 크기가 되도록 잡아당긴다.

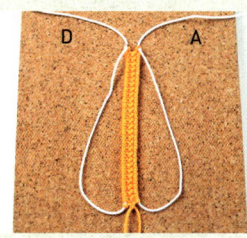

12 파워스톤을 감쌌을 때 앞면이 바깥쪽으로 나오도록 뒷면을 위에 놓고, A와 D를 11의 고리 안으로 통과시킨다.

13 A와 D를 잡아당겨서 조인다.

14 매듭 안쪽에 파워스톤을 넣고 잘 밀착되도록 A와 D를 세게 잡아당겨서 조인다.

15 매듭이 파워스톤을 완전히 감싸면, 끈 한 줄로 옭매듭(22쪽 참고)을 묶는다.

16 끈을 잡아당겨서 조이면 파워스톤 그물망이 완성된다.

140쪽 1

사이즈 … 목둘레 약 95cm

✻재료

아시안 코드 1mm

매듭끈A 세이지(741) 250cm×1줄

매듭끈B 세이지(741) 200cm×1줄

비취 스타일의 부재료

연화(AC1103) 1개

파워스톤

둥근 구슬 6mm 크기 어벤츄린(AC287) 1개

⑤ 파워스톤에 매듭끈 통과시키는 방법

매듭끈 B
가운데
파워스톤
매듭끈 A

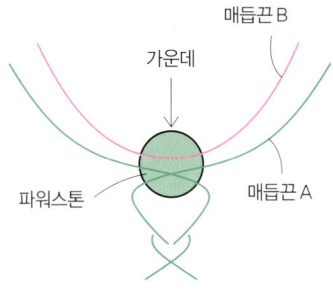

⑫ ⑪도래매듭에서 이어서 묶는 한줄 구슬매듭 방법

A
B

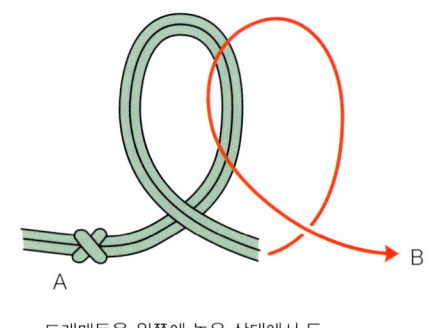

도래매듭을 왼쪽에 놓은 상태에서 두 줄을 합쳐 그림과 같이 한줄 구슬매듭을 묶기 시작한다. 코드의 끝을 자른 다음 안쪽에 접착제를 바른다.

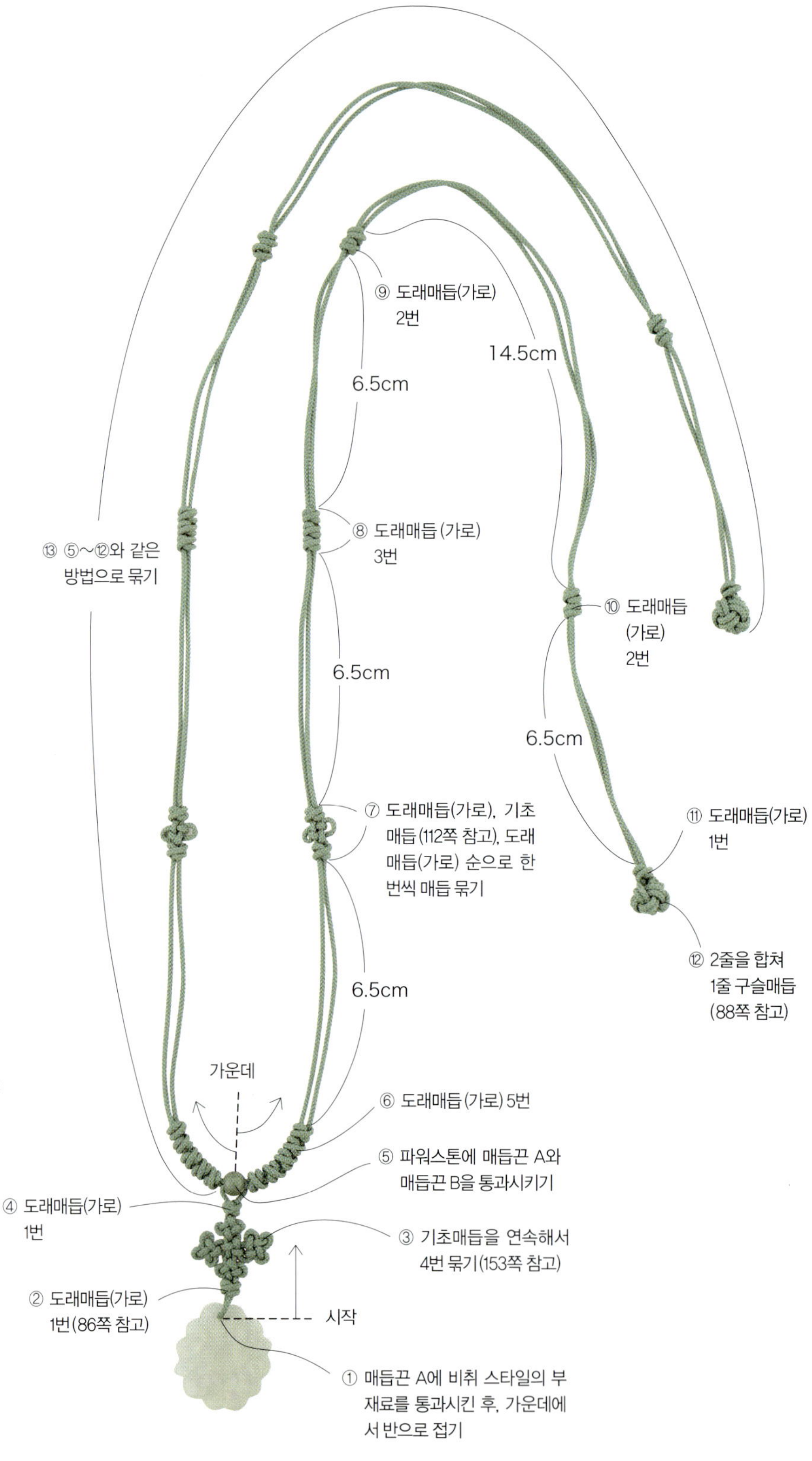

⑨ 도래매듭(가로) 2번
14.5cm
6.5cm
⑧ 도래매듭(가로) 3번
⑬ ⑤~⑫와 같은 방법으로 묶기
⑩ 도래매듭(가로) 2번
6.5cm
6.5cm
⑦ 도래매듭(가로), 기초매듭(112쪽 참고), 도래매듭(가로) 순으로 한 번씩 매듭 묶기
⑪ 도래매듭(가로) 1번
⑫ 2줄을 합쳐 1줄 구슬매듭 (88쪽 참고)
6.5cm
가운데
⑥ 도래매듭(가로) 5번
⑤ 파워스톤에 매듭끈 A와 매듭끈 B을 통과시키기
④ 도래매듭(가로) 1번
③ 기초매듭을 연속해서 4번 묶기(153쪽 참고)
② 도래매듭(가로) 1번(86쪽 참고)
시작
① 매듭끈 A에 비취 스타일의 부재료를 통과시킨 후, 가운데에서 반으로 접기

③ 기초매듭을 연달아 묶는 방법

1

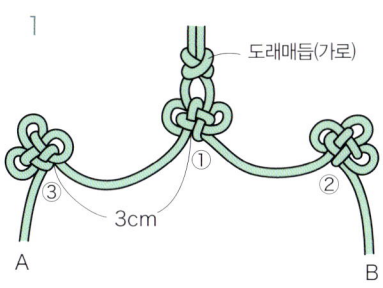

가운데에 ①의 기초매듭(112쪽 참고)을 묶는다. 165쪽을 참고해서 ②의 기초매듭을 한 번 묶는다. 매듭을 뒤집은 다음 ②와 같은 방법으로 ③의 매듭을 묶는다. 매듭 사이의 간격은 3cm 정도로 벌린다.

2

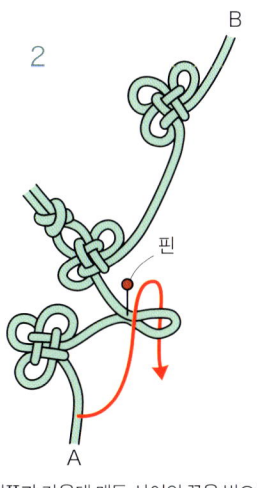

왼쪽과 가운데 매듭 사이의 끈을 반으로 접은 다음 핀을 꽂는다. A 코드를 위에서 아래로 통과시킨다.

3

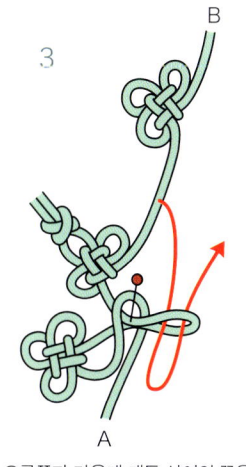

오른쪽과 가운데 매듭 사이의 끈을 반으로 접은 다음, 2에서 만든 고리 안으로 통과시킨다.

4

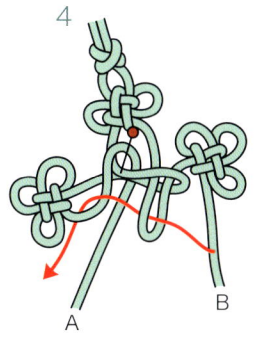

B를 화살표 방향으로 각 고리 안으로 통과시킨다.

5

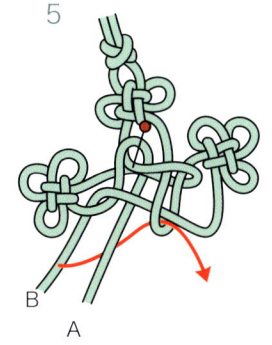

B를 A의 아래로 통과시킨 다음 오른쪽 고리 안으로 통과시킨다.

6

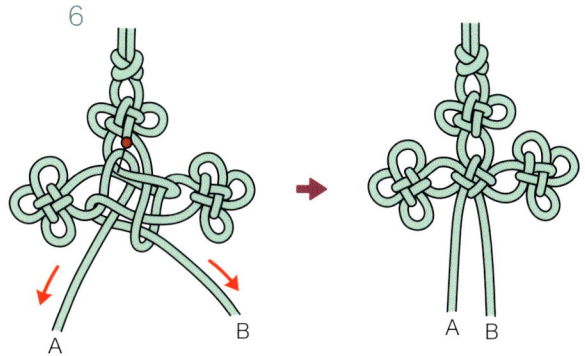

끈을 잡아당겨서 가운데 매듭 모양을 다듬은 다음 핀을 뽑는다.

7

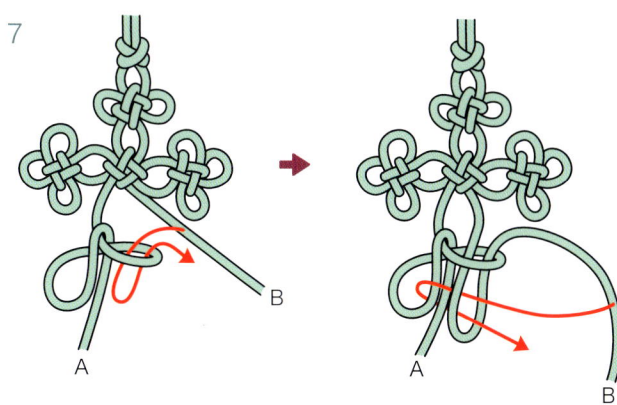

마지막으로 기초매듭을 묶는다.

8

A, B를 잡아당겨 서 조인다.

9

기초매듭 네 개가 가운데에 오도록 끈을 잡아당겨서 모양을 다듬는다.

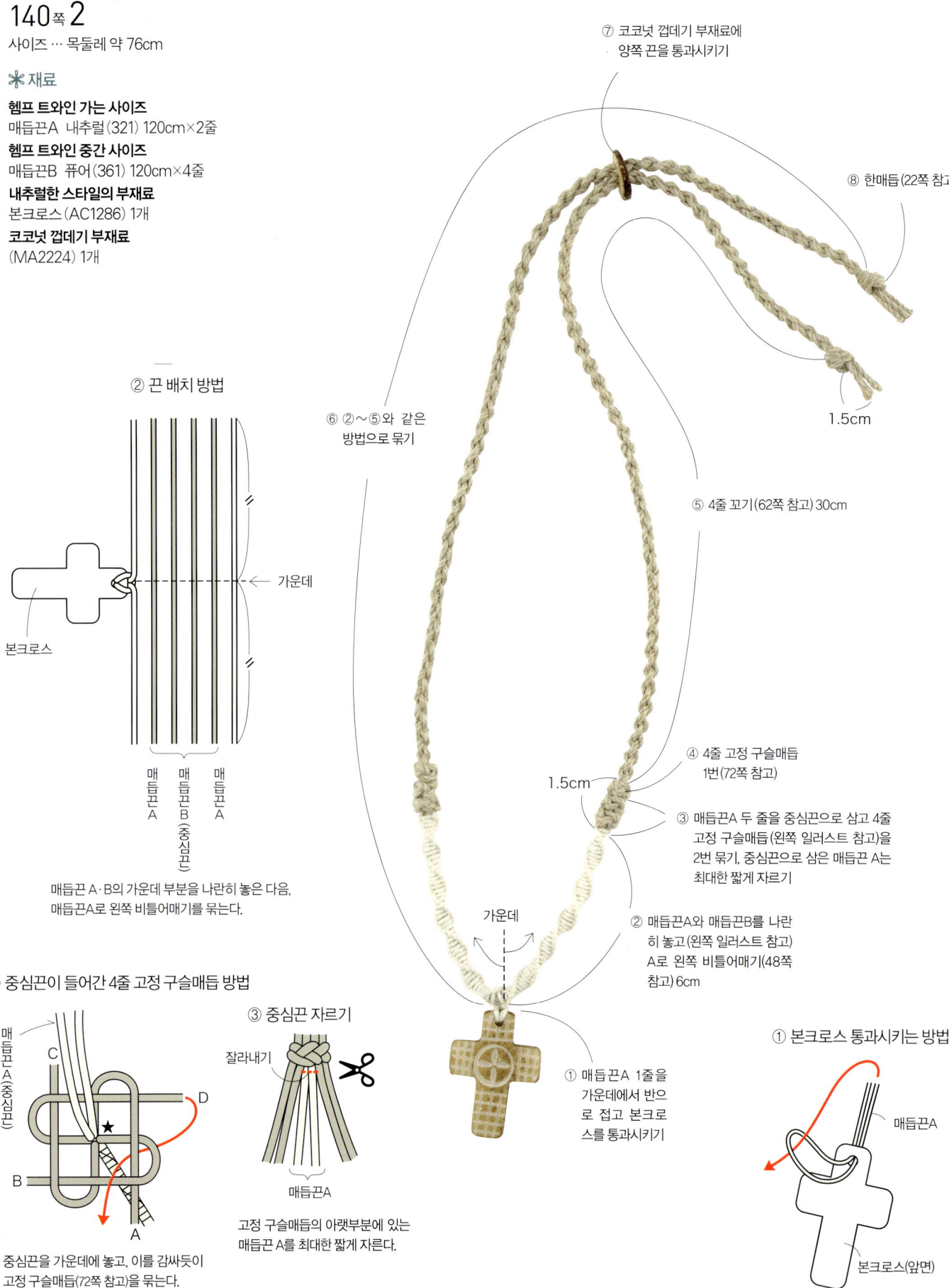

141쪽 3~6

사이즈 … 손목둘레 약 16cm

✾ 3의 재료

헴프 트와인 중간 사이즈
매듭끈A 내추럴(321) 200cm×1줄
매듭끈B 에스닉 단조메(段染)(372) 200cm×1줄
중심끈 내추럴(321) 70cm×2줄

내추럴 우드비즈
둥근 구슬 12mm 파인우드(W601) 1개

✾ 4의 재료

헴프 트와인 중간 사이즈
매듭끈A 퓨어(361) 200cm×1줄
매듭끈B 로그우드(344) 200cm×1줄
중심끈 퓨어(361) 70cm×2줄

마크라메 우드비즈
12mm 갈색(MA2202) 1개

✾ 5의 재료

헴프 트와인 중간 사이즈
매듭끈 퓨어(361) 200cm×1줄
중심끈 퓨어(361) 70cm×2줄

마크라메 우드비즈
8mm 갈색(MA2201) 3개

파워스톤
둥근 구슬 6mm 아마조나이트(AC382) 2개

✾ 6의 재료

헴프 트와인 중간 사이즈
매듭끈 마젠타(335) 200cm×1줄
중심끈 마젠타(335) 70cm×2줄

내추럴 우드비즈
둥근 구슬 8mm 파인우드(W591) 3개

파워스톤
둥근 구슬 6mm 로즈쿼츠(AC284) 2개

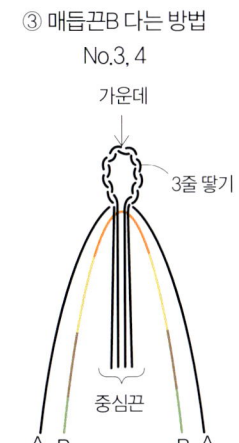

③ 매듭끈B 다는 방법 No.3, 4
③ 끈 배치 방법 No.5, 6

※No.3의 매듭끈B는 단조메(段染)의 색상이 좌우 대칭이 되도록 매듭을 묶습니다.

No.3, 4

① 중심끈과 매듭끈A를 가운데에 나란히 놓고 3줄 땋기(54쪽 참고) 4cm
② 3줄 땋기한 부분을 반으로 접은 다음 매듭끈 A로 평매듭 1번(32쪽 참고)
③ 매듭끈 B로 왼쪽 이중 비틀어매기(50쪽 참고) 16cm
④ 우드비즈를 통과시키기
⑤ 매듭끈A 2줄로 옭매듭(22쪽 참고)을 묶고 접착제를 발라 매듭 부분을 고정하기

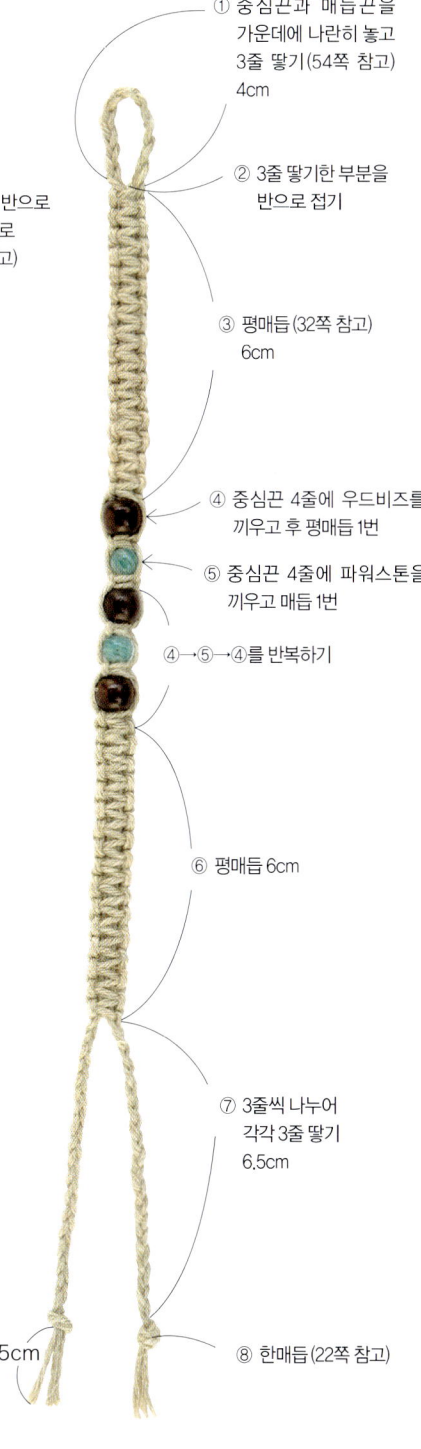

No.5, 6

① 중심끈과 매듭끈을 가운데에 나란히 놓고 3줄 땋기(54쪽 참고) 4cm
② 3줄 땋기한 부분을 반으로 접기
③ 평매듭(32쪽 참고) 6cm
④ 중심끈 4줄에 우드비즈를 끼우고 후 평매듭 1번
⑤ 중심끈 4줄에 파워스톤을 끼우고 매듭 1번
④→⑤→④를 반복하기
⑥ 평매듭 6cm
⑦ 3줄씩 나누어 각각 3줄 땋기 6.5cm
⑧ 한매듭(22쪽 참고)

143쪽 9

사이즈 … 길이 약 21cm

재료 (손잡이 2줄 기준)
보태니컬 레더 코드 [5mm]
그린(814) 80cm×4줄
마이크로 마크라메 코드
카키(1452) 50cm×4줄

※두 줄을 만듭니다.

③ 4줄 땋기(62쪽 참고)

19cm

⑤ 마크라메 코드로 로프매듭을 묶은 다음 끝 부분은 불로 그을러서 마무리하기

② 마크라메 코드로 로프매듭(24쪽 참고)을 묶은 다음, 끝을 불로 그을러서 마무리(18쪽 참고)하기

1cm 1cm

④ 레더 코드를 아래의 그림과 같이 통과시키기

시작 ①

① 시작 방법

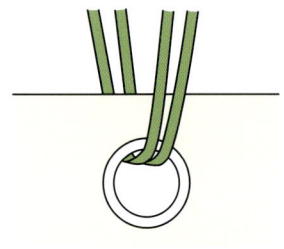

레더 코드 두 줄을 구멍에 통과시키고 끈의 가운데에서 반으로 접는다.

④ 레더 코드 통과시키는 방법

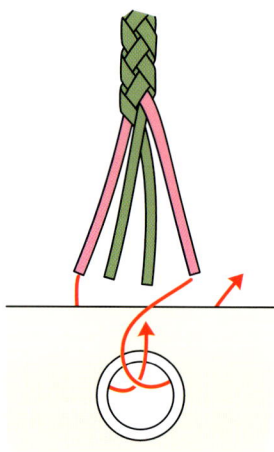

1. 레더 코드 2줄을 금속 구멍에 어긋나게 통과시킨다.

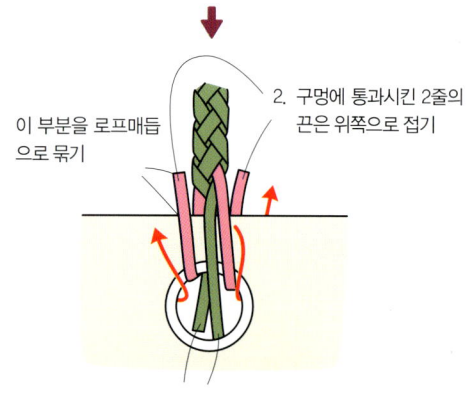

이 부분을 로프매듭으로 묶기

2. 구멍에 통과시킨 2줄의 끈은 위쪽으로 접기

3. 나머지 2줄을 바깥쪽과 안쪽에 각각 1줄씩 놓은 다음, 로프매듭을 묶고 남은 끝 부분은 최대한 짧게 자르기

144쪽 14

사이즈 … 길이 약 7.5cm (금속 장식의 길이 제외)

재료
로맨스 코드 1.5mm
오프 화이트(859) 100cm×1줄
스위트 워터 펄
7~8m(AC706) 4개
핸드폰 줄 고리
(S1013) 1개

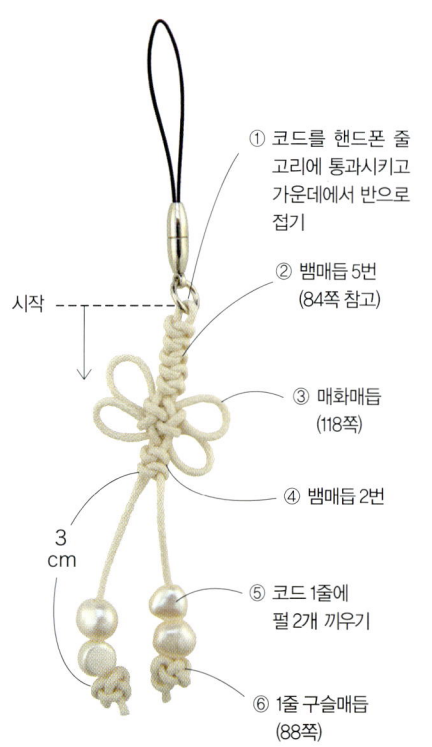

시작

① 코드를 핸드폰 줄 고리에 통과시키고 가운데에서 반으로 접기

② 뱀매듭 5번 (84쪽 참고)

③ 매화매듭 (118쪽)

④ 뱀매듭 2번

3cm

⑤ 코드 1줄에 펄 2개 끼우기

⑥ 1줄 구슬매듭 (88쪽)

142쪽 7

사이즈 ··· 길이 35cm

❋ 재료 (손잡이 2줄 기준)

헴프 로프 가는 사이즈
매듭끈 A 내추럴(562) 100cm×8줄
매듭끈 B 내추럴(562) 130cm×4줄
매듭끈 C 머스터드(563) 130cm×4줄

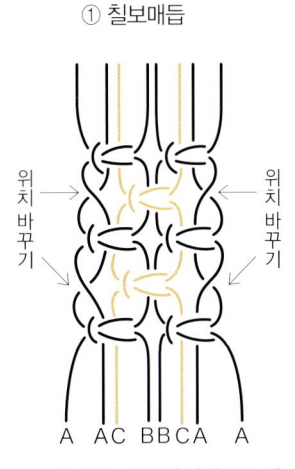

① 칠보매듭

A   A C   B B   C A   A

매듭끈A는 안쪽과 바깥쪽 끈 배치를 바꿔가며 매듭을 묶는다.

※ 매듭 사이에는 간격을 두지 않습니다.

위치 바꾸기

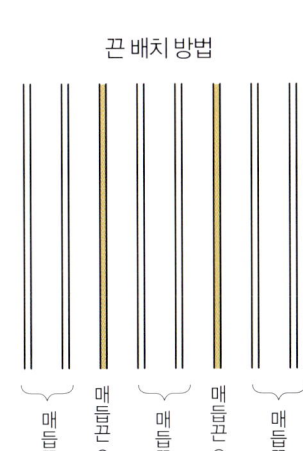

끈 배치 방법

매듭끈 A / 매듭끈 C / 매듭끈 B / 매듭끈 C / 매듭끈 A

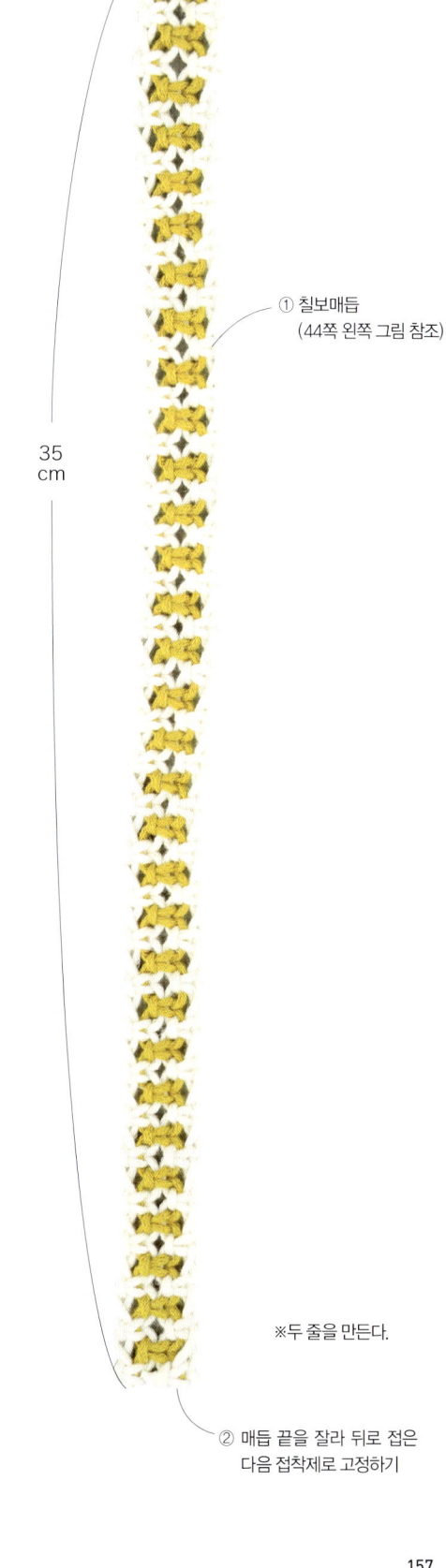

시작

③ 매듭 끝을 잘라 뒤로 접은 다음 접착제로 고정하기

① 칠보매듭
(44쪽 왼쪽 그림 참조)

35cm

※두 줄을 만든다.

② 매듭 끝을 잘라 뒤로 접은 다음 접착제로 고정하기

공그르기   공그르기

※ 원하는 사이즈의 가방에 손잡이를 공그르기로 답니다.

142쪽 8

사이즈 … 어깨끈 156cm, 고리 약 8.5cm, 버튼 지름 약 1.5cm

✻ 어깨끈 재료
보태니컬 레더 코드 [3mm]
브라운(812) 170cm×6줄
마이크로 마크라메 코드
브라운(1453) 50cm×2줄

✻ 고리 재료
보태니컬 레더 코드 [3mm]
브라운(812) 30cm×1줄
마이크로 마크라메 코드
브라운(1453) 15cm×1줄

✻ 버튼 재료
보태니컬 레더 코드 [3mm]
브라운(812) 40cm×1줄
내추럴 우드비즈
둥근 구슬 12mm 1개

143쪽 10
사이즈 … 길이 190cm

✱ 재료
코튼 코드 소프트3
매듭끈 A 무표백(生成)(271) 330cm×6줄
매듭끈 B 무표백(生成)(271) 400cm×2줄

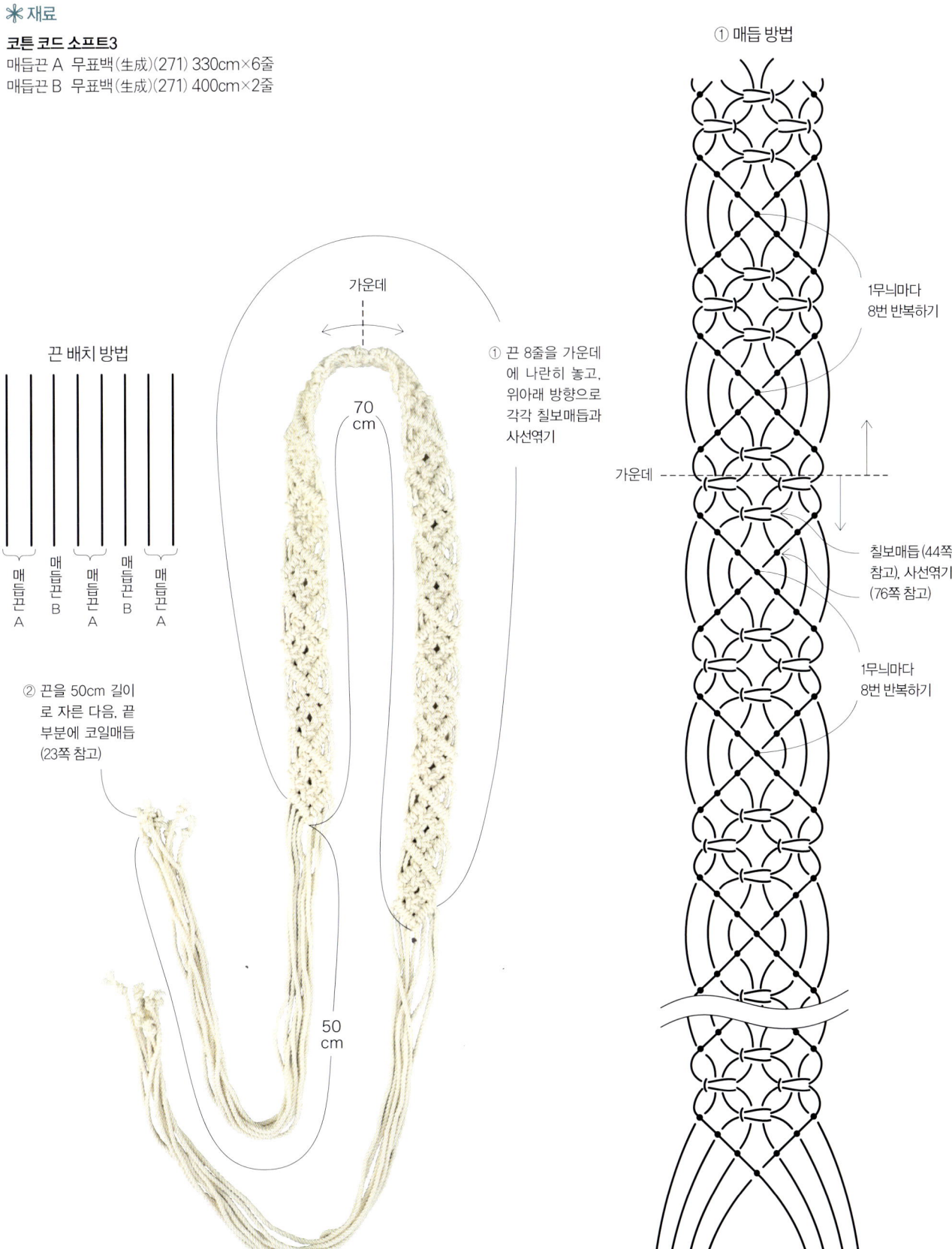

끈 배치 방법: 매듭끈A / 매듭끈B / 매듭끈B / 매듭끈B / 매듭끈A

① 매듭 방법

① 끈 8줄을 가운데에 나란히 놓고, 위아래 방향으로 각각 칠보매듭과 사선엮기

② 끈을 50cm 길이로 자른 다음, 끝부분에 코일매듭 (23쪽 참고)

가운데

70cm / 50cm

1무늬마다 8번 반복하기

칠보매듭(44쪽 참고), 사선엮기(76쪽 참고)

1무늬마다 8번 반복하기

144쪽 11·12

사이즈 … 11=약 6cm(매듭 부분), 12=약 4cm(매듭 부분)

❋ 11의 재료
아시안 코드 2.5mm
흰색(721) 100cm×2줄

❋ 12의 재료
빈티지 레더 코드 [1.5mm]
내추럴(501) 125cm×2줄
파워스톤
둥근 구슬 6mm 타입 어벤츄린(AC287) 4개

① 코드 통과시키는 방법

No.11

※ No.12도 같은 방법으로 주머니에 코드를 통과시키고 묶기

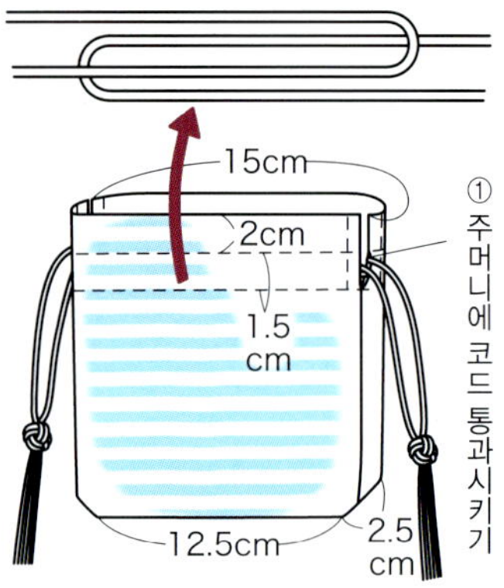

- 15cm
- 2cm
- 1.5cm
- 12.5cm
- 2.5cm
- ① 주머니에 코드 통과시키기

No.11
- ② 2줄을 합쳐 2줄 구슬매듭(89쪽 참고)
- 25cm
- 5cm
- ③ 코드를 더욱 가늘게 푼 다음 스팀다리미로 곧게 펴기

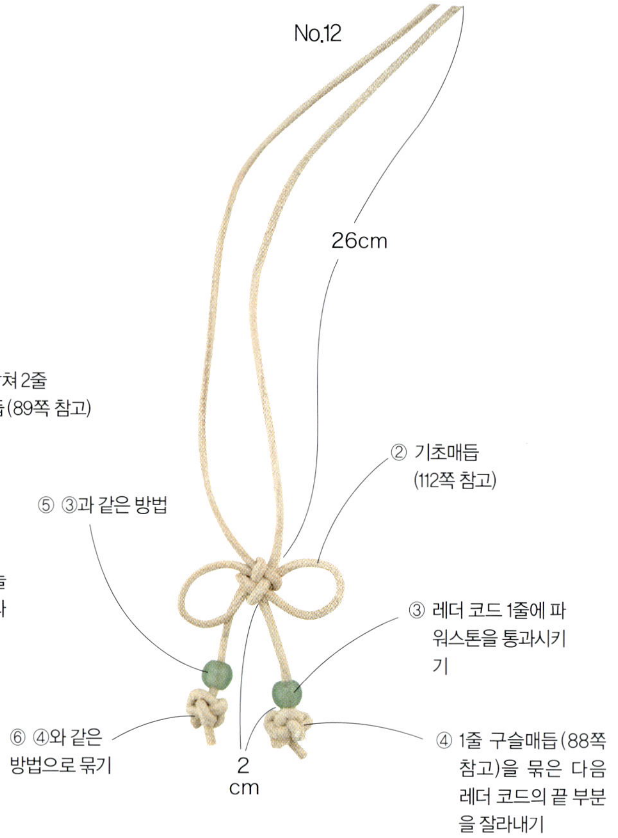

No.12
- 26cm
- ② 기초매듭(112쪽 참고)
- ⑤ ③과 같은 방법
- ③ 레더 코드 1줄에 파워스톤을 통과시키기
- ⑥ ④와 같은 방법으로 묶기
- 2cm
- ④ 1줄 구슬매듭(88쪽 참고)을 묶은 다음 레더 코드의 끝 부분을 잘라내기

143쪽 13

사이즈 … 길이 약 14cm

❋ 재료
아시안 코드 1mm 타입
도리노코(743) 100cm×1줄
알 마레(al mare)
다이아몬드(AC015) 1개
파워스톤
둥근 구슬 8mm 타입 어벤츄린(AC297) 1개

④ 동심결매듭 시작 방법

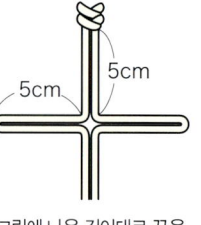

5cm / 5cm

그림에 나온 길이대로 끈을 접어서 매듭을 묶기 시작한다.

⑥ 같은 줄 로프매듭 A(응용) 묶는 방법

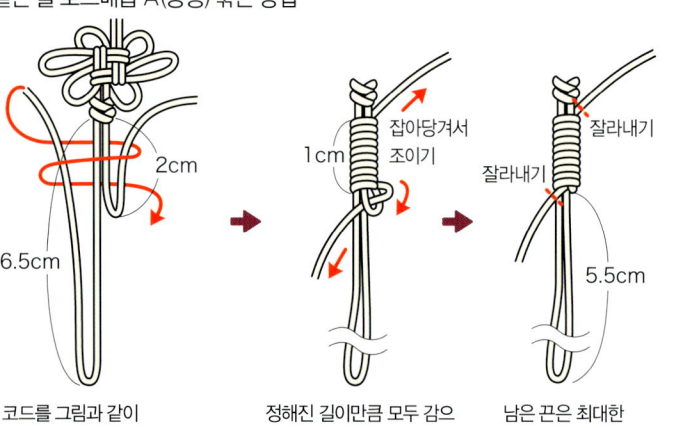

- 2cm
- 6.5cm
- 1cm 잡아당겨서 조이기
- 잘라내기
- 잘라내기
- 5.5cm

코드를 그림과 같이 접어서 돌돌 감는다.

정해진 길이만큼 모두 감으면 아래 고리에 코드 끝을 통과시킨 다음 위의 끈을 잡아당겨서 조인다.

남은 끈은 최대한 잘라낸다.

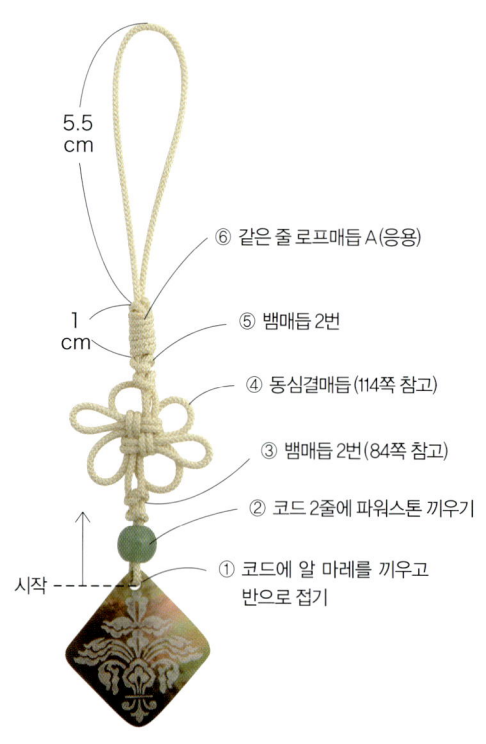

- 5.5cm
- 1cm
- 시작
- ⑥ 같은 줄 로프매듭 A(응용)
- ⑤ 뱀매듭 2번
- ④ 동심결매듭(114쪽 참고)
- ③ 뱀매듭 2번(84쪽 참고)
- ② 코드 2줄에 파워스톤 끼우기
- ① 코드에 알 마레를 끼우고 반으로 접기

145쪽 15

사이즈 … 길이 약 11cm

❋ **재료**

아시안 코드 2.5mm
연한 핑크(737) 80cm×2줄

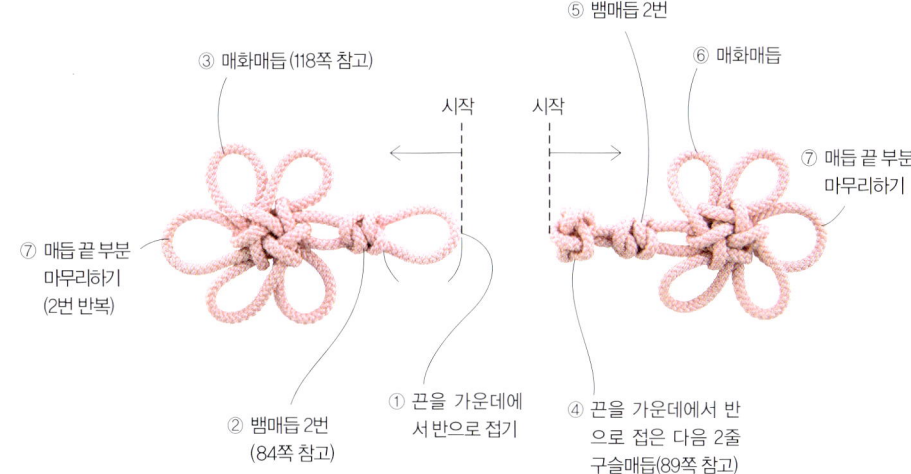

⑤ 뱀매듭 2번
⑥ 매화매듭
⑦ 매듭 끝 부분 마무리하기
③ 매화매듭(118쪽 참고)
시작
⑦ 매듭 끝 부분 마무리하기 (2번 반복)
② 뱀매듭 2번 (84쪽 참고)
① 끈을 가운데에서 반으로 접기
④ 끈을 가운데에서 반으로 접은 다음 2줄 구슬매듭(89쪽 참고)

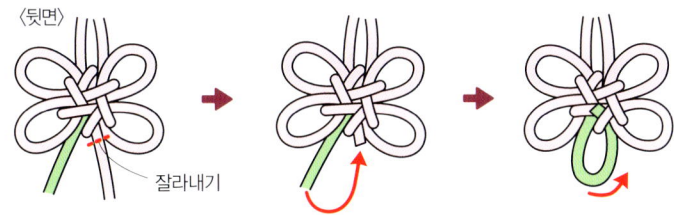

⑦ 매화매듭 마무리 하는 방법

〈뒷면〉 잘라내기

한쪽 줄을 최대한 짧게 자르고, 다른 한 줄로 고리를 만들어 매듭 안으로 집어 넣는다. 나머지 부분을 잘라낸 다음 접착제로 고정한다.

145쪽 16

사이즈 … 길이 약 10cm

❋ **재료**

아시안 코드 2.5mm
도리노코(743) 120cm×2줄

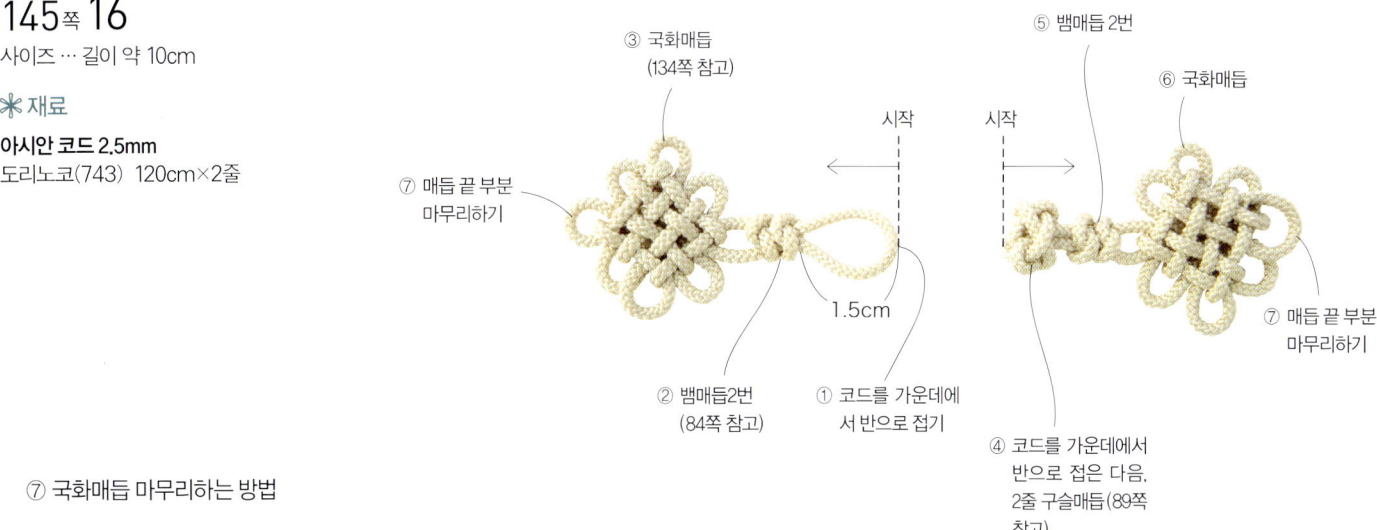

③ 국화매듭 (134쪽 참고)
⑤ 뱀매듭 2번
⑥ 국화매듭
⑦ 매듭 끝 부분 마무리하기
시작
1.5cm
② 뱀매듭2번 (84쪽 참고)
① 코드를 가운데에서 반으로 접기
④ 코드를 가운데에서 반으로 접은 다음, 2줄 구슬매듭(89쪽 참고)
⑦ 매듭 끝 부분 마무리하기

⑦ 국화매듭 마무리하는 방법

〈뒷면〉 잘라내기

한쪽 끈을 최대한 짧게 자르고, 다른 한쪽 끈으로 고리를 만들어 매듭 안으로 통과시킨다. 나머지 끈을 모두 자른 다음 접착제로 고정한다.

145쪽 17

사이즈 … 길이 약 9cm

❋ **재료**

아시안 코드 2.5mm
와카쿠사 (742) 70cm×2줄

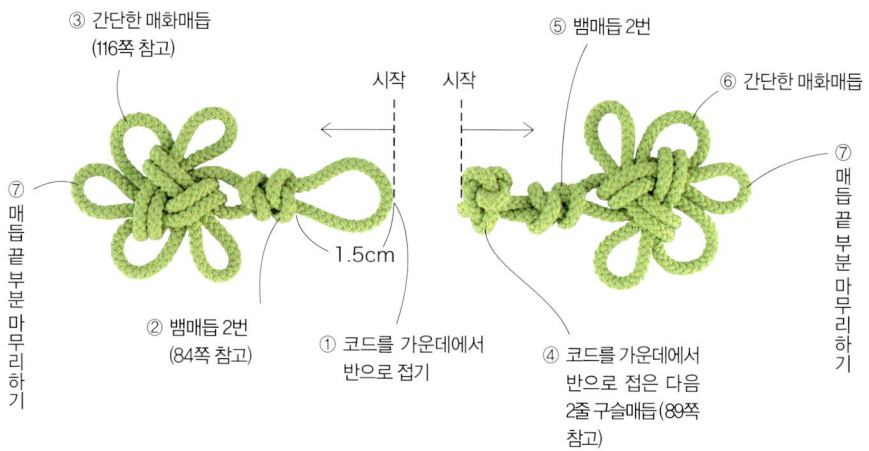

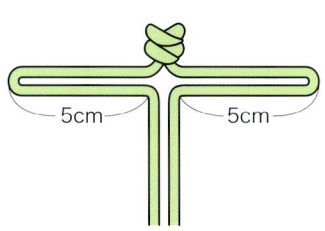

③, ⑥ 간단한 매화매듭 시작 방법

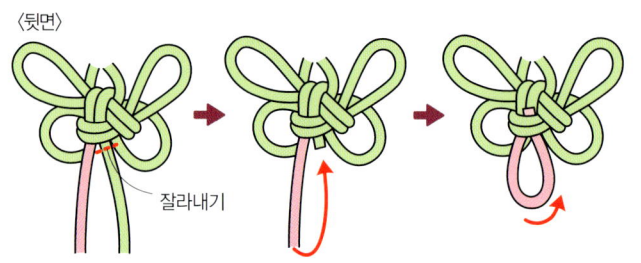

⑦ 간단한 매화매듭 마무리하는 방법

한쪽 끈을 최대한 짧게 자르고, 다른 한쪽 끈으로 고리를 만들어 매듭 안으로 통과시킨다. 나머지 끈을 모두 자른 다음 접착제로 고정한다.

145쪽 18

사이즈 … 길이 약 12cm

❋ **재료**

아시안 코드 2.5mm
노란색 (722) 90cm×2줄

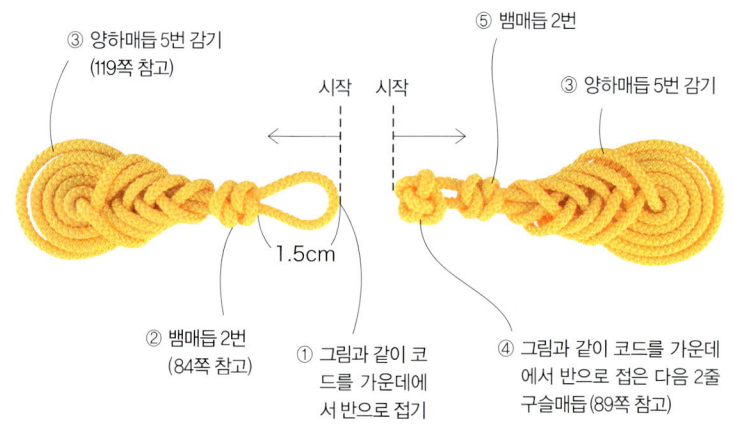

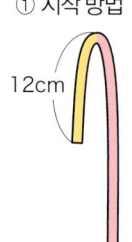

① 시작 방법

그림과 같이 끝에서 12cm인 지점에서 끈을 접어 매듭을 묶기 시작한다.

④ 시작 방법

구슬매듭을 묶을 때도 ①과 같은 방법으로 끝에서 12cm인 지점에서 끈을 접어 매듭을 묶기 시작한다.

145쪽 19~22

사이즈 … 19=지름 약 1cm, 20=지름 약 1.8cm, 21·22=지름 약 2.2cm

❋ **19의 재료**

아시안 코드 1mm
하나다(740) 70cm×1줄

❋ **20의 재료**

아시안 코드 2.5mm
쓰유쿠사(739) 100cm×1줄

❋ **21·22재료**

빈티지 레더 코드 [2.5mm]
21=내추럴(501) 100cm×1줄
22=다크브라운(504) 100cm×1줄

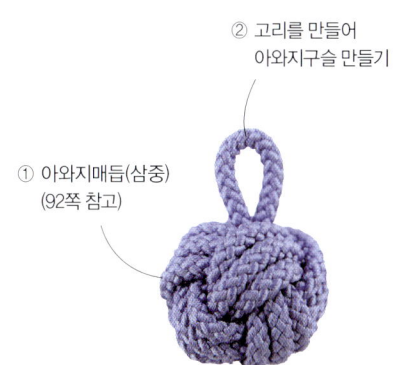

① 아와지매듭(삼중) (92쪽 참고)

② 고리를 만들어 아와지구슬 만들기

② 만드는 방법

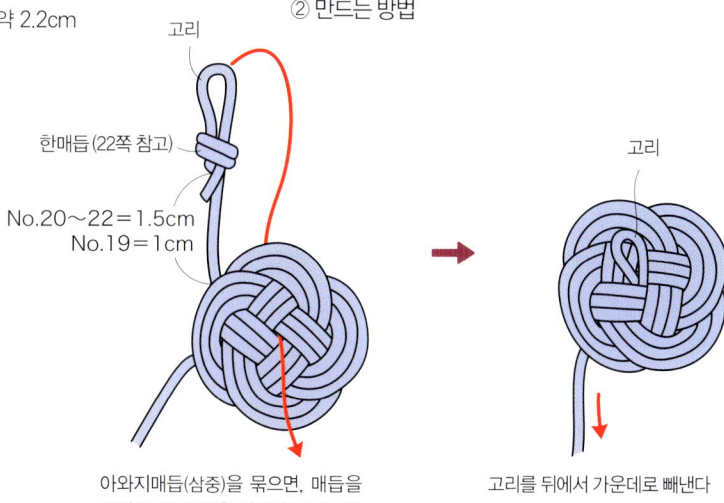

고리
한매듭(22쪽 참고)
No.20~22=1.5cm
No.19=1cm

아와지매듭(삼중)을 묶으면, 매듭을 끝낸 끈 끝 부분을 접어서 고리를 만든 다음 한매듭을 묶는다.

고리
고리를 뒤에서 가운데로 빼낸다

한매듭을 묶은 부분을 중심으로 삼고 코드를 잡아당겨서 둥근 모양으로 다듬은 다음, 코드 끝은 최대한 짧게 잘라낸다.

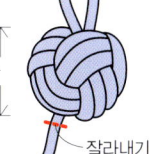

지름
No.19=약 1cm
No.20=약 1.8cm
No.21, 22=약 2.2cm
잘라내기

145쪽 23·24

사이즈 … 약 3cm

❋ **23의 재료**

빈티지 레더 코드 [2.5mm]
매듭끈 A 내추럴(501) 60cm×1줄
매듭끈 B 내추럴(501) 30cm×3줄

마이크로 마크라메 코드
화이트(1441) 30cm×1줄

❋ **24의 재료**

빈티지 레더 코드 [2.5mm]
매듭끈 A 다크브라운(504) 60cm×1줄
매듭끈 B 다크브라운(504) 30cm×3줄

마이크로 마크라메 코드
브라운(1453) 30cm×1줄

(앞면)

① 시작 방법

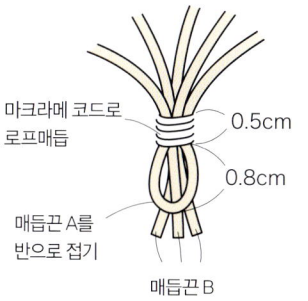

마크라메 코드로 로프매듭
0.5cm
0.8cm
매듭끈 A를 반으로 접기
매듭끈 B (마지막 ④에서 잘라내기)

(뒷면)
시작

① 매듭끈 A를 반으로 접은 다음, 매듭끈 B 3줄과 합치고 마크라메 코드로 로프매듭(24쪽 참고). 끝 부분은 불로 그을러서(18쪽 참고) 마무리하기

④ ①에서 남은 매듭끈 B의 끝을 최대한 짧게 잘라내기

③ 코드의 끝 부분 5줄을 잘라내고 접착제로 고정하기

② 별매듭(132쪽 참고)

146쪽 26

사이즈 … 길이 33cm

❋ **재료**
로맨스 코드 극세
레드 (862) 200cm×1줄

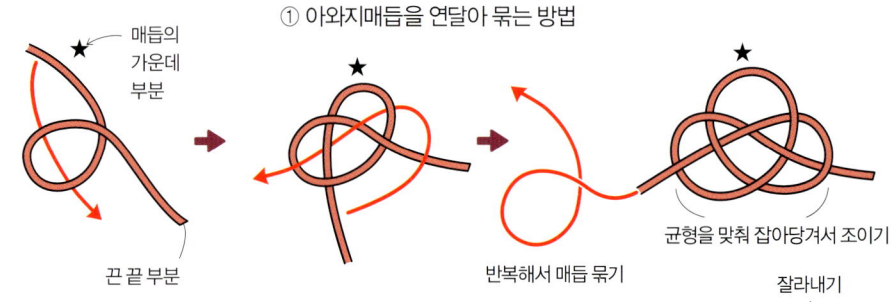

① 아와지매듭(92쪽 참고)을 연달아 묶기

146쪽 27

사이즈 … 길이 33cm

❋ **재료**
헴프 트와인 가는 사이즈
내추럴 (321) 370cm×2줄
루스 비즈(글래스 타입)
펄 (AC1391) 60개

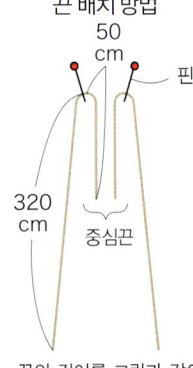

끈의 길이를 그림과 같이 바꿔서 접는다.

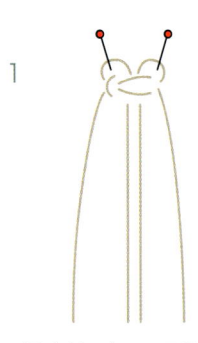

가운데에 놓인 끈 두 줄을 중심끈으로 삼고 평매듭을 한 번 묶는다.

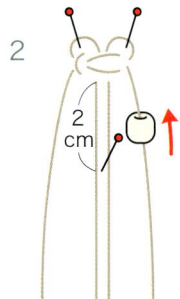

오른쪽 매듭끈에 비즈를 끼우고 매듭코에서 아래 2cm 지점에 핀을 꽂아 표시한다.

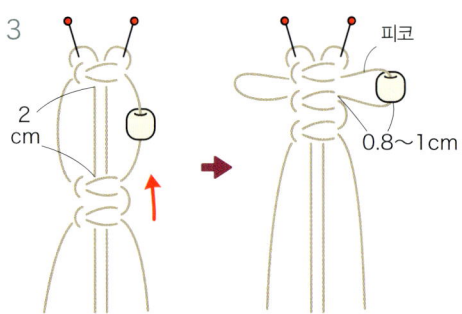

평매듭을 두 번 묶는다. 핀을 뽑은 다음, 중심끈은 그대로 곧게 당기고 매듭코를 위로 밀어 올리면 양쪽 끝에 피코가 완성된다.

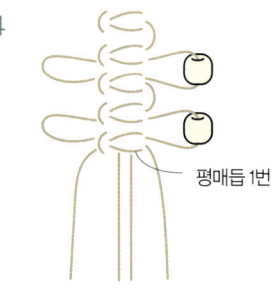

2, 3을 반복한 다음 마지막에 평매듭을 한 번 지어 마무리

① 평매듭(32쪽 참고)을 2번 묶은 다음, 비즈를 끼워 피코매듭(41쪽) 묶기

146쪽 25

사이즈 ··· 길이 29cm

✽ **재료**

헴프 로프 가는 사이즈
매듭끈 A 내추럴(562) 200cm×1줄
매듭끈 B 내추럴(562) 60cm×1줄

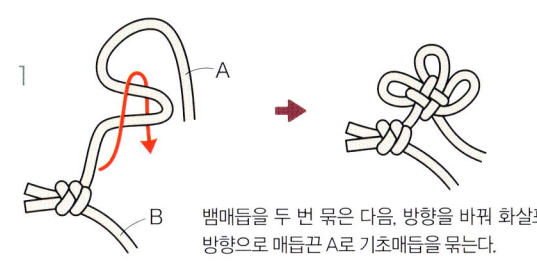

뱀매듭을 두 번 묶은 다음, 방향을 바꿔 화살표 방향으로 매듭끈 A로 기초매듭을 묶는다.

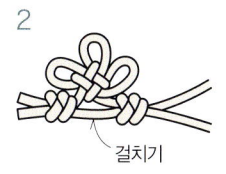

이어서 뱀매듭을 두 번 묶는다. 맞은편에 있던 끈을 걸친다.

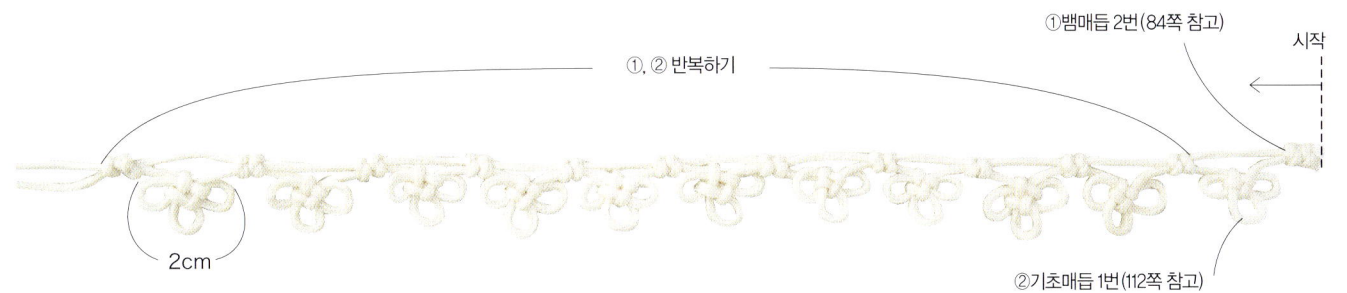

146쪽 28

사이즈 ··· 길이 33cm

✽ **재료**

스테인리스 코드 0.8mm
매듭끈 A 앤티크 골드(713) 410cm×1줄
매듭끈 B 앤티크 골드(713) 330cm×1줄

끈 배치 방법

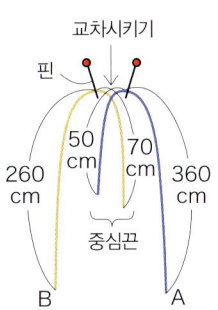

코드이 길이를 그림과 같이 바꿔서 접는다.

① 매듭 방법

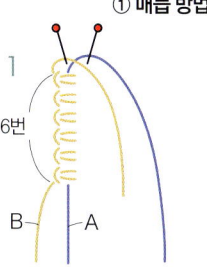

50cm로 접은 A를 중심끈으로 삼고, 260cm로 접은 B로 왼쪽 레이스엮기를 여섯 번 묶는다.

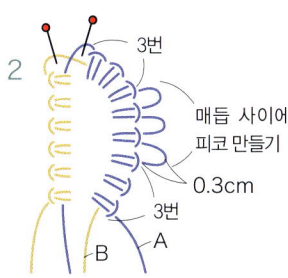

70cm로 접은 B를 중심끈으로 삼고, 360cm로 접은 A로 피코를 만들면서 오른쪽 레이스엮기를 여덟 번 묶는다.

피코 만드는 방법

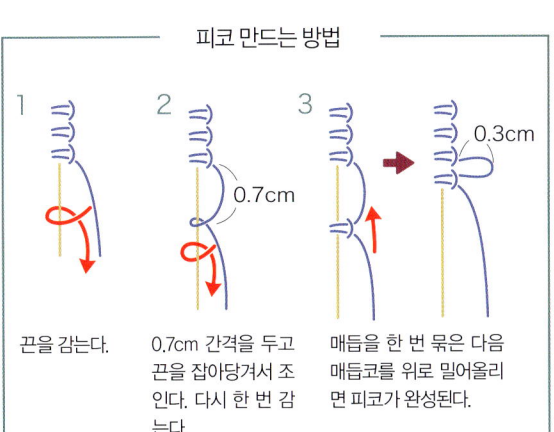

1. 끈을 감는다.
2. 0.7cm 간격을 두고 끈을 잡아당겨서 조인다. 다시 한 번 감는다.
3. 매듭을 한 번 묶은 다음 매듭코를 위로 밀어올리면 피코가 완성된다.

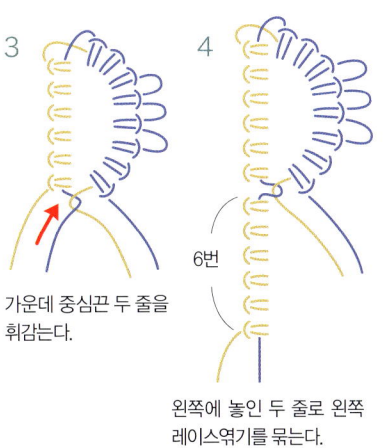

가운데 중심끈 두 줄을 휘감는다. 왼쪽에 놓인 두 줄로 왼쪽 레이스엮기를 묶는다.

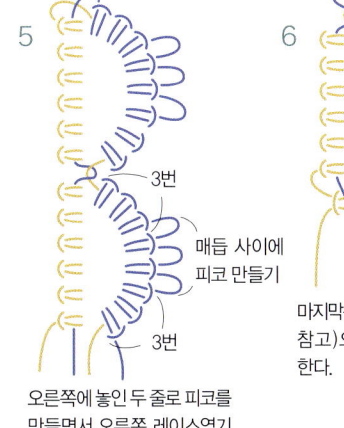

오른쪽에 놓인 두 줄로 피코를 만들면서 오른쪽 레이스엮기 여덟 번 묶으며 3~5의 과정을 반복한다.

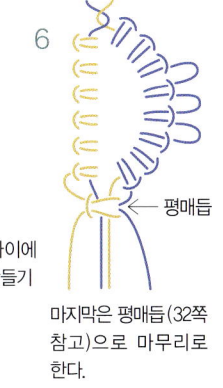

마지막은 평매듭(32쪽 참고)으로 마무리로 한다.

①레이스엮기(59쪽 참고)를 위에 나온 그림과 같이 피코를 만들며 묶기

147쪽 29

사이즈 … 목둘레 약 93cm

✻ 재료

헴프 트와인 가는 사이즈
퓨어(361) 150cm×4줄
파워스톤
탕부르 타입 천연 터키석(AC309) 1개
체코노모리 우드비즈
둥근 구슬 8mm 무표백(生成)(W1351) 1개

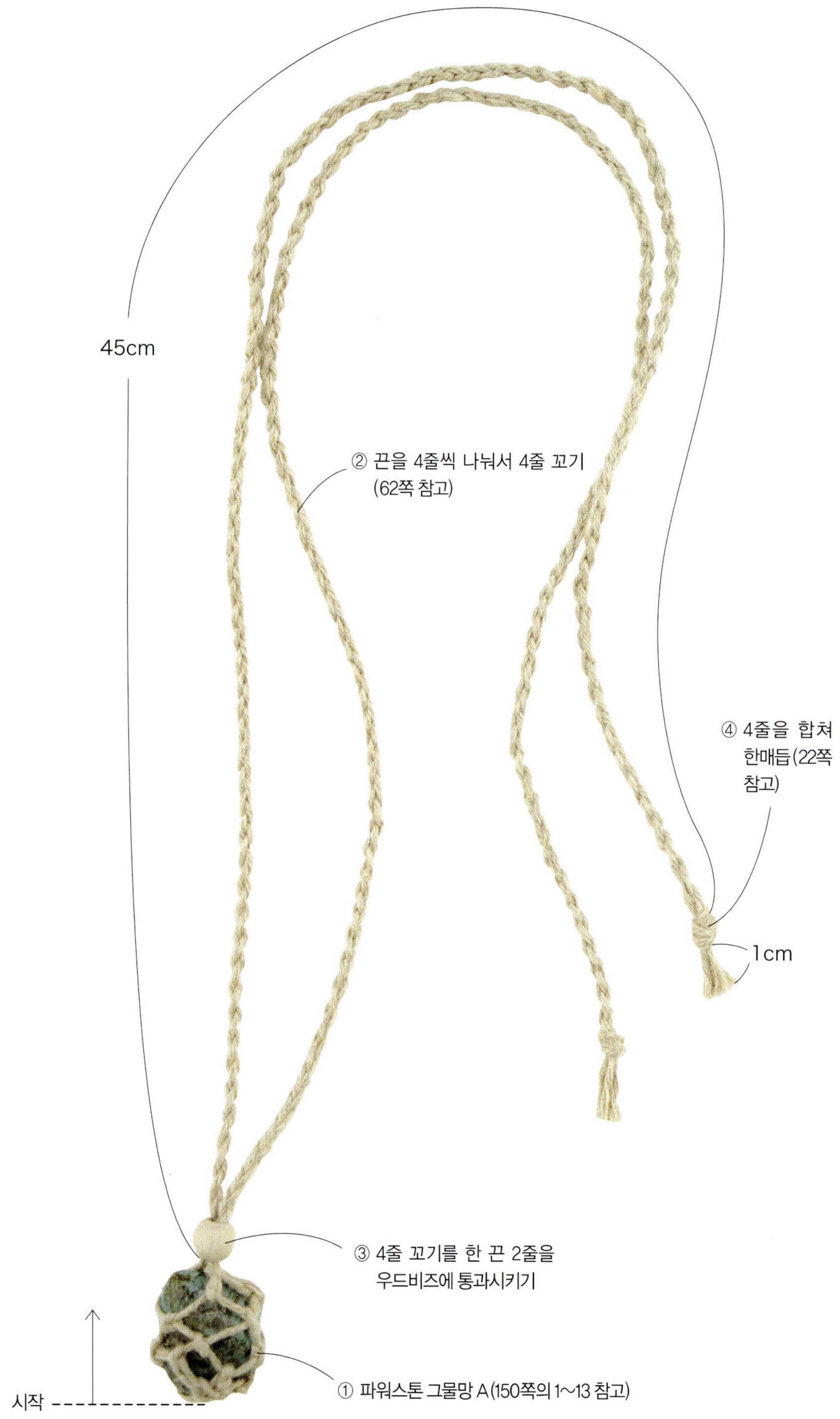

45cm

② 끈을 4줄씩 나눠서 4줄 꼬기
(62쪽 참고)

④ 4줄을 합쳐 한매듭(22쪽 참고)

1cm

③ 4줄 꼬기를 한 끈 2줄을 우드비즈에 통과시키기

① 파워스톤 그물망 A(150쪽의 1~13 참고)

시작

147쪽 30·31

사이즈 … 30=약 3.5cm, 31=약 4cm

✻ 30의 재료

로맨스 코드 극세
오프 화이트(859) 70cm×4줄
파워스톤
탕부르 타입 아메지스트(AC306) 1개

✻ 31의 재료

왁스 코드
화이트(1169) 100cm×2줄
파워스톤
카보숑 타입 로즈쿼츠(AC1151) 1개

※① No.30은 파워스톤 그물망 A(150쪽의 1~15 참고)
　No.31은 파워스톤 그물망 B(151쪽의 1~16 참고)

②고리 만드는 방법

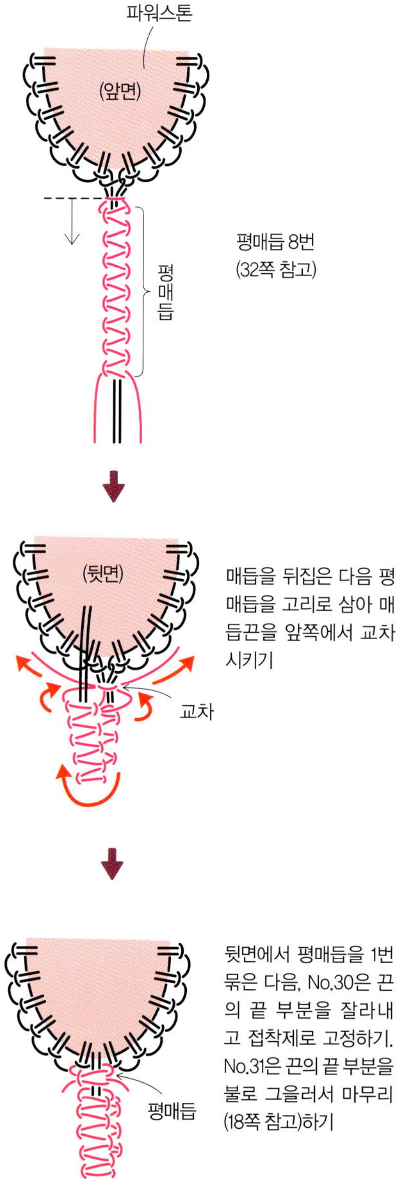

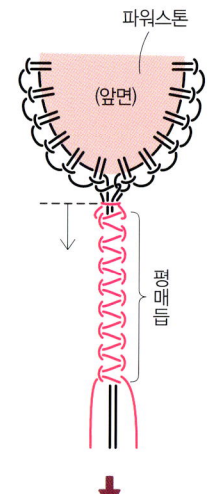

파워스톤
(앞면)
평매듭 8번 (32쪽 참고)
평매듭

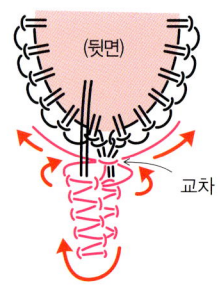

(뒷면)
매듭을 뒤집은 다음 평매듭을 고리로 삼아 매듭끈을 앞쪽에서 교차시키기
교차

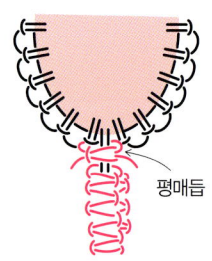

평매듭

뒷면에서 평매듭을 1번 묶은 다음, No.30은 끈의 끝 부분을 잘라내고 접착제로 고정하기. No.31은 끈의 끝 부분을 불로 그을러서 마무리(18쪽 참고)하기

147쪽 32

사이즈 … 손목둘레 약 39cm

✻ 재료

마이크로 마크라메 코드
베이지(1455) 120cm×8줄
파워스톤
카보숑 타입 카네리안(AC1152) 1개

④ 사선엮기 매듭 방법

⑦ 사선엮기 매듭 방법

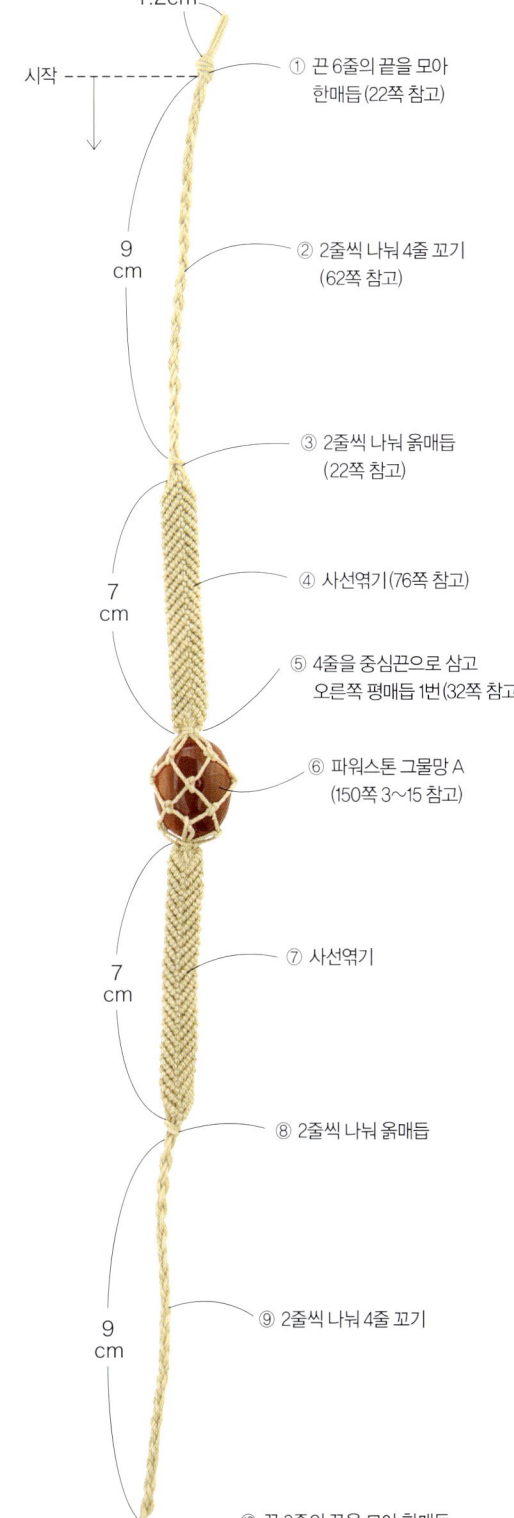

① 끈 6줄의 끝을 모아 한매듭(22쪽 참고)

시작

9 cm

② 2줄씩 나눠 4줄 꼬기 (62쪽 참고)

③ 2줄씩 나눠 옭매듭 (22쪽 참고)

7 cm

④ 사선엮기(76쪽 참고)

⑤ 4줄을 중심끈으로 삼고 오른쪽 평매듭 1번(32쪽 참고)

⑥ 파워스톤 그물망 A (150쪽 3~15 참고)

7 cm

⑦ 사선엮기

⑧ 2줄씩 나눠 옭매듭

9 cm

⑨ 2줄씩 나눠 4줄 꼬기

⑩ 끈 6줄의 끝을 모아 한매듭

1.2cm

색인

[가]
가노매듭 · 95
가로엮기 · 74
가방 손잡이 · · · · · · · · · · · · · · · · · · · 144, 145
가사매듭 · 108
가위 · 11
가죽끈 · 8
각진 4줄 접기 · 68
간단한 매화매듭 · 116
감은 옭매듭 · 25
같은 줄 로프매듭 A · · · · · · · · · · · · · · · · · · 26
같은 줄 로프매듭 A와 같은 줄 로프매듭 B · · · · · · 26
같은 줄 로프매듭 B · · · · · · · · · · · · · · · · · · 27
갯가재매듭 · 40
거북매듭 · 102
고정 구슬매듭 · 72
교차 비틀어매기 · 52
국화매듭 · 114, 115
국화매듭 · 134
금속 장식 · 10
기본 도구 · 11
기초매듭 · 112, 142
기초매듭(연달아 묶기) · · · · · · · · · · · · · · · 153
깃털 · 10
꼬치 · 11
끈 종류 · 8
끈 준비 · 12
끈매듭 기초 · 12~19
끈매듭 종류 · 14
끈을 잡아당기는 방법 · · · · · · · · · · · · · · · · 20
끈이 부족할 때 · 19

[나]
나비매듭(끈매듭) · · · · · · · · · · · · · · · · · · · 28
나비매듭(장식매듭) · · · · · · · · · · · · · · · · · 130

[다]
도래매듭(가로) · 86
도래매듭(세로) · 85
돗바늘 · 11
동심결매듭 · 114
둥근 4줄 접기 · 66
뒷면 가로엮기 · 78
뒷면 사선엮기 · 78
뒷면 세로엮기 · 79
뒷면 이어엮기 · 78

[라]
라 메르헨 테이프 · 9
레이스엮기 · 59
로맨스 코드 · 9
로프매듭 · 24
로프매듭과 감은 옭매듭의 차이 · · · · · · · · · 25
리본매듭 · 28
리사이클 실크 얀 · 9

[마]
마감 장식 · 10
마끈 · 8
마이크로 마크라메 코드 · · · · · · · · · · · · · · · 9
맞매듭 · 23
매듭 공예의 기본자세 · · · · · · · · · · · · · · · · 12
매듭끈 · 13
매듭끈 묶는 방법 · · · · · · · · · · · · · · · · · · · 15
매듭끈을 추가할 경우 · · · · · · · · · · · · · · · · 19

매듭을 깔끔하게 완성하는 포인트	12
매듭을 마무리하는 방법(장식매듭)	20
매듭을 마무리하는 방법(끈매듭)	18
매듭을 시작하는 방법(끈매듭)	16
매트매듭	110
매화매듭	118
머리장식매듭	100
모과꽃매듭	94
목걸이	29, 121, 142, 149
미산가 실	9
미산가 실팔찌	81

[바]

뱀매듭	84
뱅글	61
버튼	91, 93, 147
버프 레더 코드	8
벨루어 레더 코드	8
벨트	145
벼이삭매듭	99
별매듭	132
보조 부재료	10
보태니컬 레더 코드	8
불독클립	11
불로 그을러서 마무리하기	18, 20
비즈	10
비즈를 끼우는 방법	15
빈티지 레더 코드	8

[사]

사선엮기	76
사슬매듭	30
석가매듭·석가구슬	90
세로엮기	75
셀로판테이프	11, 15
송곳	11

술	105
스테인리스 코드	9
시곗줄	65

[아]

아미 레더 코드	8
아시안 코드	9
아와지매듭·아와지구슬	92
안경매듭	122
액세서리 금속 장식	10
야사카몬매듭	126
야에기쿠매듭	128
양하매듭	119
연달아 이어엮기	60
오른쪽 레이스엮기	59
오른쪽 비틀어매기	49
오른쪽 이중 비틀어매기	51
오른쪽 트위스트매듭	61
오른쪽 평매듭	33
옭매듭	22
왁스 코드	9
왼쪽 레이스엮기	59
왼쪽 비틀어매기	48
왼쪽 이중 비틀어매기	50
왼쪽 트위스트매듭	61
왼쪽 평매듭	32, 33
원숭이주먹매듭	120
이어엮기의 변형 패턴	79

[자]

자	11
잠자리매듭[들 입(入) 모양]	125
잠자리매듭[사람 인(人) 모양]	124
장식매듭 기초	20
전복매듭	92
접착제	11

조개매듭	82
좌우엮기	29
주머니 끈	107, 146
주머니 끈 장식	105, 146
주트 라미	8
주트 픽스	8
줄자	11
중심끈	13
중심끈과 매듭끈	13
중심끈과 매듭끈 교체하기	13
중심끈을 넣은 고정 구슬매듭	73
중심끈을 추가할 경우	19
집게	11, 20

[차]

차이나 버튼	147
체인매듭	46
칠보매듭	17, 44

[카]

카반돌리 워크	80
컵받침	109, 111
코르크보드	11, 12, 20
코일매듭	23
콘초 버튼	10

[타]

타이 실크 코드	9
테두리 장식	148
트위스트매듭	61
틴 레더 코드	8

[파]

파워스톤	10, 143, 149~151
파워스톤 그물망	149~151
파인애플매듭	107

팔찌	24, 25, 27, 33, 45, 49, 57, 63, 143
펜치	11
평매듭	32
평매듭으로 묶기(매듭끈을 묶는 방법)	13
프레임 스타일	149, 151
피시본매듭 A	42
피시본매듭 B	43
피코	41, 59, 165
피코매듭	41
핀	11
핀셋	11, 20
핀을 꽂는 요령	12

[하]

하와이안 리본 레이	31
한매듭	22
한매듭과 옭매듭	22
핸드폰 줄	24, 31, 107, 146
핸드폰 줄용 금속 장식	10
헴프 로프	8
헴프 트와인	8
화만매듭	101
효율적으로 매듭을 묶는 방법	12

[기타]

10각 가고메매듭	104
15각 가고메매듭	106
1줄 구슬매듭	88
1줄로 3줄 꼬기	99
2줄 구슬매듭	89
3줄 땋기	54
4줄 꼬기	62
4줄 땋기	55
4줄 평매듭	34
5줄 납작땋기	57
5줄 땋기	56

6줄 꼬기 · 64
6줄 땋기 · 58
6줄 평매듭 · 36
6줄 헤링본매듭 · 70
6줄 헤링본매듭 · 71
8자 매듭(가로) · 98
8자 매듭(세로) · 84
8줄 평매듭 · 38

Lady Boutique Series No. 3325 MUSUBI DAIHYAKKA
Copyright © 2012 BOUTIQUE-SHA, INC.
All rights reserved.
Original Japanese edition published by BOUTIQUE-SHA, INC.
Korean translation rights © 2013 by Hans Media Inc.
Korean translation rights arranged with BOUTIQUE-SHA, INC. Tokyo
through Enters Korea Co., Ltd. Seoul, Korea

이 책의 한국어판 저작권은 (주) 엔터스코리아를 통해 저작권자와 독점 계약한 한스미디어에 있습니다.
저작권법에 의하여 한국 내에서 보호를 받는 저작물이므로 무단전재와 무단복제를 금합니다.

끈으로 만드는 매듭의 모든 것
82 매듭 대백과

1판 1쇄 발행 | 2013년 3월 15일
1판 8쇄 발행 | 2024년 6월 14일

지은이 일본 부티크사
옮긴이 황세정
펴낸이 김기옥

실용본부장 박재성
편집 실용2팀 이나리, 장윤선
마케터 이지수
지원 고광현, 김형식

디자인 푸른나무디자인
인쇄·제본 대원문화사

펴낸곳 한스미디어(한즈미디어(주))
주소 121-839 서울시 마포구 양화로 11길 13(서교동, 강원빌딩 5층)
전화 02-707-0337 | **팩스** 02-707-0198 | **홈페이지** www.hansmedia.com
출판신고번호 제 313-2003-227호 | **신고일자** 2003년 6월 25일

ISBN 978-89-5975-519-6 13630

책값은 뒤표지에 있습니다.
잘못 만들어진 책은 구입하신 서점에서 교환해 드립니다.